Photovoltaikanlagen im Steuerrecht

Jürgen K. Wittlinger

Photovoltaikanlagen im Steuerrecht

Steuerliche Grundlagen zur Nutzung der Sonnenenergie

3. Auflage

Mängelexemplar

🖄 Springer Gabler

Jürgen K. Wittlinger
Plochingen, Deutschland

ISBN 978-3-658-28441-1   ISBN 978-3-658-28442-8 (eBook)
https://doi.org/10.1007/978-3-658-28442-8

Die Deutsche Nationalbibliothek verzeichnet diese Publikation in der Deutschen Nationalbibliografie; detaillierte bibliografische Daten sind im Internet über http://dnb.d-nb.de abrufbar.

Springer Gabler
© Springer Fachmedien Wiesbaden GmbH, ein Teil von Springer Nature 2012, 2015, 2020
Das Werk einschließlich aller seiner Teile ist urheberrechtlich geschützt. Jede Verwertung, die nicht ausdrücklich vom Urheberrechtsgesetz zugelassen ist, bedarf der vorherigen Zustimmung des Verlags. Das gilt insbesondere für Vervielfältigungen, Bearbeitungen, Übersetzungen, Mikroverfilmungen und die Einspeicherung und Verarbeitung in elektronischen Systemen.
Die Wiedergabe von allgemein beschreibenden Bezeichnungen, Marken, Unternehmensnamen etc. in diesem Werk bedeutet nicht, dass diese frei durch jedermann benutzt werden dürfen. Die Berechtigung zur Benutzung unterliegt, auch ohne gesonderten Hinweis hierzu, den Regeln des Markenrechts. Die Rechte des jeweiligen Zeicheninhabers sind zu beachten.
Der Verlag, die Autoren und die Herausgeber gehen davon aus, dass die Angaben und Informationen in diesem Werk zum Zeitpunkt der Veröffentlichung vollständig und korrekt sind. Weder der Verlag, noch die Autoren oder die Herausgeber übernehmen, ausdrücklich oder implizit, Gewähr für den Inhalt des Werkes, etwaige Fehler oder Äußerungen. Der Verlag bleibt im Hinblick auf geografische Zuordnungen und Gebietsbezeichnungen in veröffentlichten Karten und Institutionsadressen neutral.

Springer Gabler ist ein Imprint der eingetragenen Gesellschaft Springer Fachmedien Wiesbaden GmbH und ist ein Teil von Springer Nature.
Die Anschrift der Gesellschaft ist: Abraham-Lincoln-Str. 46, 65189 Wiesbaden, Germany

Vorwort

Die Stromerzeugung mittels einer eigenen Photovoltaikanlage ist in den letzten Jahren für immer mehr Verbraucher zu einer echten Alternative geworden. Entsprechende Überlegungen, sich eine Photovoltaikanlage zuzulegen, werden durch die nachhaltig steigenden Energiepreise gefördert. Und auch das Bemühen um eine umweltverträgliche Energieerzeugung führt zu einer Abkehr von anderen Energiequellen.

Die Investition in eine Photovoltaikanlage ist ein gut zu überlegender Schritt, da er mit nicht unbeträchtlichem finanziellem und bautechnischem Aufwand verbunden ist. Schließlich soll eine möglichst wirtschaftliche Energieerzeugung erreicht werden.

Die Wirtschaftlichkeit einer Photovoltaikanlage wird auch und gerade durch eine optimale Besteuerung der Anlage erreicht. Mögliche Steuervorteile federn die finanziellen Aufwendungen ab und lassen den Break-even (die Gewinnschwelle) des Sonnenstroms früher erreichen.

Dieses Werk führt den Leser behutsam in die Grundlagen des Steuerrechts und den Umgang mit dem Finanzamt ein. Denn durch die Anschaffung einer Photovoltaikanlage wird der Status eines „Unternehmers" bzw. eines Gewerbetreibenden erlangt. Damit sind neue Pflichten verbunden; zugleich eröffnen sich aber auch zusätzliche Gestaltungsmöglichkeiten, die einem „normalen" Steuerzahler nicht zur Verfügung stehen.

Der Aufbau des Buches orientiert sich am zeitlichen Ablauf: von der Planung bis zur Verwirklichung, von den ersten steuerlichen Vorfragen bis zur jährlichen Abrechnung mit dem Finanzamt. Es werden mögliche Optionen und weitere Aspekte dargelegt, mit denen sich eine Optimierung der Besteuerung einer Photovoltaikanlage erreichen lassen.

In möglichst lockerem Stil wird der Leser in die Steuerwelt eingeführt. Dabei wird auf bisher nur rudimentär vorhandene Steuerkenntnisse abgestellt und das erforderliche steuerliche Wissen Schritt für Schritt aufgebaut. Das einschlägige Fachvokabular wird bewusst zurückhaltend verwendet, ohne es aber völlig zu vermeiden. Denn nichts wäre schlimmer, als mangels Kenntnis der Fachsprache letztlich in der Steuerwelt nicht kommunizieren zu können. Viele Missverständnisse zwischen Finanzamt und Steuerzahler sind auf die fehlende „gemeinsame Sprache" zurückzuführen.

Das Werk ist auch für fortgeschrittene Leser von Interesse, die erstmals in die unternehmerische Sphäre eintauchen. Selbst für Angehörige der steuerberatenden Berufe bietet es eine gute Grundlage, wenn es darum geht, das erforderliche Grundwissen dem Betreiber einer Photovoltaikanlage möglichst einfach zu vermitteln.

Gegenüber der Vorauflage sind die seither eingetretenen technischen und wirtschaftlichen Änderungen aufgenommen worden. Neu hinzu kam insbesondere auch der Abschnitt des „Speichers". Damit verbunden ist eine noch höhere Nutzung des selbsterzeugten Stroms im eigenen Haushalt. Im Optimalfall lässt sich dadurch eine völlige Unabhängigkeit vom allgemeinen Stromnetz erreichen.

Plochingen, Deutschland, im September 2019   Jürgen K. Wittlinger

Inhaltsverzeichnis

1	**Von der Sonne zum Strom**		1
	1.1	Begriff	1
	1.2	Ökologie	2
	1.3	Historie	4
	1.4	Physik	5
		1.4.1 Wie funktioniert Photovoltaik?	6
		1.4.2 Unterschiedliche Systeme	10
		1.4.3 Einflussfaktoren für die Stromerzeugung	11
	1.5	Planen und Errichten	14
		1.5.1 Fachgerechte Planung	14
		1.5.2 Fachgerechte Installation	18
	1.6	Laufender Betrieb	20
		1.6.1 Wartung	20
		1.6.2 Versicherung	21
	Literatur		22
2	**Förderung des Solarstroms**		23
	2.1	Erneuerbare-Energien-Gesetz (EEG)	23
		2.1.1 Ziele	23
		2.1.2 Grundprinzip	24
		2.1.3 Netzeinspeisung	25
		2.1.4 Eigenverbrauch	25
		2.1.5 EEG-Umlagepflicht	27
		2.1.6 Marktintegrationsmodell	28
		2.1.7 Förderungssätze	28
	2.2	KfW-Darlehen	33
		2.2.1 Wer kann einen Antrag stellen?	33
		2.2.2 Welche Anlagen werden gefördert?	34
		2.2.3 Wie hoch kann ein Darlehen sein?	34
		2.2.4 Welche Laufzeit hat ein KfW-Darlehen?	34
		2.2.5 Zu welchen Konditionen gibt es die Darlehen?	34

	2.2.6	Was ist bei der Antragstellung zu beachten?	34
	2.2.7	Wie erfolgt die Auszahlung?	35
	2.2.8	Welche Sicherheiten sind erforderlich?	35
	2.2.9	Wie ist das Darlehen zu tilgen?	35
2.3	BAFA		35
2.4	Weitere Fördertöpfe		36
	2.4.1	Bundesländer	36
	2.4.2	Städte und Gemeinden	37
	2.4.3	Energieversorger	37
	2.4.4	Banken	38
Literatur			38

3 Wirtschaftlichkeit ... 39

3.1	Grundlagen für die Wirtschaftlichkeit		39
	3.1.1	Welche Faktoren sind maßgebend?	39
	3.1.2	Speicher	42
3.2	Wirtschaftlichkeitsberechnungen		43
3.3	Ein Musterfall		44
3.4	Ausblick		48
Literatur			48

4 Steuerrecht ... 49

4.1	Formalitäten		50
	4.1.1	Gewerbeanmeldung	50
	4.1.2	Finanzamt	51
	4.1.3	Steuernummer	51
	4.1.4	Fragebogen	52
4.2	Umsatzsteuer		52
	4.2.1	Benötigte Steuernummer	54
	4.2.2	Unternehmer	55
	4.2.3	Sonderstellung Kleinunternehmer	59
	4.2.4	Unternehmen	62
	4.2.5	Unternehmensvermögen	62
	4.2.6	Umsatz	69
	4.2.7	Steuerpflicht	73
	4.2.8	Bemessungsgrundlage	73
	4.2.9	Soll- oder Ist-Versteuerung	77
	4.2.10	Umsatzsteuer-Voranmeldung	79
	4.2.11	Technik	81
	4.2.12	Umsatzsteuer-Jahreserklärungen	82
	4.2.13	Vorsteuerabzug	83
	4.2.14	Nachweise, Belege	89

Inhaltsverzeichnis

	4.2.15 Wann liegt eine Leistung für das Unternehmen vor?	90
	4.2.16 Wann entsteht der Vorsteueranspruch?	93
	4.2.17 Was geschieht bei einer Entgeltsänderung?	94
	4.2.18 Einfuhrumsatzsteuer als Vorsteuer	94
	4.2.19 Vorsteuer aus innergemeinschaftlichem Erwerb	95
	4.2.20 Vorsteuerausschluss	97
	4.2.21 Aufteilung der Vorsteuer	100
	4.2.22 Vorsteuerberichtigung	101
	4.2.23 Umkehr der Steuerschuldnerschaft	104
4.3	Einkommensteuer	105
	4.3.1 Grundlagen	106
	4.3.2 Zu versteuerndes Einkommen	107
	4.3.3 Steuerfestsetzung	107
	4.3.4 Einkünfte aus Gewerbebetrieb	107
	4.3.5 Gewinnermittlung	111
	4.3.6 Betriebsvermögen	115
	4.3.7 Wann sind Erträge oder Aufwendungen zu erfassen?	118
	4.3.8 Betriebseinnahmen	120
	4.3.9 Betriebsausgaben	122
	4.3.10 Arbeitszimmer	133
	4.3.11 Abschließendes Beispiel	134
	4.3.12 Rechtsprechung	135
	4.3.13 Batteriespeicher	139
4.4	Gewerbesteuer	141
	4.4.1 Grundlagen	141
	4.4.2 Bemessungsgrundlage	142
	4.4.3 Hinzurechnungen	142
	4.4.4 Kürzungen	143
	4.4.5 Steuerermäßigung	143
	4.4.6 Ein oder zwei Betriebe?	144
4.5	Weitere Steuerarten	145
	4.5.1 Bauabzugssteuer	146
	4.5.2 Grunderwerbsteuer	149
	4.5.3 Lohnsteuer	151
5	**Strategien**	**157**
5.1	Mögliche ergänzende Strategien	157
	5.1.1 Investitionszulage	157
	5.1.2 Haushaltsnahe Steuerermäßigung	161
	5.1.3 Gemeinschaftsanlagen	162

	5.1.4	Fremdes Dach	164
	5.1.5	Probleme aus der Praxis	168
	5.1.6	Weitere rechtliche Tipps	170
Literatur			171

6 Anlagen 173
   6.1   Anlage 1: Förderung für ältere Anlagen 173
   6.2   Checkliste 189
   Literatur 190

Anhang 191

Danke 193

Stichwortverzeichnis 195

Von der Sonne zum Strom 1

1.1 Begriff

Der Begriff „Photovoltaik" setzt sich zusammen aus

- „Photos" – dem griechischen Wort für Licht und
- „Volta" – nach Alessandro Volta, dem Pionier der Elektrotechnik.

In diesem Werk wird die ursprüngliche Schreibweise „Photovoltaik" oder die Abkürzung „PV" bevorzugt. Seit der letzten Rechtschreibreform ist zwar „Fotovoltaik" die gängige Schreibweise, Photovoltaik ist aber als Nebenform weiterhin zulässig und zumindest derzeit auch die noch überwiegend gebräuchliche Variante. Beides meint jedoch dasselbe, nämlich die direkte Umwandlung von Sonnenenergie mittels Solarzellen in elektrischen Strom.

Tipp
Lassen Sie sich nicht irritieren: Anstelle des Begriffs „Photovoltaikanlage" werden in den Medien gelegentlich auch Bezeichnungen wie Solarmodul, Solarzelle, PV-Modul, etc. verwendet. Gemeint ist meistens das Gleiche – die Photovoltaik, also das Erzeugen von Strom aus der Sonnenenergie.

Die Photovoltaik ist jedoch nur ein Teilbereich der Solartechnik. Der andere Kernbereich der Solartechnik ist die **Solarthermie**. Gemeinsam ist beiden Nutzungsformen, dass sie auf die Kraft der Sonne zurückgreifen. Dennoch sollten beide Formen unterschieden und nicht verwechselt werden:

- Photovoltaik – es wird Strom erzeugt,
- Solarthermie – es wird Wärme erzeugt.

Die Solarthermie nutzt die Sonneneinstrahlung nicht zur Gewinnung von elektrischem Strom, sondern es wird direkt die Wärmestrahlung der Sonne genutzt. Eine Solarthermieanlage unterstützt oder ersetzt die Heizungsanlage bei der Erwärmung des Trink- bzw. Heizungswassers. Die Thermiekollektoren auf dem Dach sehen auf den ersten Blick aus wie Solarkollektoren. Doch diese Kollektoren werden von einer Flüssigkeit durchströmt, welche die Wärme aufnimmt. Ein Wärmetauscher entzieht diese Wärme, sie gelangt in einen Speicher. Das abgekühlte Wasser strömt wieder zurück in den Kollektor; der Kreislauf beginnt erneut.

1.2 Ökologie

Die Sonnenenergie besteht aus Licht und Wärme. Zusammengenommen sendet die Sonne 10.000-mal mehr Energie zur Erde als alle Menschen an Primärenergie benötigen. Dieser riesige „Fusionsreaktor Sonne" sendet in nur 32 Minuten so viel Energie zur Erde als alle Bewohner unseres Planeten in einem Jahr verbrauchen. Und das trotz verregneter Sommermonate und der dunklen, sonnenarmen Winterzeit. In konkreten Zahlen stellt sich dies wie folgt dar:

- Die gesamte Menschheit benötigt an Energieleistung derzeit ca. 16 Terawatt.
- Die Sonneneinstrahlung auf die Erde liegt dagegen bei 150.000 Terawatt.

Dabei wandelt die Sonne in jeder Sekunde rund 650 Millionen Tonnen Wasserstoff zu Helium um (vgl. Schmitz und Volkmann 2019). Nach irdischen Maßstäben gerechnet ist das Potenzial der Sonne unerschöpflich. Die Sonne wird weitere 4 Milliarden Jahre ihre Energie zur Erde aussenden.

Der sog. Lichtenergieeintrag durch die Sonne kann aufgefangen und in Elektrizität umgewandelt werden. Und das unter ökologisch sehr guten Bedingungen. Denn der wesentliche Vorteil dabei ist, dass dies ohne Nebenprodukte – insbesondere ohne Abgase wie Kohlendioxid (CO_2) – möglich ist. Richtig ist aber auch, dass für die Produktion der Photovoltaikanlage eine große Menge Energie benötigt wird und damit zunächst ein zusätzlicher CO_2-Ausstoß verbunden ist. Doch bereits nach 3 Jahren ist die Energiebilanz wieder positiv, da die mit der Anlage erzeugte Energie den Energiebedarf für deren Herstellung übersteigt. Fortan wird Energie erzeugt, ohne dass dies die Umwelt belastet.

Erstmals in der Geschichte war 2011 in Deutschland mehr Energiekapazität durch Solarkraftwerke am Netz als durch Kernkraftwerke. Einer Gesamtnennleistung von ca. 15 Gigawatt aus Kernkraft standen ca. 17 Gigawatt Nennleistung aus Photovoltaik gegenüber. Zwar war dies vor allem bedingt durch das Abschalten der älteren Atomreaktoren in 2011. Es zeigt jedoch auch die mittlerweile recht verbreitete Nutzung der Sonnenkraft im Land und die beträchtliche daraus erzeugte Strommenge.

Doch dieser Vergleich hinkt etwas, da er auf der Nennleistung beruht. Während ein Kernkraftwerk oder ein anderer Kraftwerkstyp nahezu die vorgesehene Nennleistung

1.2 Ökologie

auch im Dauerbetrieb erreicht, ist dies bei der Photovoltaik gerade nicht der Fall. Wolken, Nebel und Regen, und nicht zuletzt die Nachtstunden reduzieren die tatsächliche Leistung aller Photovoltaikanlagen ganz erheblich. Diese stark schwankenden Strahlungsmengen erschweren die Verbreitung und den wirtschaftlichen Einsatz der Photovoltaik. Die wetterbedingten Schwankungen sind kaum vorhersehbar. Doch nicht nur die Tageszeit bedingte Sonneneinstrahlung differiert ganz beträchtlich, auch die Jahreszeit bedingte Sonneneinstrahlung weist einen enormen Unterschied auf. So erbringt eine Photovoltaikanlage bei sonst gleichen Bedingungen im Monat Juli gegenüber dem Dezember einen bis zu 15× höheren Ertrag.

Deutlich zum Positiven verändert haben sich hingegen die Investitionskosten für eine PV-Anlage. War noch vor ein paar Jahren eine photovoltaische Stromerzeugung angesichts der Investitionskosten für eine Anlage deutlich teurer als eine Produktion in konventionellen Kraftwerken, so ist mittlerweile die Differenz der Investitionssummen deutlich geringer. Spätestens wenn man in einer Berechnung auch noch die enormen bzw. nur schwer kalkulierbaren Folge- und Langzeitkosten anderer Erzeugungsarten (speziell der Kernkraft) mit einbezieht, ist eine Photovoltaikanlage bereits heute ein gleichwertiger Mitspieler auf dem Energiemarkt.

Dennoch kann derzeit die Photovoltaik nur ein Baustein im gesamten Energiemix sein. Dies spiegelt sich auch in folgendem Zahlenwerk wider: Von der gesamten in Deutschland erzeugten Strommenge des Jahres 2018 stammen ca. 8,7 % aus der Photovoltaik, der Anteil aller erneuerbaren Energien zusammen liegt bei knapp 43 %. Problematisch ist nach wie vor die Schwankungsbreite der Photovoltaik: Zwar ist diese mittlerweile in der Lage rund 60 % des Stromverbrauchs an einem sonnigen Sommer-Sonntag abzudecken, doch bereits an einem sonnigen Werktag sind dies nur 44 %, an einem regen-trüben Tag hingegen 0 %. So erklärt sich auch, dass der Anteil der Photovoltaik bezogen auf die gesamte Energieerzeugung – insbesondere Strom und Wärme – trotz der erheblicher installierter Nennleistung bei nur knapp unter 2 % immer noch relativ gering ist.

Erfreulich ist hingegen ein Blick auf Details. In manchen Städten werden mittlerweile schon 60 % des benötigten Stroms durch Photovoltaikanlagen erzeugt. Für das gesamte Bundesland Bayern sind dies bereits 7 %. Auch wenn das Wachstum des Solarmarkts nicht mehr ganz so stürmisch verläuft wie noch vor 5–10 Jahren, ist die Zunahme des aus der Photovoltaik erzeugten Stroms an der Gesamtproduktion doch nachhaltig und eindeutig. Die oben genannten noch eher bescheidenen Zahlen sind damit nur eine Momentaufnahme.

Der sog. Zubau, also die Gesamtleistung der neu ans Netz gegangenen Solarstromanlagen, hatte sich in Deutschland in nur wenigen Jahren jeweils verdoppelt. Doch seit 2011 kam es erstmals zu teils stagnierenden und sodann nur noch gemäßigt ansteigenden Zubauraten. Dieser Rücksetzer ist bedingt durch eine Kürzung der staatlichen Förderung, die stetig angepasst und damit auf verantwortbare Werte reduziert wird.

Der größte Solarmarkt der Welt ist Deutschland; hier sind derzeit rund 27 % aller Anlagen installiert; 2010 lag der deutsche Anteil noch bei über 50 %. Anders dagegen die Seite der Produktion: Zum Jahresende 2018 kamen rund 92 % der weltweit hergestellten

Solarzellen und mehr als 86 % der Module aus dem asiatischen Raum (überwiegend aus China). Die einstmals aufstrebende deutsche Solarindustrie ist überwiegend zum Erliegen gekommen; viele Firmen mussten Insolvenz anmelden.

Doch über allem steht der wesentliche und entscheidende Vorteil einer Photovoltaikanlage – es wird „sauberer Strom" produziert. Bei der Stromgewinnung entsteht kein Kohlendioxid (CO_2). Und auch der Energieverbrauch für die Produktion der Anlage ist nach wenigen Jahren wieder kompensiert. Vor allem entsteht an Ende der Nutzungsdauer einer Photovoltaikanlage kein Sondermüll; eine Anlage lässt sich praktisch vollständig recyceln.

1.3 Historie

Die Photovoltaik nutzt den photoelektrischen Effekt. Dieser wurde 1839 durch den französischen Physiker Alexandre Edmond Becquerel entdeckt. Er stellte fest, dass bei Beleuchtung einer Elektrolytzelle eine elektrische Spannung entsteht (vgl. Schmitz und Volkmann 2019). Diesen Zusammenhang zwischen Licht und Strom konnte er sich aber nicht erklären.

In den Folgejahren haben verschiedene Forscher den Effekt an einem Selenkristall nachvollzogen und dabei auch eine deutlich erhöhte Leitfähigkeit von Selen bei dessen Belichtung registriert.

Doch erst 1904 hat der deutsche Physiker Hallwachs mit seinen Untersuchungen des photoelektrischen Effekts die Grundlage für eine Entwicklung einer Photozelle gelegt – der nach ihm benannte Hallwachseffekt.

Die abschließende theoretische Herleitung blieb jedoch Albert Einstein vorbehalten. Dieser hat das zugrunde liegende Prinzip 1905 mit seiner Lichtquantenhypothese wissenschaftlich erklärt und dafür 1921 den Nobelpreis für Physik erhalten.

Erst nach vielen weiteren Entwicklungsschritten gelang es 1954 Wissenschaftlern in den USA die erste Siliziumzelle mit einem passablen Wirkungsgrad von 4 % zu produzieren.

Damit eröffnete sich die wirtschaftliche Nutzung der Photovoltaik – sofern diese auf die Nutzung durch den Menschen bezogen wird. Denn das Pflanzenreich nutzt die Energie der Sonne von Anbeginn im Rahmen der Photosynthese zur Gewinnung von Energie für das Pflanzenwachstum.

Die erste bedeutende Verwendung fand 1955 zur Stromversorgung von Telefonverstärkern statt. Doch der eigentliche Beginn der Nutzung des Sonnenstroms lag im Weltraum. Dort wurde Ende der 1950er-Jahre mit Sonnenkollektoren Energie für den Betrieb der Satelliten gewonnen. 1958 startete der amerikanische Satellit „Vanguard 1", der immerhin 6 Jahre lang seinen Sendebetrieb dank Solarzellenenergie aufrechterhalten konnte (vgl. Schmitz und Volkmann 2019). Die Nachfrage aus der Raumfahrt führte ganz wesentlich zu den entscheidenden Fortschritten in der Entwicklung von Photovoltaikzellen.

Auf der Erde begann die Nutzung der Photovoltaik zur Stromerzeugung erst später. Ein Auslöser waren die Energiekrisen in den 1970er-Jahren, insbesondere die Ölkrise 1973, sowie das gestiegene Umweltbewusstsein in der Bevölkerung. Dadurch kam es verstärkt zur Nutzung und vor allem zu einer technischen Weiterentwicklung dieser Energiewandler. Solarzellen finden seither ihre Anwendung auf Dachflächen, bei Parkscheinautomaten, in Taschenrechnern, an Schallschutzwänden und auf Freiflächen.

1982 ging das erste Solarkraftwerk mit einer Leistung von 1 Megawatt in Kalifornien in Betrieb. 1985 folgte ebenfalls in Kalifornien eine Anlage mit bereits 6,5 Megawatt. Die Nutzung wurde auch durch eine verstärkte staatliche Förderung der Photovoltaik begünstigt. Für Deutschland ist hierzu das 1000-Dächer-Programm in 1990, das Sonne-in-der-Schule-Programm und das sehr erfolgreiche 100.000-Dächer-Programm in den Jahren 2001–2003 zu nennen (vgl. Schmitz und Volkmann 2019).

Der Durchbruch der Photovoltaik in die Breite wurde ab 1991 durch die Förderung im Rahmen des deutschen Stromeinspeisungsgesetzes unterstützt. Dies verpflichtete die Energieversorger, den Solarstrom für 16,61 Pfennig je kWh abzunehmen. Diese erste Förderung wurde durch das Erneuerbare-Energien-Gesetz (EEG) ab 2000 weiter ausgebaut und in größerem Umfang durch finanzielle Anreize gefördert.

Eine weitere positive Zwischenetappe konnte dann in 2011 gezogen werden: In Deutschland überstieg die Energiekapazität der Solarkraftwerke erstmals das der Kernkraftwerke. Hauptursache dafür war jedoch das Abschalten der älteren Atomreaktoren in Deutschland, mittelbar ausgelöst durch die Katastrophe in Fukushima in der Woche ab dem 11.03.2011. Dennoch zeigt sich anhand dieser Werte die mittlerweile große Verbreitung der Photovoltaik vor allem in Deutschland (vgl. BSW-Solar 2019).

1.4 Physik

Die Sonne sendet seit Milliarden von Jahren ihre Energie zur Erde und wird es weitere 4 Milliarden Jahre unablässig tun. Die Sonnenenergie ist enorm. Selbst das nicht gerade in Äquatornähe gelegene Deutschland erreicht Sonnenenergie mit einer Leistung von 900–1200 kWh je Quadratmeter. Oder plastischer gesagt, mit einem Energiegehalt, der 90–120 Litern Heizöl entspricht. Damit kann bereits eine ca. 30 qm große Photovoltaikanlage den Stromverbrauch eines durchschnittlichen Haushalts abdecken.

Es gibt innerhalb Deutschlands bezogen auf die erzielbare Sonnenenergie gewisse regionale Unterschiede, doch sind diese nicht so gravierend. So kann im süddeutschen Raum mit einer Anlage ein Jahreswert von etwa 1100 kWh/kWp erzielt werden. Hingegen sind dies in Norddeutschland selbst bei optimaler Ausrichtung und Neigung der Anlage nur etwa 900 kWh/kWp (vgl. Schmitz und Volkmann 2019). Doch auch dies ist ein Wert, der einen wirtschaftlichen Betrieb einer Photovoltaikanlage ermöglicht.

Die obigen Daten bringen aber den ersten Erläuterungsbedarf mit sich:

- **kWh** steht für Kilowatt mal Stunde,
- **kWp** für Kilowatt Peak.

Kilowatt Peak (kW peak) steht für die mögliche Spitzenleistung (engl. Peak = Spitze). Der Wert gibt die Leistung an, die ein Modul bei voller Sonneneinstrahlung erreicht. Dabei wird als maßgebende Standortbedingung von einem Kilowatt je Quadratmeter ausgegangen; dies ist ein Wert der in Deutschland an einem Sommertag in den Mittagsstunden erreicht wird. 1 kWp entspricht ca. 1000 kWh Stromerzeugung im Jahr.

Diese Peak-Leistung wird meist auch als „Nennwert" bzw. „Nennleistung" bezeichnet. Da weder die Sonne ständig voll scheint, noch immer Sommer ist, handelt es sich dabei um einen nicht ständig realisierbaren Wert. Zudem muss beachtet werden, dass allein durch die Erwärmung der Solarzellen bis zu 20 % weniger Leistungsausbeute möglich sein kann.

1.4.1 Wie funktioniert Photovoltaik?

Photovoltaik ist die direkte Umwandlung des Sonnenlichts in elektrischen Strom. Die Sonne gibt ihre Energie nicht nur als Licht- und Wärmestrahlung, sondern auch als elektromagnetische Strahlen ab. Der Wellenlängenbereich dieser Strahlen reicht vom kurzwelligen und damit nicht sichtbaren Ultraviolett (UV-Licht), über das sichtbare Licht bis hin zur langwelligen Wärmestrahlung im infraroten Bereich.

Für die Umwandlung der elektromagnetischen Strahlen in Strom wird der sog. photovoltaische bzw. **photoelektrische Effekt** genutzt. Die Photonen treffen in einer Solarzelle auf eine speziell behandelte Schicht – meist aus einem auf Silizium basierenden Halbleitermaterial (Photozelle) – und bringen dort Elektronen in Fluss. Dadurch entsteht ein elektrischer Stromfluss.

Bei einer Photovoltaikanlage bilden viele Solarzellen zusammen ein Solarmodul – meist in der Größe 1 x 0,5 Meter. Mehrere Module verbunden bilden die Photovoltaikanlage.

Es gibt verschiedene Zelltypen (vgl. Schmitz und Volkmann 2019). Diese unterscheiden sich nach der Art der Materialien und Konzepte, der Form, Farbe und der Leistung. Im Wesentlichen wird unterschieden in:

- Kristalline Zellen (monokristallin, polykristallin). Diese ist die derzeit am häufigsten anzutreffende Form.
- Dünnschichtzellen (amorphes Silizium, Cadmium-Tellurit, Kupfer-Indium-Diselenid), welche aktuell eher die Ausnahme sind.

Dünnschichtmodule haben ein besseres Schwachlichtverhalten und bringen damit einen besseren Ertrag – rund 78 % mehr Spitzenleistung bei ungünstigen Lichtverhältnissen. Insgesamt liegt die Stromausbeute aber um ca. 12 % hinter den kristallinen Zelltypen zurück. Der Vorteil der Dünnschichtmodule besteht in einem geringeren Material- und Energieeinsatz (vgl. Frentrup 2008). Auch sind nahezu alle Modulformate darstellbar. Dem stehen die höheren Kosten gegenüber.

Die Anlage erzeugt Gleichstrom, der durch einen sog. Wechselrichter in Wechselstrom umgewandelt wird. Als Wechselstrom kann er in das öffentliche Netz eingespeist oder im Haushalt direkt verbraucht werden.

Photovoltaikanlagen sind mittlerweile technisch sehr zuverlässig und können auch in ihrer Einsatzdauer mit konventionellen Heiz- bzw. Stromerzeugungsanlagen Schritt halten. Nachdem anfangs mit einer Nutzungsdauer von 20 Jahren kalkuliert wurde, wird heute eine wirtschaftliche Nutzungsdauer von 25–30 Jahren, teilweise bereits auch von bis zu 40 Jahren zugrunde gelegt.

1.4.1.1 Komponenten einer Solaranlage

Eine an das allgemeine Stromnetz angeschlossene Photovoltaikanlage besteht aus einer Vielzahl von Einzelkomponenten. Diese werden in alphabetischer Reihenfolge nachfolgend genannt und in ihrer Funktionsweise kurz erläutert.

Akkumulator

Für Inselanlagen (siehe nächster Abschn. 1.4.2) ist die Speicherung der erzeugten Energie ganz wesentlich. Dies erfolgt mittels einer Batterie – dem Akkumulator – der die Zwischenlagerung des Stroms bis zu dessen Verbrauch übernimmt. Diese oder andere Formen der Speicherung der erzeugten Energie werden für die weitere Verbreitung und Nutzung von Photovoltaikanlagen jeglicher Art von sehr großer Bedeutung sein! Hier liegt daher auch ein Schwerpunkt der aktuellen Forschung (siehe dazu auch: „Speicher").

Ausrichtung

Eine Photovoltaikanlage ist idealerweise in Richtung Süden mit einer Neigung von 30° zur Sonne ausgerichtet. Diese Ausrichtung ermöglicht den höchsten Ertrag der Anlage. Nicht immer weist eine Dachfläche diese optimale Ausrichtung auf, jedoch lässt sich dies durch verschiedenartige Aufstellungen bzw. Gestelle meist problemlos nachbessern. Dazu bedient sich der Fachmann sog. dachparalleler Gestelle für Schrägdächer oder aufgeständerter Gestelle für Flachdächer.

Freischalter

Diese abgeschlossene Einrichtung einer Anlage wird von den Energieversorgern bzw. Netzbetreibern gefordert und ist grundsätzlich nur diesen zugänglich. Sie trennt den Wechselrichter vom Netz in das eingespeist wird.

Gleichstromleitung

Dies ist die Hauptleitung. Sie verbindet den Generatoranschlusskasten, in welchem alle Photovoltaikmodule zusammengeschaltet werden (siehe: Verschaltung) mit dem Wechselrichter.

Schalteinrichtungen

Es gibt gleichstromseitige (vor dem Wechselrichter) und wechselstromseitige Schalteinrichtungen (nach dem Wechselrichter). Diese dienen jeweils der Notabschaltung der Anlage, wodurch diese spannungsfrei gestellt wird.

Silizium
Silizium ist ein Halbleitermaterial mit Elektronen, die in einer Kristallstruktur verhältnismäßig gut an die Atomkerne gebunden sind. Zwar ist Silizium das zweithäufigste Element der Erdkruste, es kommt aber nicht in reiner Form vor. Vielmehr muss es aufwändig aus anderen Verbindungen – insbesondere aus Sand, Quarz und Bergkristall – herausgelöst werden. Die Siliziumzellen haben meist eine Größe von 10 × 10 cm, neuerdings auch 12,5 × 12,5 cm oder 15 × 15 cm. Sie sind mit einer durchsichtigen Antireflexschicht überzogen, die dem Schutz der Zelle dient und Reflexionsverluste vermindert.

Solarzellen
Solarzellen – oder auch photovoltaische Zellen genannt – sind elektrische Bauelemente, welche die im Licht enthaltene Strahlungsenergie in elektrische Energie umwandeln. Im Regelfall bestehen Solarzellen aus Silizium, das in zwei verschiedenen Schichten angeordnet ist. Dies sind ein positiver Ladungsträgerüberschuss – die p-leitende Halbleiterschicht – und ein negativer Ladungsträgerüberschuss – die n-leitende Halbleiterschicht. Im Grenzbereich dieser beiden Schichten entsteht ein sog. p-n-Übergang, an welchem sich ein elektrisches Feld aufbaut (vgl. Frentrup 2008).

Zwischen diesen beiden Siliziumschichten liegt eine Spannung, das elektrische Feld. Strahlt Licht ein, werden die Elektronen durch die Photonen von den Atomkernen gelöst und wandern von der unteren in die obere Schicht. Dadurch wird der untere Halbleiter zum Pluspol, der obere zum Minuspol. Werden beiden Pole mit einem Kabel verbunden, ist der Stromkreislauf geschlossen – dasselbe Prinzip wie bei einer Batterie. Damit eine höhere Leistung erzielt werden kann, werden mehrere Solarzellen zu einem Solarmodul zusammengeschlossen.

Die abgreifbare Spannung beträgt bei Silizium ca. 0,5 V. In der Praxis werden mindestens 50 Solarzellen zu einem Solarmodul zusammengefasst. Bei einem 1 qm großen Siliziummodul erreicht die Stromstärke bei maximaler Einstrahlung von rund 1000 W/qm einen Wert von ca. 2 A. je Solarmodul: Daraus lassen sich 120–140 Watt Strom erzeugen. Die Leistung einer Solarzelle ist zudem von der Temperatur der Zelle abhängig. Eine höhere Zelltemperatur reduziert den Wirkungsgrad, also den Grad mit dem eingestrahltes Sonnenlicht in elektrische Energie umgewandelt werden kann.

Speicher
Mit einem Solarstromspeicher lässt sich der mit einer PV-Anlage erzeugte und nicht sofort verbrauchte Strom speichern. Auf den gespeicherten Strom kann dann am Abend bzw. in der Nacht zugegriffen werden. Ebenso kann daraus der Strombedarf an nachfolgenden Regentagen gedeckt werden. Technisch handelt es sich um einen Batteriespeicher. Die Speicher werden in unterschiedlichen Größen angeboten und können so individuell nach dem jeweiligen Bedarf installiert werden. Mit einem Speicher ist es möglich, den Verbrauch des selbsterzeugten Stroms zu verdoppeln. Positiver Nebeneffekt ist, dass die Stromnetze durch die Solarstromspeicher entlastet werden.

Lassen Sie sich nicht verwirren durch die unterschiedlichen Bezeichnungen für einen Speicher – egal ob Solarstromspeicher, Solar-Akku, Solarbatterie, Photovoltaikspeicher oder auch Photovoltaik-Akku – gemeint ist immer das Gleiche.

In technischer Hinsicht gibt es zwei Arten von Speichern:

- der Blei-Akku
- der Lithium-Ionen-Akku.

Den Blei-Akku kennen Sie von Ihrem Auto. Es ist eine ausgereifte Batterietechnologie, die Selbstentladung ist gering. Hingegen ist deren Gewicht recht hoch, sie weisen eine geringe Energiedichte auf, ihr Wirkungsgrad liegt zwischen 70 % und 80 %.

Der Lithium-Ionen-Akku hat hingegen eine sehr hohe Energiedichte, die Akkus sind kompakter, können deutlich öfter geladen und entladen werden (sog. Ladezyklen mit 2000 bei Blei und 5000 bei Lithium) und weisen auch eine höhere Entladetiefe auf. Der Wirkungsgrad liegt bei 90 %. Allerdings sind diese Akkus (derzeit noch) teurer als Blei-Akkus, da sie ein Energie-Management-System benötigen. Da die Vorteile für Lithium-Ionen-Akkus jedoch klar überwiegen, werden aktuell nahezu nur noch diese verbaut.

Transformator
Aufgabe des Transformators ist es, die vom Wechselrichter eingehende Wechselspannung in eine höhere Wechselspannung umzuwandeln. Den Wechselrichter verlassen im Regelfall 240 V, das Einspeisenetz (allgemeines Stromnetz) weist hingegen eine um ein Vielfaches höhere Spannung auf.

Verschaltung
Darunter wird die leitungstechnische Verbindung der Solarmodule miteinander verstanden; diese sind verschaltet. Dies wird auch als Modulleitung bezeichnet, mit welcher die einzelnen Photovoltaikmodule zu einem sog. Solargenerator zusammengeschaltet werden. Je nach Größe und Bedarf erfolgt dies „in Reihe" oder „parallel", jeweils mittels Steckverbindungen. Eine Reihenschaltung (auch Serienschaltung genannt) erreicht eine höhere Gesamtspannung, die Stromstärke bleibt gleich. Eine Parallelschaltung ermöglicht eine Spannung, die bei steigender Stromstärke überall gleich ist.

Versorgungsleitung
Diese stellt eine Verbindung zwischen dem Wechselrichter und dem Hausnetz dar.

Wechselrichter
Mit Solarzellen wird Gleichstrom erzeugt. Um die elektrische Energie in das Stromnetz einspeisen zu können, muss dieser in Wechselstrom umgewandelt werden. Diese Aufgabe nehmen Wechselrichter wahr, welche aus dem Gleichstrom einen Wechselstrom mit 230 Volt und 50 Hz erzeugen. Der Wechselstrom kann dann ins Stromnetz eingespeist werden, weshalb der Wechselrichter auch als Netzeinspeisegerät (NEG) bezeichnet wird

(vgl. Schmitz und Volkmann 2019). Eine hohe Qualität des Wechselrichters ist besonders wichtig. Dies ist wohl auch der Grund, weshalb bei einer Photovoltaikanlage selbst heute noch der Wechselrichter „made in Germany" ist. Trotz hoher Qualität hält ein Wechselrichter aber nur die halbe Lebensdauer einer Solaranlage durch – spätestens nach 15 Jahren wird ein Austausch erforderlich sein.

Allerdings schreitet die Forschung und Entwicklung auch im Bereich der Wechselrichter stetig voran. So gibt es mittlerweile auch Wechselrichter, die mehrere Eingänge haben, die sog. Strings. Diese „Multistring-Wechselrichter" können mit verschiedenen Modulanzahlen und unterschiedlichen Leistungen gefahren werden. Ebenso werden Wechselrichter angeboten, bei denen eine Parallelschaltung der Module möglich ist. Unterschiedliche Leistungen, z. B. durch Verschattung, wirken sich durch die separate Verkabelung nicht negativ auf die Gesamtleistung aus.

Zähler
Die Aufgabe eines Stromzählers ist allgemein bekannt. Eine Photovoltaikanlage verfügt über einen (häufig auch mehrere) gesonderten Zähler, der den erzeugten und ggf. auch den selbst verbrauchten Strom aufzeichnet. Neben dem üblichen Haushaltszähler ist ein Einspeisezähler erforderlich. Bei Eigenverbrauch wird der Haushaltszähler durch einen Zweirichtungszähler ersetzt, der die erzeugte abgehende und die verbrauchte bezogene Energiemenge misst. Die von den Zählern gemessenen Werte sind jeweils Grundlage für die Berechnung der Vergütung für den Solarstrom, der in das Netz eingespeist worden ist. Deren Daten werden auch für die Besteuerung herangezogen.

1.4.2 Unterschiedliche Systeme

1.4.2.1 Inselsystem
Darunter wird eine Anlage verstanden, die nur der Stromversorgung eines Gebäudes dient und nicht mit dem allgemeinen Stromnetz verbunden ist. Um dies zu ermöglichen, ist neben einer Photovoltaikanlage auch ein Stromspeicher (Batterien) erforderlich. Daher sind Insellösungen vor allem in Entwicklungsländern oder in Staaten ohne flächendeckendes Stromnetz anzutreffen. In Deutschland sind Insellösungen die absolute Ausnahme und meist nur in abgelegenen Gegenden anzutreffen, wie z. B. auf Berghütten in den Alpen. Als Kleinanwendung sind Inselsysteme zur Energieversorgung von Parkscheinautomaten oder Weidezäunen hingegen verbreitet anzutreffen.

Ein Grund für die eher nachrangige Bedeutung ist auch, dass Insellösungen mangels Anschluss an das allgemeine Stromnetz nicht unter das EEG fallen und damit für den produzierten Strom keine Einspeisevergütung gezahlt wird.

1.4.2.2 Netzsystem
Was bei einer Insellösung der Stromspeicher ist, wird bei der Netzlösung durch das allgemeine Stromnetz übernommen. Der erzeugte und nicht sofort verbrauchte Solarstrom

wird in das Stromnetz eingespeist und findet irgendwo einen Verbraucher. Erst wenn die Produktion von Stromspeichern (Akkus) technisch nicht mehr so aufwändig und teuer ist, könnten Insellösungen im Kommen sein. Daran wird derzeit mit Nachdruck geforscht, da dies auch eine merkliche Entlastung der Netze zur Folge haben würde.

1.4.3 Einflussfaktoren für die Stromerzeugung

Die Menge des erzeugten Solarstroms ist von einer Vielzahl einzelner Einflussfaktoren abhängig. Die wesentlichen sind:

Ausrichtung
Je optimaler ein Solarmodul zur Sonne ausgerichtet ist, umso stärker ist die Sonneneinstrahlung und umso höher damit der Ertrag. Die Ausrichtung der Anlage nach Süden ist am idealsten. Noch deutlich mehr Effizienz bringen Anlagen, die mit der Sonne wandern – die sog. nachgeführten Solaranlagen. Diese sind drehbar gelagert und folgen automatisch dem Verlauf der Sonnenbahn. Die nicht optimale Ausrichtung wird in „Azimut" gemessen. Dies bezeichnet den Winkel, um den die Anlage von einer Südausrichtung abweicht. Wäre eine Photovoltaikanlage z. B. nach Westen ausgerichtet, würde diese einen Azimut von 90° aufweisen.

Globalstrahlung
Hierunter versteht man die gesamte auf die Erde auftretende Sonnenstrahlung. Diese setzt sich aus der direkten, der diffusen und auch der reflektierten Strahlung zusammen. Je höher der Anteil der direkten Strahlung ist, desto höher liegt der Ertrag der Anlage. Dennoch sollte die diffuse Strahlung nicht unterschätzt werden; sie beträgt in Deutschland im Jahresdurchschnitt zwischen 50 % und 70 %. Daraus errechnet sich hierzulande eine Globalstrahlung von rund 1000 kWh je Quadratmeter im Jahr. Nach aktuellen Zahlen sind davon wiederum ca. 10 % nutzbar, sodass ca. 100 kWh/qm elektrischer Strom erzeugbar sind. Dies entspricht der Energiemenge von etwa 100 Litern Heizöl.

Neigung
Nicht nur die Himmelsrichtung ist für ein Solarmodul entscheidend, auch dessen Neigung sollte möglichst optimal zur Sonne sein. In Deutschland treffen bei einer Neigung der Anlage von 30° die Sonnenstrahlen nahezu senkrecht auf die Solarmodule (vgl. iMPLI 2019).

Qualität
Der Stromertrag einer Photovoltaikanlage hängt ganz entscheidend auch von der Qualität der Anlage ab. Hierbei kommt es letztlich auf jede einzelne Komponente der Gesamtanlage an. Die größten Qualitätsunterschiede gibt es neben den Wechselrichtern vor allem bei den Solarmodulen. Hier sollten Sie darauf achten, dass diese zertifiziert sind und als Zertifizierung die Kürzel IEC 61215 bzw. IEC 616146 ausweisen.

Reihen- und Parallelschaltung

Die Reihenschaltung ermöglicht eine höhere Gesamtspannung bei gleicher Stromstärke. Dazu wird der Minuspol des einen mit dem Pluspol des nächsten Solarmoduls verbunden. Diese Schaltung ist aber anfällig für Störungen. Fällt auch nur ein Element aus oder bringt es eine schwächere Leistung, hat dies Auswirkung für die komplette Reihe. Dieser Effekt ist bekannt aus einer Lichterkette, z. B. am Weihnachtsbaum. Dies ist auch die Ursache für drastische Leistungsminderungen bei einer zeitweisen Verschattung (siehe unten).

Anders die Schaltung bei einer Parallelschaltung. Hier werden alle Pluspole und alle Minuspole miteinander verbunden. Damit entspricht die Gesamtspannung der Spannung eines Solarmoduls und die Summe der Einzelströme aller Module ergibt die Gesamtstromstärke der Anlage. Damit können einzelne Module ausfallen oder beeinträchtigt sein, ohne dass sich dies nennenswert auf die Gesamtleistung auswirkt. Folglich lässt sich mit einer Parallelschaltung gegenüber einer Reihenschaltung meist ein höherer Ertrag erzielen.

In der Praxis wird oft eine Kombination aus Reihen- und Parallelverschaltung installiert – die sog. Paarmodulverschaltung. Damit sollen die jeweiligen Vorteile genutzt und zugleich deren Nachteile ausgeklammert werden.

Strahlungsstärke

Dagegen ist die Strahlungsstärke nicht beeinflussbar. Gegen Mittag strahlt die Sonne intensiver, im Süden stärker als im Norden des Landes, im Sommer mehr als im Winter. Dies ist jeweils bedingt durch die Neigung der Erdachse, wodurch die Sonnenstrahlen mehr oder weniger steil auf die Erdoberfläche treffen. Bei einer hohen Strahlungsstärke liegen auch die Erträge höher.

Verschattung

Liegt ein Teil der Photovoltaikanlage im Schatten, sinkt deren Ertrag. Dies wird bei der Installation einer Anlage oft nicht gründlich genug bedacht. So werden häufig temporäre Teilverschattungen im Tagesverlauf übersehen, z. B. morgens oder abends bei entsprechend tieferem Sonnenstand. Letztlich führt auch eine Verschmutzung der Module zu einer gewissen Verschattung. Da dies ein so wichtiger Bereich ist, finden sich im nachfolgenden Kapitel zur Verschattung weitere umfangreiche Ausführungen.

Wirkungsgrad

Beim Wirkungsgrad ist zu unterscheiden zwischen Zellwirkungsgrad und Gesamt- bzw. Systemwirkungsgrad.

- Der Zellwirkungsgrad gibt an, welcher Anteil der auf die Solarzelle eingestrahlten Sonnenenergie in elektrische Energie umgewandelt werden kann. Dies ist für die gängigen Arten der Siliziumstrukturen durchaus unterschiedlich:
    - **Monokristalline** Solarzellen haben eine gleichmäßige, glatte Oberfläche, da sie aus hochreinem Halbleitermaterial gewonnen werden. Zudem weisen sie bedingt durch das Herstellungsverfahren gebrochene Ecken auf. Der Wirkungsgrad liegt zwischen 16 % und 20 %.

- **Polykristalline** Solarzellen gibt es in der Regel als quadratische Form mit einer Kantenlänge von 10 cm. Diese Solarzellen werden aus gegossenen Blöcken ausgesägt. Sie weisen eine unregelmäßigere Oberfläche auf, ihre Kristalle sind mit einem Durchmesser zwischen wenigen Millimetern bis zu ein paar Zentimetern sichtbar. Polykristalline Zellen sind kostengünstiger, weisen aber auch eine geringeren Wirkungsgrad auf. Dieser liegt zwischen 14 % und 16 %.
- **Amorphes** Silizium hat hingegen keine Kristallstruktur, denn es besteht aus nicht geordneten Siliziumatomen. Diese werden auf Glas aufgedampft. Amorphe Solarzellen werden auch als Dünnschichtzellen bezeichnet, da die Schichtdicke weniger als 1/50 der Dicke eines Haares beträgt (vgl. Frentrup 2008). Durch den geringen Materialverbrauch sind diese Solarzellen trotz des aufwändigeren Herstellungsverfahrens kostengünstig. Derartige Solarzellen finden normalerweise bei Photovoltaikanlagen keine Verwendung, sondern sind bei Taschenrechner und Armbanduhren anzutreffen. Der Wirkungsgrad liegt nur zwischen 6 % und 13 %.

- Der Gesamtwirkungsgrad (auch als Systemwirkungsgrad bezeichnet) einer Photovoltaikanlage ist hingegen noch von weiteren Faktoren abhängig. Dazu zählen vor allem Umwandlungsverluste im Wechselrichter beim Umwandeln von Gleichstrom in Wechselstrom. Bei Inselsystemen kommen Speicherverluste des Akkumulators hinzu. Und selbst die Länge der Stromleitungen ist für die Höhe von Energieverlusten mitentscheidend.
- Ein weiterer Vergleichswert wird als „Performance Ratio (PR)" bezeichnet. Dieser Wert gibt das Verhältnis zwischen Nutz- und Sollertrag einer Anlage wieder. Der Wert sagt damit aus, wie viel von einem theoretisch denkbaren Stromertrag auch tatsächlich erzielt wird. Die Performance Ratio einer guten Photovoltaikanlage liegt bei mindestens 70 %.

Damit diese Zahlen besser eingeschätzt werden können, hier ein paar Vergleichswerte: Eine konventionelle Glühlampe verwandelt 3–5 % der Energie in Licht, ein Kernkraftwerk hat einen Wirkungsgrad um die 35 %, ein Kohlekraftwerk zwischen 30 % und 45 %, und die neuesten Wasserkraftwerke erreichen immerhin einen 80 %-igen Wirkungsgrad.

Die Forschung arbeitet stetig an der Optimierung der Wirkungsgrade, um dadurch die Kosten für den Solarstrom weiter zu drosseln. Dieser Prozess stößt aber irgendwann an seine physikalischen Grenzen. So liegt der theoretisch maximal erreichbare Wirkungsgrad für kristallines Silizium bei 29 %. Nochmals zum Vergleich: derzeit werden davon bis zu 21 % erreicht bzw. bei Dünnschicht bis zu 16 %.

Forscher gehen davon aus, dass mit anderen Halbleitermaterialien bis 2025 ca. 50 % möglich sein sollten. Auf diesem Weg hat das Fraunhofer-Institut für Solare Energiesysteme (ISE), Freiburg gemeinsam mit Soitec und CEA-Leti im November 2014 den eigenen bisherigen Weltrekord verbessert (vgl. Wirth 2019). Mit besonders leistungsfähigen Teilsolarzellen und durch den Einsatz von Konzentratorsystemen (Fresnellinsen) wurde ein Wirkungsgrad von 46 % erreicht. Spätestens wenn derartige Wirkungsgrade auch in der Massenfertigung und damit zu wirtschaftlichen Preisen umsetzbar sind, ist die Energieversorgung mittels Photovoltaik als zentrales Standbein des Energiemixes fest gesichert.

Nach den Angaben der Deutschen Gesellschaft für Sonnenenergie e. V. werden sich weitere Steigerungen des Wirkungsgrads möglicherweise aus folgenden Maßnahmen erreichen lassen:

- Einer Optimierung der Oberflächenstruktur, insbesondere um Reflexionen zu vermeiden. Dazu wird an Zelloberflächen in Pyramidenstruktur geforscht.
- Der Verwendung von Tandem- bzw. Stapelzellen, die dank unterschiedlicher Halbleitermaterialien ein breiteres Strahlungsspektrum nutzen können.
- Durch Spiegel- und Linsensystemen (sog. Konzentratorzellen) soll eine höhere Lichtintensität auf die Solarzellen fokussiert werden.
- Gewisse Verbesserungen können durch eine dünne Oxidschicht anstelle eines p-n-Übergangs oder durch elektrochemische Flüssigkeitszellen erreicht werden.

Stromgestehungskosten

Lagen die Aufwendungen um ein kWh Strom durch Photovoltaik zu produzieren, die sog. Stromgestehungskosten noch bei rund 30 Ct je kWh, ist dieser Wert bis 2018 bereits auf nur noch einen Bruchteil davon gesunken (vgl. Wirth 2019). Bei einer kosteneffizienten Freilandanlage in Süddeutschland liegen die Stromgestehungskosten bei unter 0,08 Ct und selbst mit einer kleineren Aufdachanlage in Norddeutschland sich lässt mittlerweile Strom für 11 Ct produzieren.

Ein weiteres Sinken der Stromgestehungskosten in diesem Tempo ist allerdings ausgeschlossen. Die technischen Fortschritte werden nur noch verhältnismäßig klein ausfallen. So gehen Experten davon aus, dass bis 2030 die Gestehungskosten für Strom aus einer Photovoltaikanlage bei 0,06 Ct je kWh liegen werden.

1.5 Planen und Errichten

Die unterschiedlichen Photovoltaikanlagen bzw. Systeme, deren Lage und Verschaltung sind entscheidend für die erzielbare Strommenge und damit die Rentabilität der Anlage. Bereits im Planungsstadium und bei der Erstellung der Photovoltaikanlage können eine Vielzahl von Fehlern begangen werden. Diese kosten Zeit, Nerven und Geld und wirken sich schlimmstenfalls während der gesamten Nutzungsdauer der Anlage negativ aus.

1.5.1 Fachgerechte Planung

Wie sagt schon das Sprichwort: „Ohne Plan viel Gram". Das gilt auch und gerade für die Planung einer Photovoltaikanlage. Insbesondere an die folgenden Punkte sollten Sie möglichst frühzeitig denken und dadurch unnötige Kosten oder Ärger vermeiden.

1.5 Planen und Errichten

Abstand halten
Bedeckt die Anlage eine größere Fläche, kann es sinnvoll sein, zwischen den einzelnen Modulen eine Gasse zu lassen. Diese ermöglicht den leichteren Zugang zu den Modulen, was sich insbesondere bei Wartungs- und Reinigungsarbeiten auszahlt.

Beurteilung des Dachs
Es ist es sinnvoll und wichtig, die restliche Lebensdauer des Daches, die Statik des Dachaufbaus, die Lastverteilung der Aufbauten (Dachlast) und den Aufbau der Dachunterkonstruktion genau zu untersuchen. Ist die derzeitige Dachstruktur mangelhaft, empfiehlt es sich, das Dach vor der Montage einer Photovoltaikanlage zu sanieren. Es sollte dabei sicher gestellt sein, dass das Dach als tragender Teil zumindest noch die gleiche Lebensdauer hat wie die Anlage selbst, also mindestens noch 30 Jahre.

Geeignetes Dach
Zu Beginn steht aber zunächst die Frage der Eignung des Daches für eine Photovoltaikanlage. Gemeint ist hier insbesondere die Himmelsrichtung oder die Neigung des Daches. Optimal ist eine nach Süden ausgerichtete Dachfläche mit 25–30° Dachneigung. Jedoch sind auch Photovoltaikanlagen auf Dächern mit einer Ausrichtung nach Südost oder Südwest für einen wirtschaftlichen Betrieb der Anlage geeignet. Eine Dachneigung zwischen 10° und 45° mindert den Ertrag der geplanten Photovoltaikanlage nicht wesentlich (vgl. iMPLI 2019). Zudem können aus technischer Sicht nicht optimale Dachneigungen leichter ausgeglichen werden als ein Hausdach, das die falsche Himmelsrichtung aufweist. So ist eine Installation einer Anlage auf einem Flachdach technisch kein Problem, da die Module durch ein Rahmengestell oder eine Wanne in den richtigen Winkel gestellt werden können – die sog. Aufständerung.

Größe der Anlage
Die Größe einer Photovoltaikanlage sollte nicht unter 10 qm Fläche liegen, damit ein wirtschaftlicher Betrieb darstellbar ist. Daraus lässt sich ca. 1 Kilowatt Nennleistung erzielen. Sollte eine ebene Dachfläche (Flachdach) vorhanden sein, wird eine Dachfläche von mindestens 30 qm benötigt um genügend Solarmodule durch eine Aufständerung unterzubringen.

Genehmigung, Anmeldung
Egal für welche Art einer Photovoltaikanlage – Aufdach- oder Indachanlage – Sie sich entscheiden, es bedarf für deren Installation keiner Baugenehmigung. Dies gilt zumindest für die übliche Größe auf dem Dach oder an der Fassade eines Ein- oder Mehrfamilienhaus (vgl. Schmitz und Volkmann 2019). Gegebenenfalls können andere planungsrechtliche Regelungen oder Vorgaben eines Bundeslandes zu beachten sein. Dies betrifft insbesondere die aufgeständerten Photovoltaikanlagen. Im Zweifelsfall stellen Sie eine sog. Bauanzeige, dann ist die Behörde zur Prüfung und Mitteilung verpflichtet.

Anders sieht es aus bei einer Freiflächenanlage, für die meistens eine Baugenehmigung erforderlich ist. Dies zumindest dann, wenn es sich um eine Anlage mit mehr als 3 Metern Höhe bzw. mit über 9 Metern Länge handelt. Beachten Sie aber, dass die Größenmaße von Bundesland zu Bundesland unterschiedlich sein können.

Eine weitere Fallgruppe, die eine Baugenehmigung nach sich zieht, ist die Photovoltaikanlage auf einem fremden Dach, die sog. Mietdachanlage. Hier enthalten einige Landesbauordnungen die Passus, dass „eine gewerbliche Photovoltaikanlage durch einen Hausfremden, der das Dach anmietet, eine baurechtlich erhebliche Veränderung darstellt", mit der Folge, dass diese Baumaßnahme genehmigungspflichtig ist. Um einen „Schwarzbau" zu vermeiden, hilft auch hier die bereits oben empfohlene Bauanzeige.

Zudem können im Einzelfall z. B. ein Ensembleschutz, der Denkmalschutz oder auch nur die Nähe zu einem Baudenkmal der Errichtung einer Anlage entgegenstehen. In solch einem Fall bedarf es der Zustimmung der zuständigen Denkmalbehörde. Nehmen Sie deshalb möglichst frühzeitig mit dem Denkmalamt Kontakt auf und klären Sie ab, welche individuellen Lösungen machbar sind.

Hingegen erfordert eine **Freiflächenmontage** generell eine Baugenehmigung der jeweiligen Kommune. Auch für **Fassadenanlagen** ist in einigen Bundesländern eine Baugenehmigung erforderlich. Da diese Anlagenform aber noch relativ wenig verbreitet ist, liegen hierzu noch keine dauerhaft verlässlichen Erfahrungswerte vor. Erkundigen Sie sich am besten bei der zuständigen Baubehörde vor Ort.

Wichtig ist zudem, dass vor der Inbetriebnahme die Anlage bei der Bundesnetzagentur registriert worden ist; dies ist nach § 6 Abs. 2 EEG gesetzlich vorgeschrieben. Diese **Registrierung** wurde Anfang 2019 durch das neu eingerichtete Marktstammdatenregister abgelöst. Für die Registrierung gibt es eine 1-monatige Frist ab der Inbetriebnahme der Anlage. Für Anlagen, die bisher bei der Bundesnetzagentur gemeldet waren, gibt es eine Übergangsfrist bis Ende Januar 2021; bis dahin müssen auch Altanlagen im Marktstammdatenregister angemeldet sein. Darin werden insbesondere der Standort und die Leistung der Photovoltaikanlage gespeichert. Aus diesen Werten wird nicht zuletzt auch die Höhe des maßgebenden Zubaus ermittelt, der über eine eventuelle Kürzung der künftigen Einspeisevergütungen entscheidend ist. Die Anmeldung können Sie im Internet vornehmen unter http://www.marktstammdatenregister.de/MaStR, dort unter „Registrierung starten".

Durch das EEG sind die Energieversorgungsunternehmen (EVU) bzw. die Netzbetreiber verpflichtet den Strom aus Photovoltaikanlagen ins Netz aufzunehmen. Es ist dazu keine förmliche Genehmigung des EVU erforderlich, ebenso kein besonderer Vertrag. Jedoch wird meist ein Einspeisungsvertrag geschlossen. Im Regelfall wird die Photovoltaikanlage vom Installationsbetrieb mit den technischen Details beim EVU angemeldet. Meistens möchte der Netzbetreiber auch eine Kopie des Anmeldungsformulars und der Bestätigung der Bundesnetzagentur haben.

Wird jedoch eine Großanlage betreiben – eine solche liegt ab einer Nennleistung von mehr als 30 kWp vor – muss beim jeweiligen Energieversorger vor Installation der Photovoltaikanlage eine Einspeisezusage eingeholt werden.

Selbstverständlich unterliegt eine Photovoltaikanlage als elektrische Anlage verschiedenen Normen; dies gilt für den Netzanschluss und den Umgang mit Starkstrom. Deshalb darf die Inbetriebnahme einer Photovoltaikanlage (Verbindung mit dem Stromnetz) nur durch einen zugelassenen Elektroinstallateur erfolgen.

Qualität
Nicht zuletzt sollten Sie auch auf hochwertige Komponenten der Photovoltaikanlage achten. Die Unterschiede können teilweise beträchtlich sein. Insbesondere Anlagen aus nicht deutscher Produktion – vor allem aus China – haben hier teilweise noch gewisse Mängel. Vergleichen Sie die Angaben der einzelnen Hersteller und das Preis-Leistungsverhältnis genau. Der entscheidende Faktor ist der sog. **Wirkungsgrad**. Je höher der Wirkungsgrad, umso höher der Energieertrag. Die Photovoltaikanlage wird dadurch effizienter und somit rentabler.

Das gilt auch für den **Wechselrichter** – das Herz der Anlage. Dessen Aufgabe ist es, den in der Solarzelle erzeugten Gleichstrom in einen Wechselstrom umzuwandeln, welcher dann in das allgemeine Stromnetz eingespeist werden kann – deshalb auch als Netzeinspeisegerät bezeichnet. Moderne Wechselrichter erreichen einen Wirkungsgrad von 94–98 %.

Verschattung
Doch die größten und häufigsten Fehler bei der Installation bzw. bereits bei der Planung werden im Bereich der Verschattung gemacht. Damit sind dauerhafte oder temporäre Schattenwürfe auf die Solaranlage gemeint (vgl. Schmitz und Volkmann 2019). Eine Schattenbildung kann durch Nachbargebäude, Schornsteine, Masten oder Antennen verursacht werden. Bereits bei der Planung gilt es zu überlegen, wie hoch die Bäume des Nachbarn noch wachsen werden oder ob in der Nähe Neubauten geplant sind.

Nun könnte man meinen, was macht schon ein schmaler Schatten, z. B. von einem Antennenmast, auf einem Modul aus, wenn die gesamte restliche Anlage unter praller Sonneneinstrahlung steht?!

Doch hier wirkt sich ein technischer Umstand sehr negativ aus: Erzeugt ein Modul keine oder eine geringere Leistung, hat dies zugleich eine entsprechende Verringerung der Leistung der anderen Module zur Folge. Dies hängt mit der Verschaltung der Module zu einem sog. „String" zusammen. Diese zusammen geschalteten Module erreichen dann allesamt nicht ihre Maximalleistung und liefern damit weniger oder keine Energie an den Wechselrichter. Und der schwächste String gibt die Wechselrichter-Gesamtleistung und damit auch die Gesamtleistung der Photovoltaikanlage insgesamt vor.

Deshalb muss eine eventuelle Verschattung eines Solarmoduls unbedingt vermieden und die Anlage sorgfältig geplant werden. Dies erfordert auch die Beobachtung des Schattenlaufs über den gesamten Tag hinweg. Dabei sollte möglichst auch eine tiefer stehende Sonne in den Wintermonaten mit entsprechend größeren Schattenbildungen mit berücksichtigt werden.

1.5.2 Fachgerechte Installation

In Deutschland waren Ende 2018 ca. 1,7 Millionen Solarstrom- und ca. 2,4 Millionen Solarwärmeanlagen installiert. Doch durch die größere Verbreitung zeigt sich auch, dass viele Anlagen fehlerhaft installiert werden. Offenbar tummeln sich in dieser Branche ebenfalls einige „schwarze Schafe". Achten Sie deshalb auf einen soliden Betrieb, der Ihre Anlage installiert. Dies gilt sowohl für die Planung, für die Koordination als auch für die Ausführung bzw. Verarbeitung bei der Montage.

Etwas Sicherheit gibt der seit 01.01.2009 eingeführte PV-Anlagenpass, der die Qualitätsstandards der Photovoltaikanlage dokumentiert. Es werden die verwendeten Komponenten der Anlage eingetragen und die Leistungen des Installationsbetriebs festgehalten. Auch die Prüfprotokolle bei der Abnahme der Anlage sind darin enthalten. Wählen Sie möglichst nur einen Handwerker aus, der den PV-Anlagenpass ausstellt.

Doch eine absolute Sicherheit kann auch diese Dokumentation nicht bieten. Deshalb werden nachfolgend die wesentlichen Punkte aufgezählt, die für eine fachgerechte Installation einer Photovoltaikanlage zu beachten sind (vgl. Schmitz und Volkmann 2019).

Beschädigung bei der Montage

Doch nicht nur diese planerischen Vorarbeiten, sondern auch die darauf folgende Ausführung kann zu Schäden führen. Dies sind vor allem Beschädigungen der Dachabdichtung. Es sind Fälle bekannt geworden, bei denen die Dachunterkonstruktion mehrfach beschädigt worden ist, indem beispielsweise die Dachhaut verletzt wurde und so Wasser in das Gebäude bzw. die Isolation eingedrungen ist.

Zudem können im Bereich der Verkabelung einige Fehler begangen werden. Dadurch bedingte Hohlraumbildungen, beschädigte Isolationen, Wasserschäden und selbst Brandschäden sind bereits zu verzeichnen.

Brandschutz

Die Brandgefahr ist ein gesondertes Thema:

Zum einen stellt eine Photovoltaikanlage, wie jede andere elektrische Anlage, bereits eine zusätzliche Gefahrenquelle dar. Besonders Fehler im Bereich der Verkabelung und der Anschlüsse gilt es zu vermeiden. Doch keine Sorge – eine Photovoltaikanlage war nur in 0,006 % aller registrierten Gebäudebrände der Auslöser und führt damit zu keinem erhöhten Brandrisiko (vgl. Wirth 2019).

Zum anderen kann eine Photovoltaikanlage nicht einfach abgeschaltet werden, sondern produziert Strom solange Licht auf die Zellen fällt. Hierbei können Stromspannungen bis zu 1000 Volt auftreten – eine gefährliche Falle für die Feuerwehr. Seit 2006 ist für Photovoltaikanlagen eine so genannte Freischaltstelle erforderlich; diese ist meist in den Wechselrichter eingebaut. Doch selbst damit kann die Anlage nur teilweise stromlos geschaltet werden. Alle Anlagenteile von den Solarmodulen bis zur Freischaltstelle stehen weiterhin unter Strom.

Und damit stellt eine Photovoltaikanlage für die Feuerwehr eine gewisse zusätzliche Gefahrenquelle dar. Denn bei einem Kontakt von Wasser und Strom entsteht eine lebensgefährliche Situation. Dem kann begegnet werden, wenn bei Löscharbeiten ein

1.5 Planen und Errichten

Sicherheitsabstand von mindestens 5 Metern eingehalten wird. Wird dies beachtet und zusätzlich die Dachfläche nur mit einem Sprühstrahl überzogen, können die Löscharbeiten gefahrlos und dennoch effektiv vorgenommen werden.

Eng mit dem Brandschutz verbunden ist auch der Blitzschutz. Achten Sie darauf, dass der Installationsbetrieb Schutzmaßnahmen für die Anlage und deren Umfeld vor Überspannungsschäden und durch einen Blitzeinschlag vorsieht.

Entwässerung

Ein weiteres Augenmerk erfordert die Entwässerung des Dachs. Es sollte zu keinen Stauungen von Regenwasser kommen, um das Dach und ggf. die Anlage selbst nicht zu schädigen. Dies gilt – vor allem in schneereichen Gegenden – auch für Eis und Schnee auf dem Hausdach und den Solarmodulen.

Festigkeit

Doch auch die Festigkeit der Anlage insgesamt ist oft nicht fachgerecht ausgeführt. So manche Anlage hat beim ersten kräftigeren Sturm teils ganz erheblich gelitten bis hin zu abgerissenen Teilen, die in den Garten oder gar auf die Straße und parkende Autos geflogen sind.

Zur Festigkeit gehört auch die Widerstandskraft gegen extreme Witterungsverhältnisse. Beispielsweise sind Solarmodule u. a. Hagelschlag ausgesetzt. Module gemäß der IEC-Prüfnorm 61215 Ed. 2 müssen Hagelkörnern bis zu 2,5 cm Durchmesser widerstehen können.

Montage

Viele Photovoltaikanlagen sind heute „steckerfertig". Dies soll Fehler bei der Montage vermeiden. Doch auch Stecker können verwechselt oder vergessen werden. Es muss ja nicht immer so extrem ablaufen, wie im Fall einer Solaranlage, die mehrere Jahre lang unbemerkt ohne Funktion blieb. Der Installateur hatte schlicht vergessen einen der Stecker einzustöpseln.

Deshalb die Empfehlungen:

- Wählen Sie einen anerkannt guten **Fachbetrieb** aus, der mit der Montage und auch der jeweiligen Photovoltaikanlage vertraut ist und über geschultes Personal verfügt. Das RAL-Gütezeichen für Solarenergieanlagen (RAL-GZ 966) sichert einen gewissen Qualitätsstandard und sollte Vertragsgrundlage sein.
- Die **Abnahme** der Anlage nach deren Installation sollte sehr genau und sorgfältig erfolgen. Zu einer qualifizierten Endabnahme sollten auch eine Messung mittels Referenz-Photozelle, sowie eine umfassende Dokumentation gehören. Ziehen Sie ggf. einen weiteren Fachmann hinzu.
- Schließlich empfiehlt sich in den ersten Tagen eine sehr genaue **Überwachung** der Anlage, damit im schlimmsten Fall eine nicht erfolgte oder deutlich zu geringe Stromeinspeisung so früh wie möglich bemerkt wird.

Montagearten
Die klassische Montageart ist die sog. **Aufdachmontage**. Diese ist relativ einfach, schnell und kostengünstig umsetzbar. Auf die vorhandene Dacheindeckung werden die Solarmodule auf Montagegestellen befestigt. Dadurch ist eine Hinterlüftung der Anlage gewährleistet, womit eine natürliche Kühlung der Module einhergeht. Und kühlere Module bringen eine höhere Leistung; die Differenz kann immerhin bis zu 20 % betragen (vgl. Chr. Münch GmbH).

Neben der Aufdachmontage können vor allem bei einem Gebäudeneubau oder einer Dachneueindeckung auch sog. **Indachanlagen** geplant und umgesetzt werden. Dabei dient die Photovoltaikanlage in gewissem Umfang als Dachersatz. Im Einzelfall – vor allem bei nicht optimaler Ausrichtung des Gebäudedachs – kann auch eine in die **Fassade** des Hauses integrierte Photovoltaikanlage eine Alternative sein (vgl. Chr. Münch GmbH).

1.6 Laufender Betrieb

Ist eine Photovoltaikanlage erst einmal in Betrieb gegangen, beginnt ein sorgloses Leben mit stetigen Stromeinnahmen – so jedenfalls die Werbung! Zwar ist eine Photovoltaikanlage in aller Regel relativ wartungsarm, doch ganz vernachlässigen sollten Sie diese auch im laufenden Betrieb nicht.

1.6.1 Wartung

Ein anfangs gerne vernachlässigter Bereich ist die laufende Wartung einer Photovoltaikanlage. Ist diese qualitativ hochwertig und fehlerfrei installiert, liefert sie meist den geplanten Stromertrag – zumindest anfangs. Doch mit der Zeit sinkt die Ausbeute permanent ab, ohne dass dies erkennbare Ursachen hätte. Die Ursache ist oftmals eine fehlende oder unzureichende Wartung der Anlage (vgl. Schmitz und Volkmann 2019).

1.6.1.1 Verschmutzung
Die Verschmutzung einer Solaranlage hält sich durch die relativ glatten Oberflächen der Module in Grenzen, diese sind pflegearm. Dennoch bilden sich auf den Modulen mit der Zeit Ablagerungen aus Staub, Ruß und anderen Luftschmutzpartikeln. Hinzu kommen Pollen und Laub, Moos- oder Flechtenbildung und sehr hartnäckige Vogelexkremente. Diese werden durch Wind und Regen nicht immer abgewaschen, sondern bleiben auf der Anlage kleben. Jeder Autofahrer kennt dies von seinem Autolack zur Genüge.

Es empfiehlt sich deshalb die Anlage zumindest einmal im Jahr zu reinigen. Alle Heimwerker seien an dieser Stelle aber gewarnt: Ein Hochdruckreiniger, scharfe Glasreiniger, Verdünner oder andere aggressive Mittel haben an einer Photovoltaikanlage nichts zu suchen. Eine weiche Bürste und übliche Haushaltsreiniger genügen vollauf. Jeder Hersteller gibt Hinweise oder konkrete Anweisungen, die nicht zuletzt im Hinblick auf eine Garantie zu beachten sind.

Vorsicht! Äußerst wichtig ist dabei, jeden Kontakt zu Strom führenden Teilen zu vermeiden. Es besteht die Gefahr eines Stromschlags oder eines Kurzschlusses. Schließlich ist auch die Absturzgefahr zu bedenken und eine Sicherung durch Seil oder Netz zu empfehlen.

Angesichts der nicht ganz einfachen und teils gefährlichen Arbeiten sind zwischenzeitlich fast überall spezialisierte Firmen auf dem Markt und bieten entsprechende Wartungsarbeiten an. Diese übernehmen nicht nur die Reinigung, sondern prüfen auch gleich die Verankerung der Anlage, deren Verkabelung und eventuelle Beschädigungen der Anlage. Das kann auch einmal ein Bruch im Glaskörper sein, welcher häufig aus unsichtbaren Vorschäden, Schneedruck oder Hagelschlag resultiert. Im Bereich der Verkabelung treiben Marder ihr Unwesen und haben schon manche Photovoltaikanlage komplett außer Gefecht gesetzt.

Zu einer Wartung sollte nicht zuletzt auch die Überprüfung der gesamten Elektrik der Anlage gehören, angefangen von den Modulen, den Kabelsträngen bis hin zu den Wechselrichtern. Spätestens nach 3 Jahren empfiehlt sich solch ein Generalcheck. Doch mindestens 1× im Monat sollte jeder Betreiber selbst eine Sichtprüfung vornehmen. Für die Leistungsausbeute wird mindestens eine wöchentliche Kontrolle empfohlen, damit Ausfälle durch Störungen frühzeitig bemerkt werden.

Als Zeitpunkt für eine Reinigung bietet sich das späte Frühjahr mit dem Ende des Pollenfluges und rechtzeitig vor den ertragsstarken Sommermonaten an. Deren maximale Ausnutzung ist entscheidend für den Gesamtertrag einer Photovoltaikanlage. So beträgt die Leistung einer Anlage an einem durchschnittlichen Wintertag um 12 Uhr nur ca. 1/15 der Leistung, die an einem Sommertag zur Mittagszeit erreicht wird.

Die Kosten für eine Reinigung durch eine Fachfirma sind durchaus unterschiedlich. Günstige Angebote liegen bei 1,40–1,60 € je qm Modulfläche bzw. bei 8–11 € je kWp Anlagenleistung.

1.6.1.2 Überwachung

Um eventuelle Schäden der Photovoltaikanlage frühzeitig zu bemerken, gibt es mittlerweile einfache Programme, die Ihnen die Leistung der Anlage auf dem heimischen PC darstellen. Auf Wunsch lassen sich die Daten durch spezielle Programme auch zur weiteren Analyse optisch visualisieren oder in Zeitreihenmodellen und Übersichten aufbereiten. Selbst eine Datenabfrage per Internet oder eine Benachrichtigung per E-Mail sind heute als eine Art „Fernüberwachung" technisch ohne größere Aufwendungen umsetzbar. Die Betriebsdatenüberwachung meldet sich bei Ihnen, sobald unklare Leistungsschwankungen eintreten.

1.6.2 Versicherung

Auch wenn die heutigen Photovoltaikanlagen nahezu vollständig wetterfest sind und normale Umwelteinflüsse nur sehr selten Schäden verursachen, empfiehlt es sich, über eine

Versicherung der Anlage nachzudenken. Immerhin stellt die Anlage einen nicht unerheblichen Vermögenswert dar (vgl. iMPLI 2019). Die Solaranlage kann in eine Wohngebäudeversicherung mit aufgenommen werden. Empfehlenswert ist es, bei der Haftpflichtversicherung nachzufragen, ob Drittschäden aus dem Betrieb der Anlage versichert sind.

Einige Versicherungsgesellschaften bieten mittlerweile gesonderte Solar-Versicherungen an (vgl. Schmitz und Volkmann 2019). Neben einem reinen Preisvergleich empfiehlt sich auch eine genaue Betrachtung, ob der angebotene Leistungsumfang im jeweiligen Versicherungspaket auch benötigt wird bzw. den gewünschten Schutz bietet. Da der Versicherungsmarkt in ständiger Bewegung ist, wird hier keine konkrete Empfehlung zur Art bzw. zum Umfang einer individuellen, sinnvollen Versicherung für eine Photovoltaikanlage ausgesprochen.

Literatur

BSW-Solar – Bundesverband Solarwirtschaft e. V. 2019. *Statistische Zahlen der deutschen Solarstrombranche*. https://www.solarwirtschaft.de/fileadmin/user_upload/bsw_faktenblatt_pv_2019.pdf. Zugegriffen am 12.07.2019.

Frentrup, Martin. 2008. *Solarzellen* (Seminar). TU-Berlin: Institut für Festkörperphysik.

iMPLI Informations-Systeme GmbH. 2019. http://www.photovoltaik-praxis.de. Zugegriffen am 12.07.2019.

Schmitz, J., und B. Volkmann. 2019. *Ihr Photovoltaik-Ratgeber*. https://www.solaranlagen-portal.de. Zugegriffen am 12.07.2019.

Wirth, H. 2019. *Aktuelle Fakten zur Photovoltaik in Deutschland*. Freiburg: Fraunhofer-Institut für Solare Energiesysteme ISE.

Weiterführende Literatur

Bundesministerium für Umwelt, Naturschutz, Bau und Reaktorsicherheit. Homepage und verschiedene Infobroschüren. https://www.bmu.de. Zugegriffen am 12.07.2019.

Bundesnetzagentur, Homepage und Download. https://www.bundesnetzagentur.de. Zugegriffen am 12.07.2019.

Christian Münch GmbH. 2019. https://www.photovoltaik.org. Zugegriffen am 12.07.2019.

Förderung des Solarstroms 2

2.1 Erneuerbare-Energien-Gesetz (EEG)

Im EEG sind alle Fördermaßnahmen für sämtliche Formen der erneuerbaren Energien zusammengefasst – so auch die Förderung der Photovoltaik. Die Regelungen stellen die wohl wichtigste und dauerhafteste Förderung der Photovoltaik dar. Da diese Form der Förderung zugleich eine große Breitenwirkung entfaltet, gilt das EEG als weltweites Vorbild. Laut Bundesumweltministerium hat es in über 60 Staaten als Vorbild für die dortigen Förderinstrumente gedient.

2.1.1 Ziele

Durch das EEG soll die Abhängigkeit von fossilen Energieträgern – insbesondere von Erdöl, Kohle, Erdgas – verringert werden. Als weiteres Ziel kam die Abkehr von der Kernkraft als Energiequelle hinzu. Diese Ziele sind in § 1 Abs. 1 EEG konkret genannt. Im Interesse des Klima- und Umweltschutzes soll die Förderung durch das EEG

- eine nachhaltige Entwicklung der Energieversorgung ermöglichen,
- die volkswirtschaftlichen Kosten der Energieversorgung auch durch die Einbeziehung langfristiger externer Effekte verringern,
- fossile Energieressourcen schonen und
- die Weiterentwicklung von Technologien zur Erzeugung von Strom aus Erneuerbaren Energien fördern.

Das EEG trat mit Wirkung vom 01.04.2000 in Kraft. Es wurde seither aber bereits mehrfach geändert und unterliegt insbesondere in der Höhe der zugebilligten Förderung einer laufenden Überprüfung und Anpassung. Von Beginn an sank die Förderung monatlich um einen bestimmten Prozentsatz – die sog. Degression. Dieses Prinzip ist auch aktuell dem Grund nach noch gültig. Es ist nunmehr aber abhängig von der Höhe des sog. Zubaus – der neu installierten PV-Kapazitäten (§ 49 EEG).

Damit wird ein gewisser Kostendruck aufgebaut, der zugleich der gezielten Anreizregulierung dient. Photovoltaikanlagen sollen ständig effizienter und kostengünstiger produziert werden, mit dem Ziel, dass diese Technologie möglichst frühzeitig ohne Förderung am Markt bestehen kann.

2.1.2 Grundprinzip

Die Förderung erfolgt zwar in Teilen durchaus differenziert und mit unterschiedlichen Fördersätzen. Kernpunkt der Förderung ist aber jeweils die Verpflichtung der Energieversorgungsunternehmen bzw. des Netzbetreibers, den erzeugten Strom abzunehmen und dafür eine **garantierte Einspeisevergütung** zu zahlen. Der Betreiber einer Photovoltaikanlage muss sich damit keine Sorgen machen, wer ihm den Strom abnimmt und zu welchem Preis dies erfolgen wird.

Doch keine Regel ohne **Ausnahme**:

Mit der Novelle des EEG 2012 wurde eine Flexibilisierung der Einspeiseregelung geschaffen: Zwar blieb die grundsätzliche Abnahmeverpflichtung des Netzbetreibers für den Photovoltaikstrom bestehen (§ 11 EEG), jedoch ist diese um eine Neuregelung zum sog. **Einspeisemanagement** erweitert worden (§ 14 EEG).

Danach kann der Netzbetreiber vom Betreiber einer Photovoltaikanlage fordern, dass eine Abregelungsmöglichkeit bestehen muss. Dies ist quasi ein ferngesteuerter „Abschalter" für die Anlage, sodass kein Solarstrom mehr ins Netz fließt. In neueren Anlagen ist ein solcher Abregelungsmechanismus – der Rundsteuerempfänger – ab Werk eingebaut. Bereits bestehende Anlagen, die nach dem 01.01.2012 installiert worden sind, mussten bis 01.01.2014 nachgerüstet werden. Ältere Anlagen genießen Bestandsschutz. Die Nachrüstpflicht betraf aber nicht kleinere Anlagen mit einer Leistung von bis zu 30 kWp. Alternativ zum Einspeisemanagement konnte auch eine generelle Kappung der Einspeisung auf 70 % der Leistung gewählt werden.

Das Abschalten erfolgt per elektronischen Fernbefehl des Netzbetreibers. Dieser ist in für die Netzstabilität kritischen Phasen berechtigt, die Anlage vom Netz zu nehmen und erst nach einer Entspannung der Lage wieder einzuschalten.

Eine abgeschaltete Anlage erzeugt keinen Strom und damit keine Einnahmen. Da dieses Abregeln aber dem Schutz der Netze dient, ist es gerechtfertigt, dass der Anlagenbesitzer für diese Zwangsabschaltung entschädigt wird. Er erhält während der Zeit der Abregelung eine Entschädigung in Höhe von 95 % der ihm entgangenen Einspeisevergütung. Zudem soll es dadurch maximal zu einem Ausfall an Einnahmen in Höhe von 1 % der Jahresleistung der Photovoltaikanlage kommen. Damit bleibt das Einspeisemanagement mit seinen finanziellen Folgen überschaubar und wirtschaftlich verkraftbar.

Die Höhe der Einspeisevergütung ist abhängig vom Zeitpunkt der Inbetriebnahme, der Größe und der Art der Anlage und von deren Art bzw. Standard. Der jeweilige Betrag ist im Erneuerbare-Energien-Gesetz (EEG) detailliert festgelegt und gilt ab dem Jahr der Inbetriebnahme und noch weitere 20 Jahre fort.

Die Förderung des Solarstroms durch das EEG wird indirekt über die Stromkosten jedes einzelnen Verbrauchers finanziert. In 2019 beträgt die Abgabe für erneuerbare Energien (**EEG-Umlage**) 6,405 Cent je Kilowattstunde. Im Jahr 2008 lag diese Umlage noch bei 1,1 Cent/kWh; ein extremer Anstieg in nur kurzer Zeit.

Diese Abgabe ist Teil des Strompreises und fließt als Vergütung an den Produzenten von Öko-Strom, also auch an den Betreiber einer Photovoltaikanlage. In Deutschland wurden durch die EEG-Abgabe in 2018 immerhin rund 25,5 Mrd. € eingenommen. Dies sind ca. 250 € für einen Durchschnittshaushalt im Jahr, die zusätzlich vom Verbraucher für die Förderung der erneuerbaren Energien bezahlt werden; davon entfällt mit rund 37 % der größte Teil auf die Photovoltaik.

Umso wichtiger ist die jährliche Degression der Einspeisevergütung für alle neu ans Netz kommenden Anlagen. Andernfalls hätte allein der Zubau an Photovoltaikanlagen eine erhebliche weitere Preissteigerung bei den Stromkosten zur Folge. Durch die Degression werden künftige Strompreiserhöhungen zumindest etwas geringer ausfallen, da die geringere Förderung auf die EEG-Umlage als Teil der Stromkosten dämpfend wirken wird.

2.1.3 Netzeinspeisung

Bereits 1991 gab es ein Gesetz über die Einspeisung von Strom aus erneuerbaren Energien in das öffentliche Netz – kurz: Stromeinspeisungsgesetz. Damit wurde auch Kleinerzeugern der grundsätzliche Zugang zu den Stromnetzen sowie eine Einspeisung zu am Durchschnittsstrompreis orientierten Erlösen gesichert. Dieses Grundprinzip wurde ab April 2000 in das EEG übernommen. Neben einer ersten Absenkung der Förderung wurde die Förderung jedoch vor allem auf kleinere Anlagen konzentriert.

Die Höhe der jeweiligen Einspeisevergütung für die Jahre 2018 und 2019 ist unter Abschn. 2.1.7.4 dargestellt. Die Werte für Anlagen, die bereits in früheren Jahren installiert worden sind, ergeben sich aus der Anlage 1.

2.1.4 Eigenverbrauch

Zwar ist die Förderung des Solarstroms durch die oben dargestellte Vergütung des eingespeisten Stroms für sich betrachtet bereits recht attraktiv. Der Gesetzgeber sah sich dennoch veranlasst, für den Eigenverbrauch des erzeugten Stroms einen zusätzlichen Anreiz zu schaffen (vgl. Schmitz und Volkmann 2019).

Hinweis: Gelegentlich wird in der einschlägigen Literatur diese Sonderform der Vergütung bzw. Nutzung auch als „Selbstverbrauch" oder „Direktverbrauch" bezeichnet.

Diese Umschreibungen sind in technischer Hinsicht durchaus zutreffend, hier wird aber dem im EEG genannten Begriff „Eigenverbrauch" der Vorzug gegeben.

2.1.4.1 Hintergründe

Ursächlich für die Einführung einer gesonderten, sprich verbesserten Vergütung des Eigenverbrauchs war der Umstand, dass jede Photovoltaikanlage an Sonnentagen und um die Mittagszeit ihre höchste Leistung erbringt. Zu diesen Zeiten fließen erhebliche Strommengen in das Netz, unabhängig davon, ob dann auch gerade eine erhöhte Nachfrage besteht. Dies belastet die Stromnetze, da eine Pufferung des überschüssigen Stroms nur zu einem geringen Teil möglich ist.

Wünschenswert wäre es damit, wenn der Stromerzeuger den gerade von seiner Photovoltaikanlage produzierten Strom sogleich für seine eigenen Zwecke verbraucht und nicht in das Netz einspeist. Damit zählt als sog. Eigenverbrauch der Teil des erzeugten Solarstroms, der im Haushalt verbraucht und somit nicht in das allgemeine Stromnetz gelangt. Dabei kommt es darauf an, dass der Strom gleichzeitig erzeugt und sofort im Haus verbraucht oder aber gespeichert wird. Im privaten Haushalt kann dies beispielsweise in der Form geschehen, dass bei Sonnenschein die Wasch- oder Spülmaschine anspringt oder die Batterie des Elektroautos geladen wird.

Kein Eigenverbrauch liegt vor, wenn der Strom ins öffentliche Netz gelangt. Dies ist der Fall, wenn die Photovoltaikanlage mehr Strom erzeugt, als aktuell Bedarf im Haus besteht. Der Überschuss wird in das Netz geleitet und mit dem allgemeinen Einspeisesatz vergütet. Ist der Verbrauch höher als der selbst erzeugte Strom, wird der zusätzliche Bedarf aus dem allgemeinen Stromnetz entnommen. Technisch erfolgt dies in der Weise, dass ein weiterer Zähler den selbst verbrauchten Strom misst. Alternativ kann auch der bisherige Zähler für den bezogenen Strom durch einen Zweiwegezähler ersetzt werden. Dieser misst, wie viel Strom aus der Photovoltaikanlage in das Netz eingespeist wird und wie viel aus dem Netz zusätzlich an Strom gezogen wird.

2.1.4.2 Vergütung

Dieser abgekürzte Weg – von der Solarzelle direkt durch die eigene Steckdose – wurde ab 2009 zusätzlich im Rahmen des EEG gefördert. Dieser Eigenverbrauch des Photovoltaikstroms ist in ansteigendem Umfang belohnt worden. Je mehr selbst verbraucht wurde, umso höher war die dafür vorgesehene Vergütung, welche in 2 Stufen festgelegt war: ein Eigenverbrauch zwischen 0 % und 30 % und ein Eigenverbrauch über 30 %.

Beispielsweise wurde in 2011 für jede Kilowattstunde (kWh) erzeugten und selbst verbrauchten Solarstrom 12,36 Cent vergütet, wenn der Anteil des Eigenverbrauchs bei bis zu 30 % lag. Für den Anteil des Eigenverbrauchs der über 30 % hinausging, wurden 16,74 Cent vergütet (Eigenverbrauchsbonus).

Vielleicht fragen Sie sich nun spontan, wo denn da der Vorteil liegen soll, betrug doch die normale Einspeisevergütung 2011 z. B. 28,74 Cent. Der wirtschaftliche Vorteil des Eigenverbrauchs zeigt sich, wenn man dieser Vergütung noch den ersparten Aufwand für einen andernfalls erforderlichen Strombezug hinzurechnet. Selbst wenn ein günstiger Stromanbieter gewählt und hier ein Strompreis in 2011 von nur 20 Cent je Kilowattstunde angesetzt wurde, liegt der wirtschaftliche Gesamtertrag mit z. B. 32,36 Cent deutlich über dem regulären Einspeisesatz mit 28,74 Cent.

Auch beim Eigenverbrauch ist zu differenzieren nach dem Zeitpunkt ab dem die Anlage errichtet worden ist (§ 33 Abs. 2 EEG). Je nach dem weist die Höhe der Vergütung unterschiedliche Werte auf, ebenfalls wie die Einspeisevergütung mit stets fallender Tendenz. Doch auch hier gilt, dass die abgesenkten Sätze nur für neu in Betrieb gehende Anlagen gelten. Ist die Anlage einmal errichtet, wird der Vergütungssatz aus dem Jahr der Inbetriebnahme für die Dauer von 20 Jahren unverändert gezahlt.

Zur Höhe der maßgebenden Vergütung des Eigenverbrauchs für die bis 31.03.2012 installierten Photovoltaikanlagen wird auf die Anlage 1 zu diesem Buch verwiesen.

2.1.4.3 Ende der Eigenverbrauchsförderung

Mit der EEG-Novelle 2012 hat der Gesetzgeber die Förderung des Eigenverbrauchs wieder abgeschafft. Dies gilt selbstverständlich wieder nur für neu installierte Anlage. Für Anlagen, die bis zum 31.03.2012 in Betrieb gegangen sind, bleibt die damalige Regelung und Vergütung auf Dauer von 20 Jahren bestehen.

Hintergrund für das Abschaffen der Eigenverbrauchsregelung ist der Umstand, dass die gezahlte Einspeisevergütung erstmals unter den durchschnittlichen Strompreis gesunken ist. Damit erübrigte sich eine marktlenkende Steuerung über eine gezielte Vergütung für den selbst verbrauchten Strom.

Beispiel

Für eine im März 2015 in Betrieb gegangene übliche Aufdachanlage auf einem Einfamilienhaus mit 5 kWp ergibt sich bei 12,5 Ct Einspeisevergütung und einem Stromeinkaufspreis von 29,4 Ct/kWh die folgende Berechnung:

a. **Kein Eigenverbrauch:** Einspeisevergütung 562,50 € + ersparter Stromeinkauf 0,00 € = Gesamtertrag 562,50 €.
b. **30 % Eigenverbrauch:** Einspeisevergütung 393,75 € + ersparter Stromeinkauf 391,50 € = Gesamtertrag 782,25 €.
c. **50 % Eigenverbrauch:** Einspeisevergütung 281,25 € + ersparter Stromeinkauf 652,50 € = Gesamtertrag 933,75 €.

Anhand dieses bewusst einfach gehaltenen Beispiels zeigt sich sehr deutlich, dass ein möglichst hoher Anteil selbst verbrauchter Solarstrom ganz im Eigeninteresse jedes Photovoltaikanlagenbetreibers liegen sollte. Je höher der Anteil an selbst erzeugtem und selbst verbrauchtem Strom liegt, umso rentabler kann die Anlage betrieben werden.

2.1.5 EEG-Umlagepflicht

Diesen Vorteil hat auch der Gesetzgeber gesehen und zugleich eine Möglichkeit gefunden, den Anstieg der EEG-Umlage weiter zu begrenzen. Ab 01.08.2014 „dürfen" grundsätzlich alle Photovoltaikanlagenbetreiber auf ihren eigenen erzeugten Strom eine EEG-Umlage abführen. Eigentlich völlig kontraproduktiv!

Doch dank zweier Übergangsregelungen ist es für die Praxis nicht ganz so heftig:

1. Betroffen sind nur ab dem 01.08.2014 neu installierte Anlagen. Für diese wurde zudem eine Gleitphase mit einem nur allmählich ansteigenden EEG-Umlageanteil geschaffen: Neuinstallation vom 01.08.2014 bis 31.12.2015 = 30 %, 01.01.2016 bis 31.12.2016 = 35 % und ab 01.01.2017 40 % zu zahlender Anteil an der EEG-Umlage.
2. Eine Bagatellgrenze von 10 kWp, sodass die typische Photovoltaikanlage auf einem Ein- oder Zweifamilienhaus nicht von einer zu zahlenden EEG-Umlage betroffen ist.

2.1.6 Marktintegrationsmodell

Indirekt nimmt der Gesetzgeber auch bei ab dem 01.04.2012 installierten Photovoltaikanlagen Einfluss auf einen möglichst hohen Eigenverbrauch; dies erfolgt durch das sog. Marktintegrationsmodell.

Dies regelt, dass für Aufdachanlagen mit einer Leistung zwischen 10 und 1000 kW ab 01.01.2014 nur noch 90 % des erzeugten Stroms nach dem EEG vergütet werden. Deshalb macht wirtschaftlich betrachtet eine volle Einspeisung des Stroms keinen Sinn mehr. Mittelbar wird so ein Eigenverbrauch in Höhe von mindestens 10 % gefördert.

Die Reduzierung auf 90 % gilt zwar für alle Neuanlagen ab April 2012, jedoch betrifft sie erstmals den ab 2014 erzeugten Strom. Mit der EEG-Reform 2014 wurde diese Sonderregelung bereits wieder aufgehoben. Damit sind von diesem Modell letztlich nur Anlagen betroffen, die im Zeitraum zwischen April 2012 und Juli 2014 in Betrieb gegangen sind.

2.1.7 Förderungssätze

Bereits frühere Fassungen des EEG sahen eine Anpassung der garantierten Einspeisevergütungen vor. Dies sollte der Angleichung an die Marktentwicklung, insbesondere an die sinkenden Herstellungskosten der Anlagen dienen. So sind die Preise einer Aufdachanlage von ca. 5000 € je kWp in 2006 auf rund 1300 € je kWp in 2016 gefallen (vgl. Chr. Münch GmbH 2019). Eine stetige Reduzierung der Einspeisevergütungen war damit nahe liegend; alles andere hätte zu einer übermäßigen Förderung geführt. Diese wäre weiter zu Lasten der Verbraucher gegangen, welche die Einspeisevergütung letztlich über die Strompreise finanzieren.

Es bestand politisch Einigkeit, die Einspeisevergütung weiter abzusenken und einer Überforderung der Photovoltaik entgegen zu wirken. So kam es erstmals im Juli 2010, Anfang 2012 und dann nochmals ab August 2014 zu grundlegenden Novellierungen des EEG.

Kern war eine regelmäßige Überprüfung und Begrenzung der Gesamtförderung. Dazu wurde das Erneuerbare-Energien-Gesetz um eine Regelung mit einer automatischen Anpassung – **Degression** – ergänzt. Diese sieht vor, dass sich eine Senkung der Vergütungssätze am Umfang der neu installierten Anlagen orientiert. Es wird mit Ziel- und Maximalwerten für den „gewünschten" mengenmäßigen Zuwachs bei den Photovoltaikanlagen agiert.

Die Überprüfung wird jeweils von der Bundesnetzagentur vorgenommen. Dabei wird der erfolgte sog. **Zubau** jeweils auf einen Jahreswert hochgerechnet. Aktuell beträgt der Zielkorridor für den Brutto-Zubau durch Photovoltaikanlagen bei 1900 Megawatt pro Jahr.

Auf dieser Grundbasis ist eine monatliche Reduzierung der Einspeisevergütung um 0,5 % vorgesehen. Liegt der hochgerechnete Brutto-Zubau hingegen über dem Zielkorridor, erfolgt eine höhere monatliche Kürzung, gestaffelt von 1 % bei einem Überschreiten des Zielbereichs um bis zu 1000 Megawatt bis zu 2,8 % bei einem Überschreiten um mehr als 5000 Megawatt. Entwickelt sich der Zubau hingegen geringer als geplant, sinkt die monatliche Degression entsprechend geringer, gestaffelt von 0,25 % bei mehr als 200 Megawatt, über 0,00 % bei mehr als 400 Megawatt bis hin zu einer einmaligen Erhöhung um 3,0 % bei mehr als 3000 Megawatt unter Plan (§ 49 EEG). Angesichts einer vom Zubau abhängigen Degression wird auch der Begriff „**atmender Deckel**" verwendet.

Zuletzt hat sich gezeigt, dass die Zubauzahlen eher stärker als geplant ausfallen. Damit kam es in 2019 für die Monate Mai bis Juli zu einer deutlich erhöhten Reduzierung der Einspeisevergütung um monatlich 1,4 %.

Trotz aller Änderungen blieb es jedoch über alle Jahre hinweg im Kern bei der Förderung der Photovoltaik durch eine gesetzlich garantierte **Einspeisevergütung** für den erzeugten Strom.

Für die Höhe der Einspeisevergütung ist entscheidend

- die Größe und damit die Leistung der Photovoltaikanlage,
- die Art bzw. die Lage der Anlage sowie
- der Zeitpunkt der erstmaligen Inbetriebnahme.

2.1.7.1 Größe der Anlage

Für die Größe wird auf die Höhe der Spitzenleistung der Photovoltaikanlage abgestellt. Die entscheidenden Grenzwerte sind gestuft und liegen aktuell bei bis zu 10, 40, 500 und 1000 bzw. bis zu 10.000 kW.

Übersteigt die Leistung jeweils einen dieser Werte, erfolgt die Zahlung der Vergütung anteilig.

Beispiel

Eine im Mai 2019 erstmals in Betrieb genommene Photovoltaikanlage auf einem Hausdach hat eine Leistung mit 15 kW. Für die ersten 10 kW beträgt die Einspeisevergütung 10,95 Ct für 100 % des erzeugten Stroms, für die weiteren 5 kW beträgt sie noch 10,65 Ct und dies auch nur noch für 90 % des erzeugten Stroms.

2.1.7.2 Art der Anlage

Zudem ist für die maßgebende Höhe der Einspeisevergütung auch nach der Art der Photovoltaikanlage zu differenzieren. Hierbei erfolgt eine Einteilung in 2 Gruppen:

1. Anlagen, die auf einem Gebäude (Dach), an einem Gebäude (Fassade) oder auf einer Lärmschutzwand installiert sind, bzw.
2. Anlagen, die auf einer Freifläche installiert sind. Dabei wird nochmals unterschieden nach der Dachanlagen auf Nichtwohngebäude im Außenbereich und nach Freiflächenanlagen.

Aktuell werden Freiflächenanlagen nur noch auf vorbelasteten Flächen – auch Konversionsflächen genannt – und auf sonstigen Freiflächen gefördert. Dies sind insbesondere Flächen mit einer vorhergehenden wirtschaftlichen oder militärischen Nutzung. Hierzu gehören neben ehemaligen Müllhalden, Auffüllflächen, früheren Industriegebieten und auch bisher von der Bundeswehr, NVA oder anderen Streitmächten genutzte Flächen.

Zu den Flächen ohne Förderung durch das EEG gehören insbesondere Ackerflächen. Diese stand zuletzt massiv im Spannungsverhältnis „Nahrungsmittel gegen Energie". Eine weitere Umnutzung von Ackerflächen aus der Lebensmittelproduktion zur Stromproduktion war politisch nicht gewollt. Deshalb wurde die Förderung für neue Photovoltaikanlagen auf Ackerflächen auch bereits ab dem 01.07.2010 völlig gestrichen. Lediglich auf vor dem 01.01.2010 beschlossenen Bebauungsplänen erstellte Anlagen erhalten noch eine Einspeisevergütung, sofern diese bis zum 31.12.2010 in Betrieb gegangen sind.

2.1.7.3 Erstmalige Inbetriebnahme

Wesentlicher Teil der garantierten Einspeisevergütung ist, dass der bei Inbetriebnahme gültige Wert der Vergütung verbindlich gilt. Ist die Photovoltaikanlage erst einmal in Betrieb, ändert sich die Vergütungshöhe nicht mehr. Vielmehr ist die Vergütung dann für eine Zeitdauer von 20 Jahren der Höhe nach garantiert. Durch diese festgeschriebene Vergütung für jede Kilowattstunde in das Netz eingespeisten Strom hat der Betreiber eine gesicherte Basis für seine Kalkulation und Wirtschaftlichkeitsberechnung für die Photovoltaikanlage.

Daraus folgt dann aber auch, dass die Entwicklung der Vergütungssätze in der Vergangenheit bis heute relevant ist und bleibt. Die Vergütungssätze für eine z. B. in 2005 errichtete Anlage gelten noch heute und bleiben bis einschließlich 2025 so bestehen.

Dennoch sind nachfolgend nur die ab 2018 festgelegten Einspeisevergütungen dargestellt. Dies erfolgt zur besseren Übersicht. Wer seine Anlage bereits in 2017 oder früher erstmals in Betrieb genommen hat, findet den maßgebenden Vergütungssatz in der Anlage 1 zu diesem Buch. Dort ist die Entwicklung aller Einspeisevergütungen chronologisch dargestellt.

2.1.7.4 Höhe der EEG-Vergütungen

Nachfolgend werden die aktuellen Werte der Einspeisevergütungen dargestellt, jeweils aufgegliedert nach der maßgebenden erstmaligen Inbetriebnahme der Anlage, der Art der Anlage, sowie ihrer Größe und der damit teilweise auf 90 % der erzeugten Strommenge begrenzten Vergütung (Tab. 2.1, 2.2, 2.3 und 2.4).

2.1.7.4.1 Einspeisevergütung für in 2018 errichtete Photovoltaikanlagen (Tab. 2.1 und 2.2)

Tab. 2.1 Einspeisevergütungen 2018: Anlagen für Gebäude oder Lärmschutzwände

Inbetriebnahme	Anlagen in/an/auf einem Gebäude oder Lärmschutzwänden		
Ab	Bis 10 kWp	Bis 40 kWp	Bis 100 kWp
01.01.2018	12,20 Ct	11,87 Ct	10,61 Ct
01.02.2018	12,20 Ct	11,87 Ct	10,61 Ct
01.03.2018	12,20 Ct	11,87 Ct	10,61 Ct
01.04.2018	12,20 Ct	11,87 Ct	10,61 Ct
01.05.2018	12,20 Ct	11,87 Ct	10,61 Ct
01.06.2018	12,20 Ct	11,87 Ct	10,61 Ct
01.07.2018	12,20 Ct	11,87 Ct	10,61 Ct
01.08.2018	12,08 Ct	11,74 Ct	10,50 Ct
01.09.2018	11,95 Ct	11,62 Ct	10,39 Ct
01.10.2018	11,83 Ct	11,50 Ct	10,28 Ct
01.11.2018	11,71 Ct	11,38 Ct	10,17 Ct
01.12.2018	11,59 Ct	11,27 Ct	10,07 Ct

Tab. 2.2 Einspeisevergütungen 2018: Anlagen für Nicht-Wohngebäude im Außenbereich und Freiflächenanlagen

Inbetriebnahme	Anlagen auf Nicht-Wohngebäuden im Außenbereich und Freiflächenanlagen
Ab	Bis 100 kWp
01.01.2018	8,44 Ct
01.02.2018	8,44 Ct
01.03.2018	8,44 Ct
01.04.2018	8,44 Ct
01.05.2018	8,44 Ct
01.06.2018	8,44 Ct
01.07.2018	8,44 Ct
01.08.2018	8,35 Ct
01.09.2018	8,27 Ct
01.10.2018	8,18 Ct
01.11.2018	8,09 Ct
01.12.2018	8,01 Ct

2.1.7.4.2 Einspeisevergütung für in 2019 errichtete Photovoltaikanlagen (Tab. 2.3 und 2.4)

Tab. 2.3 Einspeisevergütungen 2019: Anlagen für Gebäude oder Lärmschutzwände

Inbetriebnahme	Anlagen in/an/auf einem Gebäude oder Lärmschutzwänden		
Ab	Bis 10 kWp	Bis 40 kWp	Bis 100 kWp
01.01.2019	11,47 Ct	11,15 Ct	9,96 Ct
01.02.2019	11,35 Ct	11,03 Ct	9,47 Ct
01.03.2019	11,23 Ct	10,92 Ct	8,99 Ct
01.04.2019	11,11 Ct	10,81 Ct	8,50 Ct
01.05.2019	10,95 Ct	10,65 Ct	8,38 Ct
01.06.2019	10,79 Ct	10,50 Ct	8,25 Ct
01.07.2019	10,64 Ct	10,34 Ct	8,13 Ct
Die Werte ab August 2019 sind bei Drucklegung noch nicht bekannt und werden wie folgt geschätzt:			
01.08.2019	10,48 Ct	10,19 Ct	8,01 Ct
01.09.2019	10,33 Ct	10,04 Ct	7,89 Ct
01.10.2019	10,18 Ct	9,90 Ct	7,78 Ct

Tab. 2.4 Einspeisevergütungen 2019: Anlagen für Nicht-Wohngebäude im Außenbereich und Freiflächenanlagen

Inbetriebnahme	Anlagen auf Nicht-Wohngebäuden im Außenbereich und Freiflächenanlagen
Ab	Bis 100 kWp
01.01.2019	7,93 Ct
01.02.2019	7,84 Ct
01.03.2019	7,76 Ct
01.04.2019	7,68 Ct
01.05.2019	7,57 Ct
01.06.2019	7,45 Ct
01.07.2019	7,34 Ct
Die Werte ab August 2019 sind bei Drucklegung noch nicht bekannt und werden wie folgt geschätzt:	
01.08.2019	7,24 Ct
01.09.2019	7,13 Ct
01.10.2019	7,02 Ct

2.1.7.4.3 Aktuelle Aussichten

Zweifellos werden die Einspeisevergütungen auch in 2020 weiter zurückgehen, wenn auch nicht mehr in so hohem Tempo wie teilweise noch in den Vorjahren.

Auch besteht die allgemeine Tendenz große Anlagen aus der Förderung zu nehmen und hierbei auch die Definition von „groß" nach unten anzupassen. Dies ist bereits in 2015 durch die Begrenzung der Förderung durch die Einspeisevergütung von bisher 1000 kWp bzw. 10.000 kWp auf nur noch 500 kWp erfolgt bzw. in 2016 für große Dachanlagen auf Nicht-Wohngebäuden und Freiflächenanlagen von bisher 500 kWp auf 100 kWp.

Für größere Neuanlagen wird es keine Einspeisevergütung mehr geben. Damit werden dann auch die Betreiber von bisher nur mittelgroßen Anlagen zur Selbstvermarktung des erzeugten Sonnenstroms gezwungen sein, wie dies ab 2015 bzw. ab 2016 bereits die Betreiber von Photovoltaikanlagen mit einer Leistung von bis zu 500 kWp, 1000 kWp bzw. bis zu 10.000 kWp getroffen hat. Anstelle einer Einspeisevergütung erhalten die Betreiber jedoch eine sog. Marktprämie, die gewisse finanzielle Nachteile abfedert. Konkret wird dadurch die Differenz zwischen dem Preis an der Strombörse und dem jeweiligen Vergütungssatz ausgeglichen. Zudem wird ein Bonus i. H. v. 0,4 Ct/kWh als Ausgleich für den Mehraufwand der Direktvermarktung gewährt (§§ 48–54, 100 EEG).

2.1.7.4.4 Service
Der jeweils aktuelle Stand der Einspeisevergütungen für neue Anlagen kann auch unter https://www.solarwirtschaft.de/eeg.html abgefragt werden.

Zudem ist der Autor gerne bereit jedem Leser die aktuellen Daten und auch weitere gesetzliche Änderungen zum EEG als Update zu diesem Buch nachzuliefern.

Kontakt: siehe Nachwort am Ende des Buches (Anhang).

2.2 KfW-Darlehen

Insbesondere für private Hausbesitzer sind die Programme der Kreditanstalt für Wiederaufbau (KfW) interessant. Die Förderung erfolgt grundsätzlich durch zinsverbilligte Darlehen. Die einzelnen Förderprogramme unterliegen stetigen Veränderungen bzw. Anpassungen. Zum jeweils aktuellen Stand und den Voraussetzungen für die Förderung wird deshalb auf die Internetseite der KfW unter http://www.kfw.de/kfw.de.html, dort unter „Privatpersonen" und „Bestandsimmobilien" und „Förderprodukte" und „Erneuerbare Energien" verwiesen.

Aufgabe des KfW-Programms Erneuerbare Energien ist es, die langfristige Finanzierung von Maßnahmen zur Nutzung erneuerbarer Energien zu einem günstigen Zinssatz zu gewährleisten. Dazu werden Investitionskredite ausgereicht, auch zur Erzeugung von Strom aus der Photovoltaik. Dies erfolgt derzeit im Förderprogramm „Erneuerbare Energien – Standard" mit der Programm-Nummer 270. Dieses Förderprogramm gilt auch für Unternehmen.

2.2.1 Wer kann einen Antrag stellen?

Antragsberechtigt sind neben Betrieben auch natürliche Personen, die wirtschaftlich tätig sind. Dabei gilt die Einspeisung von erzeugtem Strom als wirtschaftliche Tätigkeit. Folglich kann grundsätzlich jeder Photovoltaikbetreiber bei der KfW einen Antrag stellen.

2.2.2 Welche Anlagen werden gefördert?

Gefördert werden Investitionen zur Nutzung Erneuerbarer Energien in Deutschland. Dabei handelt es sich um Maßnahmen, die der Errichtung, Erweiterung und zum Erwerb von Anlagen dienen, welche den Anforderungen des EEG 2017 entsprechen. Dazu gehört aber insbesondere nicht der Erwerb einer gebrauchten Anlage!

2.2.3 Wie hoch kann ein Darlehen sein?

Die Mitfinanzierung durch ein KfW-Darlehen kann bis zu 100 % der förderfähigen Nettoinvestitionskosten erfolgen. Die Obergrenze von maximal 50 Mio. € je Maßnahme sei hier nur der Vollständigkeit halber erwähnt.

2.2.4 Welche Laufzeit hat ein KfW-Darlehen?

Die Kreditlaufzeiten betragen

- bis zu 5 Jahren, wobei höchstens das 1. Jahr tilgungsfrei bleiben kann;
- bis zu 10 Jahren, mit höchstens 2 tilgungsfreien Anlaufjahren;
- bis zu 15 Jahren, mit höchstens 3 tilgungsfreien Anlaufjahren;
- bis zu 20 Jahren, mit höchstens 3 tilgungsfreien Anlaufjahren.

2.2.5 Zu welchen Konditionen gibt es die Darlehen?

Zu den Konditionen wird hier keine Aussage getroffen werden. Denn der Zinssatz orientiert sich immer an der Zinsentwicklung auf dem Kapitalmarkt. Nur so viel – der Zinssatz liegt immer unter den üblichen Kapitalmarktzinsen. Die Maximalzinssätze können tagesaktuell im Internet unter https://www.kfw-formularsammlung.de/KonditionenanzeigerI-Net recherchiert werden.

Es werden nur Maximalzinssätze angegeben, da in die Höhe der zu zahlenden Zinsen auch eine kundenindividuelle Komponente einfließt. Denn der Zinssatz wird durch die Hausbank unter Berücksichtigung der wirtschaftlichen Verhältnisse des Kreditnehmers, insbesondere dessen Bonität und der Werthaltigkeit der gestellten Sicherheiten festgelegt. Ihrer Hausbank sind dazu von der KfW Bonitätsklassen und Besicherungsklassen vorgegeben.

2.2.6 Was ist bei der Antragstellung zu beachten?

Sehr wichtig ist, dass der Antrag stets **vor** Beginn des Vorhabens bei der Hausbank gestellt werden muss. Wird dies nicht beachtet, gibt es kein KfW-Darlehen. Denn eine Umschuldung oder eine Nachfinanzierung bereits abgeschlossener Vorhaben ist bei der KfW ausgeschlossen. Lediglich Planungsarbeiten können bereits vor dem Bewilligungsbescheid erfolgen, der Auftrag zur Installation darf erst danach erteilt werden.

Der Antrag ist nicht direkt bei der KfW, sondern über ein Kreditinstitut (Hausbank) zu stellen. Es steht Ihnen frei, bei welcher Bank Sie den Antrag stellen. Entsprechende Antragsformulare hat jedes Kreditinstitut grundsätzlich vorliegen; dies sind der Antragsvordruck (Formularnummer 600 000 0141). Für Freiflächenanlagen, die über das Programm „Standard" Nr. 270 gefördert werden, muss auch eine Anlage zum Kreditantrag (Formularnummer 600 000 0202) eingereicht werden. Handelt es sich hingegen um eine Aufdachanlage genügt es, wenn im Kreditantrag der Verwendungszweck „Photovoltaik-Aufdachanlage" und die installierte Spitzenleistung in kWp unter Punkt 5 „Vorhabensbeschreibung" eingetragen werden.

2.2.7 Wie erfolgt die Auszahlung?

Der Kredit kann erst nach der abgeschlossenen Installation und Inbetriebnahme der Photovoltaikanlage abgerufen werden. Die KfW gewährt die Darlehen nicht unmittelbar an die Investoren. Vielmehr erfolgt die Auszahlung nur über Kreditinstitute, welche für die durchgeleiteten Darlehen auch gegenüber der KfW in Haftung stehen. Das Darlehen kann in einer Summe oder auch in Teilbeträgen abgerufen werden. Ein zugesagtes Darlehen steht für eine Abruffrist von 12 Monaten nach der Darlehenszusage zur Verfügung. Als Bereitstellungsprovision werden monatlich 0,15 % berechnet.

2.2.8 Welche Sicherheiten sind erforderlich?

Es werden bankübliche Sicherheiten gefordert. Die Art und die Höhe einer Sicherheitsleistung werden mit der Hausbank verhandelt und vereinbart.

2.2.9 Wie ist das Darlehen zu tilgen?

KfW-Darlehen werden jeweils – abgesehen von tilgungsfreien Anlaufjahren – in gleich hohen vierteljährlichen Raten getilgt. In einem tilgungsfreien Jahr werden nur die Zinsen fällig. Auf Wunsch kann auch eine vorzeitige ganze oder teilweise außerplanmäßige Tilgung vereinbart werden. Dafür wird aber eine Vorfälligkeitsentschädigung berechnet.

2.3 BAFA

Hinter BAFA verbirgt sich das Bundesamt für Wirtschaft- und Ausfuhrkontrolle. Dieses Amt wurde erstmals so richtig bekannt mit der „Abwrackprämie" für Altautos, die in 2009 zur Wirtschaftsförderung ausbezahlt worden ist bzw. ab 2018 durch den sog. Umweltbonus für Elektroautos. Dieses Bundesamt fördert im Rahmen von Marktanreizprogrammen auch Maßnahmen zur Nutzung erneuerbarer Energien.

Eines der Marktanreizprogramme deckt auch die Verbreitung der Solartechnologie ab. Allerdings fällt hierunter u. a. nur die Förderung der Solarthermie, **nicht** jedoch die ausschließliche Stromerzeugung durch eine Photovoltaikanlage.

Dies ist jedoch nur eine Momentaufnahme und gibt den Stand zum Sommer 2019 wieder. Doch Förderprogramme können sich ändern oder neu aufgelegt werden. Deshalb kann ein Blick auf die aktuelle Übersicht der geförderten Maßnahmen unter https://www.bafa.de sicherlich nicht schaden.

2.4 Weitere Fördertöpfe

Neben diesen meist bekannten Förderquellen des Bundes gibt es noch einige weitere Töpfe, aus denen sich finanzielle Erleichterung für die Investition in eine Photovoltaikanlage erlangen lässt.

Insgesamt ist aber festzustellen, dass die Fördertöpfe „in den Anfängen" der Photovoltaik durchaus zahlreicher und auch üppiger gefüllt waren. Seit die Photovoltaik ziemlich verbreitet ist, sich in wirtschaftlicher Hinsicht kalkulierbar darstellt und zudem auch lukrativer geworden ist, werden die Förderungen allgemein zurückgefahren. Dies betrifft nicht nur die Höhe der Einspeisevergütung, sondern auch die nachfolgend noch dargestellten weiteren Fördermöglichkeiten.

2.4.1 Bundesländer

Neben den Förderprogrammen der KfW bzw. der BAFA wird in manchen Bundesländern, insbesondere über die jeweiligen Landesbanken, eine Förderung angeboten. Vergleichbar mit den KfW-Darlehen handelt es sich dabei im Regelfall auch um zinsgünstige Darlehen für die Investitionskosten in eine Photovoltaikanlage.

Neben der mittelbaren Förderung über die Landesbanken haben einige Bundesländer gezielt eigene Solarfördergesetze erlassen; dies sind die folgenden Länder.

Bayern
Dort wird ein Zuschuss für nachhaltige Stromerzeugung durch Kommunen und Bürgeranlagen gewährt (Programm NaStromE-För). Hierbei wird insbesondere die Planung von Photovoltaikanlagen und Machbarkeitsstudien durch Kommunen oder Bürgeranlagen bezuschusst.

Nordrhein-Westfalen
Das Programm „progres.nrw" fördert mit einem Zuschuss neben der rationellen Energieverwendung und dem Energiesparen die regenerativen Energien. Darunter fällt auch die Photovoltaik. Allerdings werden aktuell nur noch stationäre Batteriespeicher in

2.4 Weitere Fördertöpfe

Verbindung mit einer neu zu errichtenden Photovoltaikanlage sowie PV-Mieterstrommodelle gefördert.

Thüringen

Dort gibt es das 1000-Dächer-Solar-Programm. Kern der Förderung ist ein Zuschuss mit 20 % auf die Herstellungskosten einer Photovoltaikanlage. Gefördert werden jedoch keine Einzelprojekte natürlicher Personen, sondern neben Kommunen und Institutionen insbesondere PV-Anlagen mehrerer Bürger im Rahmen von Bürgersolaranlagen.

Die obige Aufzählung erhebt keinen Anspruch auf Vollständigkeit. Ebenso sollte vorab überprüft werden, ob das jeweilige Förderprogramm noch aktiv ist, da die Fördermittel teilweise dem Umfang nach begrenzt aufgelegt worden sind. Für einige Programme war noch nicht ersichtlich, ob diese über 2019 hinaus fortgeführt werden.

Eine gute Informationsquelle ist die Förderdatenbank des Bundesministeriums für Wirtschaft und Technologie. Unter http://www.foerderdatenbank.de werden nach die aktuell einschlägigen Fördermaßnahmen für den Suchbegriff Photovoltaik aufgelistet. Brauchbare Erläuterungen zur Antragstellung und Adressen runden die Information ab.

2.4.2 Städte und Gemeinden

Ebenso haben einige Städte und Gemeinden Fördermittel im Rahmen örtlicher Programme vorgesehen. Die Investition in eine Photovoltaikanlage wird bzw. wurde von vielen Gemeinden auf Antrag insbesondere durch einen Zuschuss aus kommunalen Mitteln versüßt.

Auch hierzu gilt: Fragen Sie vor der Auftragserteilung bei der örtlichen Gemeinde nach, ob und welche Förderprogramme (noch) bestehen. Diese nur auf das jeweilige Gemeindegebiet begrenzten, individuellen Fördermaßnahmen können hier nicht aufgezählt werden. Die Vielfalt der Förderungen und die zeitlichen Voraussetzungen sind zu umfangreich und die erforderlichen Informationen darüber können zumeist auch nur „vor Ort" beschafft werden.

2.4.3 Energieversorger

Der erzeugte Solarstrom muss von den Energieversorgern bzw. Netzbetreibern zum festgelegten Tarif abgenommen werden. Doch darüber hinaus wurden von einigen – meist regionalen – Energieversorgern (z. B. Stadtwerke) eigene zusätzliche Förderprogramme aufgelegt.

Allerdings war diese Förderung nur in der Anfangszeit der Photovoltaik mit direkten finanziellen Anreizen verbunden. So fördern die Energieversorger aktuell die Photovoltaikprojekte vor allem noch auf kommunaler Ebene, z. B. in Form von sog. Bürger-Solar-Projekten oder von gemeindeeigenen Anlagen. Dabei werden Gemeinden beim Bau eigener Solaranlagen auf öffentlichen Gebäuden unterstützt und die Beteiligung der Bevölkerung beispielsweise durch Zeichnung eines Anteils an der Gesellschaft (GbR oder Genossenschaft) ermöglicht.

Daneben wird teilweise ein breites Leistungsspektrum rund um die Photovoltaik angeboten. Dies kann eine fachkundige Unterstützung bei der Objektauswahl, die Planung und Wirtschaftlichkeitsberechnung, eine Unterstützung bei den Anmeldeformalitäten sowie eine Förderberatung umfassen.

2.4.4 Banken

Wer die Investitionskosten für eine Photovoltaikanlage nicht aus angesparten Mitteln aufbringen kann, greift teilweise auf Darlehensmittel zurück. Hierbei ist es von Vorteil, dass einige Kreditinstitute für die Investition in eine Photovoltaikanlage besonders vorteilhafte Kreditprogramme entwickelt haben (vgl. Schmitz und Volkmann 2019). Diese weisen meist eine geringere Verzinsung und ggf. auch eine an die Stromproduktion angepasste Tilgung auf.

Tipp
Dennoch sollten Sie die angebotenen Konditionen mit einem Darlehen der KfW vergleichen. Ein guter Bankberater wird Ihnen diese Vergleichswerte nicht vorenthalten. Häufig wird das KfW-Darlehen die günstigere Variante sein.

Ein spezielles Bankdarlehen kann im Einzelfall aber flexiblere Bedingungen zur Auszahlung und Tilgung enthalten. Es gilt diese Kriterien gegeneinander abzuwägen.

Literatur

Christian Münch GmbH. 2019. https://www.photovoltaik.org. Zugegriffen am 24.07.2019.
Schmitz, J., und B. Volkmann. 2019. *Ihr Photovoltaik-Ratgeber*. https://www.solaranlagen-portal.de. Zugegriffen am 24.07.2019.
Wirth, H. 2019. *Aktuelle Fakten zur Photovoltaik in Deutschland*. Freiburg: Fraunhofer-Institut für Solare Energiesysteme ISE.

Weiterführende Literatur

Bundesministerium der Justiz. Gesetz für den Vorrang Erneuerbarer Energien – EEG 2017, i. d. F. vom 13.05.2019, BGBl 2019 I S. 706. http://www.gesetze-im-internet.de. Zugegriffen am 24.07.2019.
Bundesnetzagentur, Homepage und Download. https://www.bundesnetzagentur.de. Zugegriffen am 24.07.2019.
Kreditanstalt für Wiederaufbau. 2019. *Merkblätter und Anträge*. https://www.kfw.de/kfw.de.html. Zugegriffen am 24.07.2019.
Phuong, T., H. Nguyen, und S. Schanz. 2010. *Zur Vorteilhaftigkeit von Photovoltaikanlagen unter Berücksichtigung der Besteuerung. arqus Diskussionsbeiträge*. http://www.arqus.info/. Zugegriffen am 24.07.2019.
Wittlinger, J. 2014. Beratungsanlass Fotovoltaikanlagen. *SteuerConsultant* 7–8(2014): 16–20.

Wirtschaftlichkeit 3

3.1 Grundlagen für die Wirtschaftlichkeit

Keine Sorge, Sie benötigen kein betriebswirtschaftliches Studium um die Rentabilität einer Photovoltaikanlage in den Grundzügen beurteilen zu können. Zudem werden die einschlägigen Berechnungen zur Wirtschaftlichkeit heute von jedem guten Lieferanten bzw. Installationsbetrieb aufgezeigt und Ihnen meist auch als Musterrechnung ausgeführt.

Allerdings schadet es nicht, wenn Sie zumindest einige Grundkenntnisse darin haben. Die Berechnungen lassen sich dadurch leichter nachvollziehen und im Extremfall schützt es Sie vor einem „schwarzen Schaf" in der Branche, das mit nicht realisierbaren Grundannahmen, wie z. B. unzutreffenden Stromerträgen oder völlig weg gelassenen einzelnen Aufwendungen, die Wirtschaftlichkeit geschönt darstellt.

3.1.1 Welche Faktoren sind maßgebend?

Ob und wann sich eine Photovoltaikanlage amortisiert, hängt von einer Vielzahl von Faktoren ab. Diese können ganz unterschiedlich und individuell verschieden sein, weshalb sich keine generelle Aussage treffen lässt.

3.1.1.1 Standort
Mit einer Photovoltaikanlage sind in Deutschland 900–1200 kWh je Kilowattpeak (kWp) Nennleistung erzielbar. Dieser Maximalertrag ist aber selten zu erzielen, weshalb ein Abschlag von 3–10 % gemacht werden sollte. Zudem sind innerhalb Deutschlands erhebliche Unterschiede in der Sonneneinstrahlung zu berücksichtigen. Im Süden können 1200 kWh/kWp, im Norden meist nur 900 kWh/kWp erzielt werden. Örtliche Gegebenheiten, wie z. B. Nebellage im Herbst, sind dabei noch zu berücksichtigen.

Zum Standort gehört jedoch nicht nur die geografische Lage des Ortes, sondern auch die Lage der Photovoltaikanlage selbst. Hierzu haben Sie bereits im Teil 1 die entscheidenden Punkte gelesen. Erinnert sei beispielhaft an die Ausrichtung möglichst in Südrichtung, eine optimale Dachneigung oder die erforderliche Verschattungsfreiheit.

3.1.1.2 Qualität

Für Solarmodule wird eine Lebenserwartung je nach Nutzungsbedingungen von 20–30 Jahren angenommen. Diese Zeitspanne wird auch eine minderwertige Anlage erbringen können. Dennoch sollte die Qualität der Anlage, insbesondere der Solarmodule, bei einer Ertragsprognose als Maßstab nicht unberücksichtigt bleiben.

Denn nicht nur die Nutzungsdauer der Anlage beeinflusst die Wirtschaftlichkeit, sondern auch die altersbedingte Minderung der erzielbaren Leistung, die sog. **Degradation**. Jedes Solarmodul weist durch Temperaturschwankungen, intensive Sonneneinstrahlung sowie Korrosion ein Nachlassen des Wirkungsgrads auf. Der dadurch bedingte Ertragsrückgang beträgt im Schnitt 1 % jährlich – bei einem qualitativ schlechten Modul auch deutlich mehr.

Für die Wirtschaftlichkeit einer Photovoltaikanlage ist ganz entscheidend, dass diese möglichst störungsfrei betrieben werden kann. Eine moderne Anlage mit einer soliden, erprobten Technik lässt einen fehlerfreien Betrieb erwarten. Wie bereits gelesen, spielen dabei der Wirkungsgrad und eine hohe Lebensdauer des Wechselrichters eine wichtige Rolle. Doch auch eine möglichst verlustfreie Verkabelung erhöht die Wirtschaftlichkeit der Anlage.

3.1.1.3 Größe der Anlage

Viele Kostenfaktoren können in direkter Abhängigkeit von der jeweiligen Größe der Anlage angegeben werden. So steigen die Aufwendungen für die Module und deren Installation meist linear mit der Größe an. Auch die Menge des produzierten Stroms steigt relativ linear an. Doch bereits bei den Stromerlösen stimmt dies angesichts der gestaffelten Einspeisevergütungen, z. B. für Anlagen bis zu bzw. ab 10 kWh, so nicht mehr. Daneben gibt es Kostenfaktoren, die bei einer größeren Anlage unterdurchschnittlich ansteigen. Dies sind z. B. der Planungsaufwand für die Anlage, die Kosten für den Wechselrichter und den Netzanschluss.

3.1.1.4 Investitionskosten

Sicherlich der Hauptkostenblock sind die Herstellungskosten für die Photovoltaikanlage. Dazu rechnen alle Kosten, die bis zur und durch die Inbetriebnahme der Anlage anfallen. Dies sind insbesondere die Aufwendungen für die Solarmodule einschließlich der Unterkonstruktion, den Wechselrichter, die Verkabelung, den Stromzählern sowie alle Planungs- und Montagekosten.

Von den Gesamtaufwendungen werden rund 60 % auf die Solarmodule entfallen. Und damit ist es von großem Vorteil, dass gerade deren Kosten seit einiger Zeit nachhaltig rückläufig sind; immerhin um 10–15 % je Jahr.

3.1 Grundlagen für die Wirtschaftlichkeit

Die Investitionskosten fließen über die Abschreibung in die Kalkulation ein. Dabei kann eine lineare Verteilung auf die relativ sichere Nutzungsdauer von 20 Jahren erfolgen.

3.1.1.5 Einspeisevergütung

Die Höhe der bei der Installation der Photovoltaikanlage festgelegten Stromeinspeisevergütung gibt den wesentlichen Teil der Einnahmeseite vor. Während die Höhe der Vergütung fest steht und auch die nächsten 20 Jahre in dieser Höhe einkalkuliert werden kann, sollte der andere Faktor – der erzeugte Strom – einen realistischen Ansatz erhalten. Hier wird oft mit zu optimistischen Zahlen operiert, welche die anfängliche Maximalleistung der Anlage in alle Zukunft fortschreiben.

Auf der Einnahmeseite kann sich ein möglichst hoher Eigenverbrauch sehr positiv auswirken. Es gilt der Grundsatz: Je höher der Eigenverbrauch ausfällt, umso früher rentiert sich die Photovoltaikanlage. Oder anders gesagt: Der Eigenverbrauch ist einer Einspeisung ins Stromnetz vorzuziehen.

3.1.1.6 Finanzierung

Kann die Photovoltaikanlage aus eigenen Mitteln finanziert werden, ist dies in aller Regel vorteilhafter. Zwar gibt es KfW-Darlehen zu einem unter dem allgemeinen Zinsniveau liegenden Zinssatz. Doch eine alternative, sichere Anlage der eigenen Mittel zu einem höheren Zinssatz wird kaum zu finden sein.

Muss ein Darlehen aufgenommen werden, mindert der Zinsaufwand dafür die Gewinne aus der Anlage; deren Amortisation tritt deshalb erst Jahre später ein. Hingegen ist ein Darlehen auf der Liquiditätsebene meist unproblematisch, da der Zins und die Tilgung aus den laufenden Stromerträgen erbracht werden können.

3.1.1.7 Wartung und Reparaturen

Bei einer soliden Wirtschaftlichkeitsberechnung darf nicht vergessen werden, dass ein Tausch des Wechselrichters nach 10–12 Jahren ansteht. Von der Gesamtinvestition entfallen ca. 15 % der Aufwendungen auf den Wechselrichter. Damit muss in dieser Höhe über einen Zeitraum von 10 Jahren hinweg eine Rücklage aus den verbliebenen Nettoeinnahmen nach Steuern aufgebaut werden.

Daneben sollten auch die Kosten für die Wartung der Anlage fest eingeplant werden. Wer vorsichtig kalkuliert, darf auch gelegentlich anfallende Instandhaltungsarbeiten nicht vergessen; dies wird insbesondere für die späteren Jahre bei zunehmendem Alter der Photovoltaikanlage relevant.

Auch sind die Aufwendungen für einen Versicherungsschutz der Anlage mit einzurechnen. Für eine sog. Allgefahrenversicherung, die eine Betriebs- bzw. Ertragsausfallversicherung und die Betreiberhaftpflichtversicherung beinhaltet, müssen ca. 10 € je kWp im Jahr kalkuliert werden.

Ein weiterer regelmäßig wiederkehrender Ausgabenposten sind die Kosten für den/die Zähler, während die eigenen Verwaltungskosten eher vernachlässigt werden können.

Als Faustformel für die laufenden jährlichen Betriebskosten wird meist mit 2–3 % des Investitionsvolumens für die Anlage gerechnet. Andere Quellen sprechen sich alternativ für einen Ansatz in Höhe von 15–30 % der Einnahmen aus der Stromeinspeisung eines Jahres aus.

Eine solide Kalkulation berücksichtigt auch die Inflation, welche die Betriebskosten Jahr für Jahr etwas erhöht. Zumindest sollte hierfür ein Aufschlag von 2–3 % pro Jahr angesetzt werden.

3.1.1.8 Steuern

Als weiterer Kostenblock ist eine Steuerbelastung zu nennen. Doch bei guter Gestaltung kann durchaus auch eine Kosten entlastende Wirkung der Steuern berücksichtigt werden. Die Möglichkeiten der Steueroptimierung, z. B. durch die Vorsteuererstattung und besondere Abschreibungen, werden in den nachfolgenden Kapiteln ausführlich dargelegt.

3.1.1.9 Heimwerker

Zum Thema Wirtschaftlichkeit noch ein kleiner Exkurs für Heimwerker:

Die Wirtschaftlichkeit lässt sich durch Eigenleistung und damit verringerte Installationskosten weiter verbessern. Für den geschickten Heimwerker werden mittlerweile in den Baumärkten Selbstbausätze für Photovoltaikanlagen angeboten. Diese umfassen die typischen Größen für ein privates Hausdach mit 2–7 kWp bzw. 15–50 qm Fläche. Die Preise dafür liegen bei günstigen Angeboten bei ca. 1100 € je kWp. Ein Selbstbaupaket umfasst dabei die Silizium-Module (polykristallin), den Wechselrichter sowie benötigte Kabel, Stecker und Haken.

Diese Angebote sind aber nur für besonders ambitionierte Heimwerker mit guten Kenntnissen und Selbstvertrauen geeignet. Gilt es doch eine Anlage auf einem Dach zu installieren – einem nicht ungefährlichen Einsatzort. Zudem sind die erforderlichen elektro-technischen Kenntnisse nicht zu verachten, auch wenn ein Elektromeister die Anlage zum Schluss abnehmen und an das Netz anschließen muss.

3.1.2 Speicher

Mit einem Solarstromspeicher gelingt es heute bereits weitgehend von Energieversorgern und damit dem Strompreis unabhängig zu sein. Ohne größere Anstrengung kann eine Eigenversorgung von 50–60 % erreicht werden. Und damit ist auch ein wirtschaftlicher Betrieb möglich.

Wie Sie oben lesen konnten, sollte für neuere Anlagen ein möglichst hoher Grad für den Eigenverbrauch des erzeugten Stroms angestrebt werden. Die Faustformel lautet: Je höher der Eigenverbrauch, umso rentabler die Photovoltaikanlage. Doch selbst wenn Sie die Waschmaschine per Zeitschaltuhr um 12 Uhr starten lassen, so erzeugt ihre Photovoltaikanlage doch zu dieser Zeit deutlich mehr Strom als Sie verbrauchen können. Diesen Strom sollte man speichern können, um ihn später (abends oder an einem Regentag) zu verbrauchen. Und genau dazu dient ein Speicher.

Zugleich sind in den letzten Jahren die **Preise** für einen Speicher im Schnitt um 10 % jährlich gesunken. Diese Entwicklung wird sich in den kommenden Jahren noch fortsetzen. Die aktuellen Kosten pro Nutzkapazität belaufen sich bei Blei-Akkus auf 800–1200 € je kWh und bei Lithium-Ionen-Akkus auf 1100 €–1600 € je kWh.

Da durch den Preisverfall die Amortisation der Kosten eines Speichers bereits nach ca. 8–10 Jahren erreicht wird, gibt es die anfangs noch vielzählige Förderung für den Kauf eines Speichers seit 2019 nur noch in geringem Umfang.

Angesichts der gesunkenen Preise überlegen viele Besitzer einer Photovoltaikanlage zudem, ihre bereits installierte Anlage noch um einen Speicher zu ergänzen. In aller Regel ist solch eine **Nachrüstung** technisch ohne Probleme möglich. Allerdings sollte dies nur für Anlagen ab ca. 2012 erwogen werden, da für ältere Anlagen die Einspeisevergütung noch hoch ist und damit ein höherer Eigenverbrauch die Wirtschaftlichkeit der Photovoltaikanlage reduzieren würde.

Die **Größe** für den jeweiligen Speicher richtet sich nach den individuellen Verbrauchswerten des jeweiligen Haushalts und der Größe der Photovoltaikanlage. Der Akku sollte nicht zu klein, aber auch nicht zu groß gewählt werden. Die Anbieter und Installateure bieten in aller Regel hierfür ein Berechnungsmodus an um die optimale Größe des Speichers ermitteln zu können.

Als grobe Faustformel kann gelten: 1 kWp Module pro 1000 kWh Jahresverbrauch und 1 kWh Speicher pro 1000 kWh Jahresverbrauch. Auf dieser Basis ist ein Eigenverbrauch von 50–60 % möglich, ohne dass es einer Änderung des bisherigen Stromverbrauchsverhaltens bedarf.

3.2 Wirtschaftlichkeitsberechnungen

Aus den für die folgenden 20 Jahre garantierten Einspeisevergütungen lassen sich bereits in kurzer Zeit Einzahlungsüberschüsse darstellen. Die laufenden Einnahmen liegen über den Ausgaben. Diese sind auch in den Berechnungen der Anbieter besonders herausgestellt. Doch Vorsicht – allein daraus sollten Sie sich kein vermeintlich einträgliches Geschäft suggerieren lassen.

Zu empfehlen ist zudem, den Prospekten der Anbieter gegenüber etwas Skepsis walten zu lassen. Viele Wirtschaftlichkeitsberechnungen sind gut erstellt und vermitteln ein realistisches Zahlenwerk. Doch häufig werden auch nur die Umsatzerlöse aus der Einspeisung den direkten Kosten gegenüber gestellt. Im Einzelfall sollen auch schon mal die nicht mehr aktuellen Einspeisesätze des Vorjahrs zum Ansatz gelangt sein. Häufig wird auf der Ertragseite von einer unveränderten Leistung ausgegangen, welche die Anlage auf Dauer erbringen soll.

Das gleiche Dilemma zeigt sich auf der Ausgabenseite. Entstehende Kosten werden fast immer zu niedrig, teilweise auch überhaupt nicht berücksichtigt; dies vor allem für Wartungsverträge, Versicherung oder Zählermiete. Dass die vielseitigen Auswirkungen der umsatz- bzw. ertragsteuerlichen Belastung unterschlagen werden, erscheint dagegen schon fast verzeihlich.

Es gilt damit festzuhalten, dass viele Wirtschaftlichkeitsberechnungen in erster Linie nur eines sind: Teil eines verkaufsfördernden Prospekts. Diese sind meist keine verlässliche Quelle für die zu treffende Investitionsentscheidung. Nehmen Sie deren Aussage nicht als bare Münze, sondern sehen Sie die einzelnen Positionen kritisch durch.

Auch wenn die obigen Ausführungen doch teilweise negativ gefärbt sind, soll dies keine generelle Kritik an den Wirtschaftlichkeitsberechnungen sein. Spiegelt sich darin doch auch wieder, dass die einzelnen Einflussfaktoren sehr individuell verschieden sind. Deshalb kann nur unter Kenntnis aller Umstände des jeweiligen Einzelfalls eine halbwegs solide Berechnung erstellt werden. Und selbst diese kann sich im Nachhinein als unzutreffend herausstellen, lassen sich doch unvorhergesehene Ereignisse in keinster Weise mit einrechnen.

So kann auch der nachfolgende Musterfall nur ein Beispiel dafür sein, welche Faktoren in eine Wirtschaftlichkeitsberechnung einfließen und wie sie sich auswirken. Dabei musste aus Platzgründen die eine oder andere Position zusammengefasst bzw. vereinfacht dargestellt werden. Nehmen Sie diese Berechnung deshalb auch nur als das wahr, was sie ist – ein mögliches Muster.

Denn auch für die Investition in eine Photovoltaikanlage gilt die alte Weisheit: Jede Investition ist ein Stück weit ein Risiko. Dieses Risiko lässt sich aber durch eine gute Wirtschaftlichkeitsberechnung verringern (vgl. iMPLI 2019).

3.3 Ein Musterfall

Um die obigen Ausführungen etwas plastischer zu machen, wird nachfolgend eine beispielhafte Berechnung zur Wirtschaftlichkeit einer Photovoltaikanlage dargestellt. Dieser Berechnung liegen folgende Rahmendaten zugrunde:

Ausgangssituation
Herr Sonnenmann hat auf seinem Gebäude eine geeignete Dachfläche mit 70 qm zur Verfügung. Diese will er ab Juni 2019 mit der maximal möglichen Fläche für eine Photovoltaikanlage nutzen. Die jährliche Sonneneinstrahlung liegt bei ca. 1000 kWh, vorsichtig wird nur mit 950 kWh kalkuliert. Zur Finanzierung kann Herr Sonnenmann auf 5000 € Eigenkapital zurückgreifen, den Rest würde er über einen Kredit finanzieren.

Was ist möglich?
Auf 70 qm Dachfläche lassen sich Module mit einer Leistung von 7,8 KWp installieren.

Die Investitionskosten liegen bei ca. 1280 € je kWp, sodass von einem Investitionsvolumen mit rund 10.000 € auszugehen ist. Es wird damit ein Darlehen über 5000 € benötigt. Dies kann bei einem Zinssatz von 1,0 % eine Laufzeit von 10 Jahren aufweisen.

Der jährliche Aufwand für eine Betriebsversicherung wird 80 € betragen, für die Zählermiete 40 € und für die Wartung werden 1,0 % der Investitionssumme angenommen = 100 €.

Daraus ergibt sich folgende erste Übersicht:

Einnahmen		
Höhe der Einspeisung	950 kWh/Jahr × 7,8 kWp × 20 Jahre = 148.200 kWh	
Einspeisevergütung	148.200 kWh × 10,79 Cent	15.991 €
Ausgaben		
Investitionskosten		10.000 €
Betriebskosten	(80 € + 40 € + 100 €) × 20 Jahre	4400 €
Gesamtgewinn	in 20 Jahren	1591 €

Solche vereinfachten Berechnungen liegen den Aussagen zugrunde, die (oftmals in Werbeprospekten) eine Rendite von 8–12 % anpreisen. Dies ist jedoch noch keine geeignete Wirtschaftlichkeitsberechnung!!

Entsprechend den obigen Ausführungen vermissen Sie hier völlig zu Recht, die eintretende jährliche Minderung der Leistung (Degradation) der Photovoltaikanlage um ca. 1 %. Auch eine Betriebskostensteigerung um 2 % je Jahr ist noch nicht berücksichtigt. Schließlich ist auch die erforderliche teilweise Fremdfinanzierung in keinster Weise in die Berechnung eingeflossen. Ebenso sollte die Rücklagenbildung für einen Austausch des Wechselrichters nach 10 Jahren nicht vergessen werden.

Diese Faktoren hören sich relativ gering und fast unbedeutend an. Doch allein durch den Zeitfaktor von 20 Jahren ergeben sich hier ganz erhebliche Auswirkungen auf die Wirtschaftlichkeitsberechnung. Plötzlich verringert sich ein zuvor überschlägig ermittelter euphorischer Gesamtgewinn beträchtlich und häufig stellt sich die Anfangskalkulation als zu optimistisch heraus (siehe nachfolgend).

Lediglich die steuerliche Be- bzw. Entlastung kann zur besseren Vergleichbarkeit unberücksichtigt bleiben. Diese ist u. a. auch von der Höhe der individuellen Steuerprogression abhängig und könnte damit nur mit einem geschätzten Wert einfließen. Deshalb werden Wirtschaftlichkeitsberechnungen zumeist den Gewinn vor Steuern als Ergebnis ausweisen.

Eine vertretbare Berechnung wird damit deutlich komplexer ausfallen und kann wie in Tab. 3.1 aussehen (alle Wertangaben in € und auf volle € gerundet).

Überraschung!

Aus den fast 1600 € Gewinn der verkürzten Berechnung sind plötzlich über 2500 € Verlust in der detaillierten Wirtschaftlichkeitsberechnung geworden. Die Photovoltaikanlage damit eine nicht rentable Investition!?

Allein bei der Einspeisevergütung ergeben sich durch das Nachlassen der Leistungskraft der Anlage um ca. 1 % je Jahr reduzierte Einnahmen über die 20 Jahre hinweg von rund 1100 €. Drastisch auch die Langzeitbetrachtung bei den Betriebskosten. Aus anfangs nur 220 € p. a. werden bei einer Inflation von 2 % p. a. bereits 334 € im Jahr 2039.

Zudem zeigt die Aufstellung sehr klar, dass eine Fremdfinanzierung die Gesamtrendite drückt, ebenso wie die einkalkulierte Rücklage für einen Austausch des Wechselrichters.

Tab. 3.1 Berechnung zur Wirtschaftlichkeit einer Photovoltaikanlage

Jahr	Einnahmen	Abschreibung	Betriebskosten	Zinsaufwand	Rücklage (Wechselr.)	Saldo
2019 (6 Mon.)	400	250	110	25	80	−65
2020	800	500	220	46	160	−126
2021	792	500	225	41	160	−134
2022	784	500	230	36	160	−142
2023	776	500	235	31	160	−150
2024	768	500	240	26	160	−158
2025	760	500	245	21	160	−166
2026	752	500	251	16	160	−175
2027	744	500	257	11	160	−184
2028	736	500	263	6	160	−193
2029	728	500	269	1	80	−122
2030	720	500	275	0	0	−55
2031	712	500	281	0	0	−69
2032	704	500	287	0	0	−83
2033	697	500	293	0	0	−96
2034	690	500	299	0	0	−109
2035	683	500	306	0	0	−123
2036	676	500	313	0	0	−137
2037	669	500	320	0	0	−151
2038	662	500	327	0	0	−165
2039	655	250	334	0	0	+71
Summen	**14.908**	**10.000**	**5580**	**260**	**1600**	**−2532**

Zwischenfazit

Es zeigt sich jedenfalls, dass genau hingesehen werden muss und eine Anlage kein Selbstläufer ist, die automatisch oder gar zwangsläufig eine gute Rendite abwirft. Es gilt vielmehr, die Kosten in allen Bereichen zu minimieren. Angefangen von den Herstellungskosten der Anlage, über die laufenden Betriebskosten bis hin zu einer möglichst zu vermeidenden Fremdfinanzierung einer Photovoltaikanlage. Doch neben einer möglichst guten Kosteneffizienz der Anlage kommt noch folgender Aspekt hinzu.

Was verbessert das Ergebnis?

Die Einspeisevergütungen sind in den letzten Jahren so deutlich gesunken, dass eine Einspeisung des erzeugten Stroms nur noch die zweitbeste Lösung ist. Deutlich lukrativer ist es, den erzeugten Strom auch selbst zu verbrauchen. Denn für jede erzeugte und eingespeiste kWh gibt es im obigen Musterfall gerade einmal noch 10,79 Ct als Einspeisevergütung. Für den im Haushalt benötigten und verbrauchten Strom werden hingegen rund 30–31 Ct je kWh gezahlt. Folglich besteht eine Preisdifferenz von immerhin 20 Ct je kWh!!

Ergo liegt die **Lösung** auf der Hand: Warum selbst erzeugten Strom für wenig Geld einspeisen, wenn für den verbrauchten Strom deutlich mehr als das doppelte gezahlt werden

3.3 Ein Musterfall

muss. Das Ziel zur Optimierung der Wirtschaftlichkeit einer Photovoltaikanlage muss es damit sein, den Anteil des selbst verbrauchten Stroms auf einen möglichst hohen Wert zu steigern. Oftmals sind 30 % Selbstverbrauch ohne größere Umstellungen möglich.

Bezogen auf den obigen Musterfall würden 30 % Selbstverbrauch eine Strommenge von 44.460 kWh in den kalkulierten 20 Jahren Betriebsdauer bedeuten. Selbst wenn die aktuellen Strompreise in 20 Jahren nicht weiter steigen, würde sich hieraus bei 20 Ct Preisdifferenz ein Einsparvolumen an der Stromrechnung des Haushalts von insgesamt 8892 € ergeben. Nicht steigende Strompreise in den nächsten 20 Jahren – ein Wunschtraum! Wird nur von einem jährlichen Anstieg mit 2 % ausgegangen, ergeben sich bereits ersparte Stromausgaben in Höhe von rund 11.000 €.

Damit wird folgende **Korrektur der obigen Wirtschaftlichkeitsberechnung** erforderlich:

Ergebnis bei 100 %-iger Stromeinspeisung:	−2532 €
Ersparnis bei 30 %-igem Selbstverbrauch:	+11.000 €
korrigiertes wirtschaftliches Ergebnis:	**+8468 €**

Und selbst bei nur 20 % Selbstverbrauch für den erzeugten Strom – ein Wert, der sich praktisch im jedem Haushalt verwirklichen lässt – ergibt sich ein Gewinn von 4800 €. Eine durchaus attraktive Rendite bzw. Eigenkapitalverzinsung vor Steuern von über 1,9 % p. a.!

Langfristige Betrachtung

Andererseits besteht die realistische Hoffnung, dass die Photovoltaikanlage auch nach diesen kalkulierten 20 Jahren noch funktionsfähig ist. Derzeit gewähren manche Hersteller auf Wunsch und Aufpreis eine Garantie von 25 Jahren. Experten halten auch eine Funktion der Solarzellen bis zu 30 Jahren für möglich. Allenfalls der Wechselrichter dürfte nach 20–25 Jahren ein weiteres Mal zum Austausch anstehen.

Mit anderen Worten, die Photovoltaikanlage erbringt auch dann noch Stromeinnahmen, ohne dass auf der Kostenseite eine Belastung aus der Abschreibung ansteht. Damit stehen dem nach 20 Jahren erzeugten Strom nur relativ geringe Aufwendungen gegenüber. Der dann mögliche Reingewinn wird um die 50 % liegen – ein beachtlicher Wert, der die Rentabilität einer Photovoltaikanlage bei einer Gesamtbetrachtung noch sehr deutlich verbessert.

Allerdings wird im Beispielsfall nach 2039 auch die garantierte Einspeisevergütung entfallen. In welcher Höhe für den erzeugten Strom dann ein Verkaufserlös erzielt werden kann, ist derzeit nicht absehbar. Die erzielbaren Erlöse werden sich am allgemeinen Strompreismarkt in 2039 ff. orientieren. Selbst bei optimistischer Schätzung wird der Strompreis aber sicher nicht unter den aktuellen Einspeisevergütungen liegen.

Wer sich selbst einen ersten Überblick zur Wirtschaftlichkeit einer Anlage verschaffen will, kann auf diverse Ertragsrechner im Internet zurückgreifen, z. B. unter https://www.pv-ertraege.de. Diese sind vor allem im Vorfeld der Planungen geeignet, um unterschiedliche Varianten in Bezug auf Größe, Leistung oder Finanzierung durchzurechnen.

3.4 Ausblick

Da die technischen Möglichkeiten in der Solarbranche ständig verbessert werden, erhöht sich auch in weniger günstigen Lagen die Ausbeute bei der Umwandlung von Sonnenlicht in Strom. Auch wenn beispielsweise in Afrika sicherlich bessere Bedingungen herrschen, so kann in Mitteleuropa Solarstrom jedenfalls in einem wirtschaftlich vertretbaren Rahmen erzeugt werden.

Dennoch kommt eine Photovoltaikanlage derzeit noch nicht ohne zusätzliche Förderung aus, damit diese nicht nur auf ökologisches, sondern auch auf finanzielles Interesse stößt. Deshalb hat die Förderung der Photovoltaik nach wie vor ihre Berechtigung, sei es durch die garantierte Einspeisevergütung, sei es durch zinsverbilligte Darlehen.

Angesichts der verbesserten technischen Möglichkeiten und vor allem in Anbetracht der weiter sinkenden Investitionskosten für eine Anlage, kann deren Amortisation früher erreicht werden. Aktuell bestehen weltweit Überkapazitäten in der Solarbranche. Damit werden die Preise für Wafer-, Zell- bzw. Modulpreise weiterhin sinken.

Deshalb wird es auch künftig zu einer Kürzung der öffentlichen Fördermittel kommen; selbst ein völliger Wegfall in ein paar Jahren scheint damit nicht ausgeschlossen. Schließlich ist eine Förderung und damit eine Subventionierung bei erreichter Preisparität betriebswirtschaftlich auch nicht mehr zu rechtfertigen.

Angesichts der insgesamt ansteigenden Energiepreise ist dennoch auch in der Zukunft von einem weiteren Schub und anhaltend großem Interesse an neu installierten Photovoltaikanlagen auszugehen.

Literatur

iMPLI Informations-Systeme GmbH. 2019. http://www.photovoltaik-praxis.de. Zugegriffen am 24.07.2019.

Weiterführende Literatur

Schmitz, J., und B. Volkmann. 2019. *Ihr Photovoltaik-Ratgeber*. https://www.solaranlagen-portal.de. Zugegriffen am 24.07.2019.

SFV – Solarenergie-Förderverein Deutschland e. V. 2019. https://www.pv-ertraege.de. Zugegriffen am 24.07.2019.

Steuerrecht

4

Das deutsche Steuerrecht gilt als die umfangreichste und komplizierteste Rechtsmaterie weltweit. Damit liegen Sie mit Ihren Befürchtungen, dass auch der Betrieb einer Photovoltaikanlage in steuerrechtlicher Hinsicht nicht ganz einfach sein könnte, durchaus richtig.

Dazu ein Beispiel aus der Praxis:

Beispiel
Steuerzahler Maier plant eine Photovoltaikanlage zu errichten. Da er einen direkten Draht zu seinem Sachbearbeiter beim Finanzamt hat, ruft er diesen an und erkundigt sich nach den steuerrechtlichen Folgen. Er erfährt, dass das Finanzamt ihn als Betreiber einer Photovoltaikanlage grundsätzlich als einen Unternehmer bzw. einen Gewerbetreibenden einstuft. Die weiteren Ausführungen versteht er nur halb, da es alles Begriffe sind, die er heute zum ersten Mal hört. Herr Maier ist zunächst einmal restlos bedient.

So wie Herrn Maier geht es sicher vielen, die sich für eine Photovoltaikanlage interessieren und sich um die steuerrechtlichen Folgen kümmern. Die Begriffe „Unternehmer" oder „Gewerbetreibender" sind zwar meist noch bekannt, doch das eigene steuerliche Wissen des „Otto-Normal-Steuerzahlers" endet bereits mit der meist eher vagen Bedeutung dieser Begriffe an sich.

Dabei bleibt es aber nicht. Das komplexe deutsche Steuerrecht hält noch weitere Begriffe parat: Kleinunternehmerregelung, Option, Vorsteuerabzug, Investitionsabzugsbetrag, etc. Da sind Wörter wie Abschreibung, Erklärungspflicht und Gewinnermittlung vergleichsweise schon fast leichte Kost.

Sie sehen damit, der Betrieb einer Photovoltaikanlage hält eine Vielzahl von steuerlichen Regelungen und Normen bereit, die es zu kennen und zu beachten gilt. Ein steuerlicher Laie wird hier anfangs vor einem kaum überschaubaren Berg stehen und womöglich bereits von seinen Plänen zum selbst erzeugten günstigen und sauberen Strom Abstand nehmen wollen.

Doch keine Sorge! So wie jeder Berg Schritt für Schritt erklommen werden kann, so lässt sich auch der Berg an steuerrechtlichen Regelungen erklimmen. Und zurück schauend hat schon so mancher festgestellt, dass es letztlich nur ein Hügel war. Vorausgesetzt, man nähert sich dem Bereich auf dem richtigen, dem direkten Weg.

Diesen Weg zu weisen ist die Aufgabe der nachfolgenden Seiten.

Die erforderliche „Wegbeschreibung" einschließlich einer Empfehlung der besten Pfade finden Sie nachfolgend dargestellt. Dies ist so aufgebaut, dass jeder Steuerzahler in der Lage ist den gegenüber dem Finanzamt zu erfüllenden Pflichten nicht nur nachzukommen, sondern darüber hinaus auch ein Optimum an steuerlichen Vorteilen aus der vorgesehenen Investition in eine Photovoltaikanlage zu erlangen.

Hierzu werden zunächst die Grundkenntnisse zum Steuerrecht auf- bzw. ausgebaut und ständig wiederkehrende Fragen angesprochen und beantwortet. Sodann werden mögliche steuerliche Gestaltungen dargestellt und deren Optimierung aufgezeigt.

Denn schließlich lässt sich die Wirtschaftlichkeit einer Photovoltaikanlage durch eine optimierte Besteuerung der Anlage noch zusätzlich steigern.

4.1 Formalitäten

Wird damit begonnen eine Photovoltaikanlage zu betreiben, besteht die Pflicht, dies der Gemeinde bzw. Stadt mitzuteilen. Diese Pflicht beruht auf § 138 Abs. 1 Abgabenordnung (AO), worin geregelt ist, dass *„wer einen … gewerblichen Betrieb … eröffnet, dies nach amtlich vorgeschriebenem Vordruck der Gemeinde … mitzuteilen hat".* Dass eine Photovoltaikanlage einen Gewerbebetrieb darstellt, wird weiter unten noch im Detail ausgeführt.

Dieser sog. Anzeigepflicht ist innerhalb eines Monats nachzukommen.

4.1.1 Gewerbeanmeldung

Die Mitteilung an die Gemeinde wird für gewöhnlich als Gewerbeanmeldung bezeichnet. Die zuständige Abteilung ist das Ordnungs- bzw. Gewerbeamt der Gemeinde. Dort erhalten Sie einen Vordruck, welcher meist auch im Internet als pdf-Datei zur Verfügung gestellt wird. Es handelt sich dabei um den bei Beginn eines Betriebs auszufüllenden Vordruck nach dem Muster der Anlage 1 zu § 14 Gewerbeordnung (GewO) mit der Bezeichnung: Gewerbeanmeldung – GewA 1.

Da der Betrieb einer Photovoltaikanlage zwischenzeitlich weit verbreitet ist, sind manche Gemeinden dazu übergegangen, diese Art der Betriebe nicht als anzeigepflichtige Gewerbetreibende einzustufen. Dies zumindest dann, wenn nur eine „übliche" Photovoltaikanlage auf dem Hausdach oder eine vergleichbare Kleinanlage von einem Privatmann betrieben und der Strom gegen Vergütung ins örtliche Stromnetz einspeist oder selbst verbraucht wird. Eine kleinere Anlage ist gegeben bis ca. 30 qm Solarzellenfläche; eine

Anlage dieser Größe wird in aller Regel noch kein Gewerbe i. S. der Gewerbeordnung (GewO) darstellen. In diesen Fällen ist deshalb eine Anzeige eines Gewerbes gemäß § 14 GewO – Gewerbeanmeldung – beim Gewerbeamt nicht erforderlich.

Hintergrund ist, dass für eine Anlage dieser Größe mit Sicherheit keine Gewerbesteuer zu zahlen sein wird (mehr dazu unter dem Abschn. 4.4). Damit würde den Kommunen nur ein Verwaltungsaufwand entstehen, ohne jemals auch Steuereinnahmen zu realisieren.

Tipp
Leider wird diese verwaltungs-ökonomisch sinnvolle Auslegung des § 14 GewO nicht von allen Gemeinden praktiziert. Sie sollten sich deshalb auf jeden Fall zur Handhabung in Ihrer Gemeinde erkundigen. Andernfalls könnte die unterlassene Anmeldung als Ordnungswidrigkeit gewertet und u. U. ein Bußgeld von bis zu 1000 € drohen.

Der Inhalt der Gewerbeanmeldung umfasst die persönlichen Daten des Gewerbetreibenden, insbesondere Name und Anschrift, die Anschrift des Betriebs, die Art des ausgeübten Gewerbebetriebs und den Beginn der Tätigkeit. Zur Legitimation müssen Sie einen Personalausweis oder Pass vorlegen.

Die Gewerbeanmeldung ist mit amtlichen Gebühren verbunden, die sich in einer Größenordnung von 15–35 € bewegen. Dies ist von Gemeinde zu Gemeinde unterschiedlich und wird in kommunalen Gebührensatzungen festgelegt.

4.1.2 Finanzamt

Erfolgt eine Anmeldung des Betriebs bei der Gemeinde, ist eine separate Anmeldung beim Finanzamt nicht zwingend erforderlich. Denn eine Mehrfertigung der Gewerbeanmeldung wird automatisch von der Gemeinde an das jeweilige Finanzamt weitergeleitet. Nur wenn bei der Gemeinde keine Anmeldung erforderlich sein sollte, müssen Sie den neu begonnenen Betrieb einer Photovoltaikanlage gesondert dem Finanzamt mitteilen.

4.1.3 Steuernummer

Es kann allerdings durchaus sinnvoll sein, das Finanzamt in jedem Fall zuvor bzw. gesondert zu informieren. Dies ist erfreulicherweise völlig formfrei möglich, indem sie unter Angabe Ihres Namens und der Anschrift mitteilen, dass und ab wann Sie eine Photovoltaikanlage betreiben werden und deshalb eine (ggf. weitere) Steuernummer benötigen.

Durch solch eine gesonderte Nachricht an das Finanzamt gelangen Sie deutlich – oft mehrere Wochen – früher zu einer Steuernummer für den neu gegründeten Betrieb. Diese Steuernummer benötigen Sie schon frühzeitig gegenüber dem Energieversorgungsunternehmen bzw. dem Netzbetreiber, in dessen Netz der erzeugte Strom eingespeist wird. Auch ist die Steuernummer eine der Voraussetzungen für eine ordnungsgemäße Rechnung – dazu jedoch mehr im folgenden Abschn. 4.2.

4.1.4 Fragebogen

Unabhängig davon, ob Sie den Betrieb nur bei der Gemeinde oder auch beim Finanzamt anmelden, wartet schon das nächste Formular auf Sie. Um die erforderlichen Daten zu erhalten, wird Ihnen das Finanzamt einen Fragebogen zur steuerlichen Erfassung – kurz **Betriebseröffnungsbogen** – mitgeben oder zusenden.

Den Fragebogen zur steuerlichen Erfassung können Sie auch über die Homepage Ihres Finanzamts downloaden. Ebenso kann er im Internet über das Formular-Management-System der Bundesfinanzverwaltung herunter geladen und am PC ausgefüllt werden (Download unter: https://www.formulare-bfinv.de – dort unter „Unternehmen").

Neben sämtlichen persönlichen Daten werden damit im Wesentlichen Angaben zur Art und der voraussichtlichen Höhe der Einnahmen bzw. des erwarteten Gewinns erfragt. Diese Daten dienen dem Finanzamt dazu, eventuell zu leistende Steuervorauszahlungen zu überprüfen. Auch wird auf Basis dieser Daten festgelegt, welche Steuererklärungen bzw. Voranmeldungen künftig abzugeben sind.

Tipp
Wundern Sie sich nicht, wenn die Überprüfung des Fragebogens durch das Finanzamt etwas länger dauert. Dies liegt daran, dass dort eine umfangreiche „Checkliste" abgearbeitet werden muss. Hintergrund dafür sind insbesondere Fälle von Betriebsgründungen nur zum Schein, um damit ungerechtfertigte Steuererstattungen durch einen Vorsteuerabzug aus fingierten Rechnungen zu erlangen.

Zwar ist der Betrieb einer Photovoltaikanlage nicht per se betrugsanfällig, doch vereinzelt traten auch in diesem Bereich bereits kriminelle Betrugsfälle auf. Deshalb sind die Finanzämter angewiesen, nicht nur typische Risikobranchen detailliert zu überprüfen, sondern auch Betriebe von Photovoltaikanlagen. Die Überprüfungen sollten im Regelfall aber nach längstens zwei Wochen abgeschlossen und sodann eine Steuernummer schriftlich mitgeteilt sein.

4.2 Umsatzsteuer

Umsatzsteuer – was ist das?

Besser ist diese Steuerart unter dem landläufigen Begriff „Mehrwertsteuer " bekannt. Und dieser Begriff gibt auch das technische Prinzip der Umsatzsteuer genau wieder. Das deutsche Umsatzsteuersystem stellt eine sog. „Allphasen-Netto-Umsatzsteuer mit Vorsteuerabzug" dar. Durch die Möglichkeit des Vorsteuerabzugs wird letztlich nur die Wertschöpfung auf der jeweiligen Stufe mit Umsatzsteuer belastet. Nur ein im Unternehmen erwirtschafteter Mehrwert führt zu einer Steuer – der Mehrwertsteuer.

Um dies zu verdeutlichen, ein kleines Beispiel:

4.2 Umsatzsteuer

Beispiel

Der Produzent P fertigt eine Maschine an. Dazu erwirbt er von seinem Lieferanten L die einzelnen Teile der Maschine für 500 €. Die fertige Maschine verkauft er an den Händler H für 800 €. Dieser veräußert die Maschine für 1000 € weiter an den Kunden K. Die genannten Preise sind jeweils Nettobeträge, also ohne Umsatzsteuer.

Bei P fällt Umsatzsteuer an in Höhe von 19 % von 800 € = 152 €. Er kann die ihm von L in Rechnung gestellte Umsatzsteuer mit 19 % aus 500 € = 95 € als Vorsteuer abziehen. P schuldet damit dem Finanzamt Umsatzsteuer in Höhe von 57 €. Dies sind 19 % des erwirtschafteten Mehrwerts von 300 €.

Bei H entsteht Umsatzsteuer mit 19 % von 1000 € = 190 €, er kann die von ihm bezahlte Vorsteuer in Höhe von 19 % aus 800 € = 152 € abziehen, sodass er Umsatzsteuer in Höhe von 38 € (= 19 % des erwirtschafteten Mehrwerts von 200 €) schuldet.

Der K ist kein Unternehmer und fällt damit nicht in den Wirkungsbereich der Umsatzsteuer. Er trägt damit wirtschaftlich die gesamte Umsatzsteuer in Höhe von 190 €.

Dieser kurze Einblick in die „technische Funktionsweise" der Umsatzsteuer soll für den Einstieg als Theorie genügen.

Widmen wir uns nun den Begriffen und Fragen, die beim weiteren Kontakt mit der Umsatzsteuer auf Sie als Betreiber einer Photovoltaikanlage zukommen. Denn die Umsatzsteuer wird regelmäßig die Steuerart sein, mit der ein künftiger Betreiber einer Photovoltaikanlage als erstes in Berührung kommt.

Auch dazu zunächst ein kleines Beispiel:

Beispiel

Sachlage: A lässt am 01.07.2019 auf dem Dach seines Wohnhauses eine Photovoltaikanlage installieren. Die Kosten betragen 12.000 € zuzüglich Umsatzsteuer in Höhe von 2280 €. Mit dem örtlichen Stromnetzbetreiber schließt er einen Einspeisevertrag ab, wonach dieser verpflichtet ist, den mit der Anlage erzeugten Strom unabhängig von der eingespeisten Menge zu vergüten. Im Monat Juli verkauft A Strom für 300 €. Nach der Kalkulation ist aus dem Betrieb der errichteten Anlage ein Jahresumsatz in Höhe von 2000 € zu erwarten. Deshalb rechnet A für das restliche Jahr 2019 mit 1000 € Umsatz.

Umsatzsteuerliche Lösung: Mit der Errichtung der Photovoltaikanlage und durch die Veräußerung des erzeugten Stroms an einen Energieversorger wurde A zum **Unternehmer**. Die erzielten **Umsätze** sind grundsätzlich **umsatzsteuerpflichtig**. Da aber die Umsatzgrenzen der **Kleinunternehmerregelung** nicht überschritten werden, wird die geschuldete Umsatzsteuer nicht erhoben. Im Gegenzug könnte A die aus der Anschaffung und Errichtung der Anlage resultierende Umsatzsteuer in Höhe von 2280 € nicht im Wege des **Vorsteuerabzugs** beim Finanzamt geltend machen. A **optiert** deshalb und entscheidet sich dabei für einen Verzicht auf die Kleinunternehmerregelung und weist in seinen **Rechnungen** künftig Umsatzsteuer gesondert aus. Die Abrechnung per **Gutschrift** des Netzbetreibers für den Monat Juli weist für die Einspeisung von Strom 300 € plus 57 € Umsatzsteuer aus. Beim Finanzamt reicht A eine **Umsatzsteuervoranmeldung** für den Monat

Juli ein. Darin ermittelt er eine negative **Zahllast** (= Erstattungsanspruch) in Höhe von 2223 €, die sich aus 57 € Umsatzsteuer abzüglich 2280 € Vorsteuer errechnet.

Halt – Stopp!! Bitte werfen Sie das Buch an dieser Stelle nicht weg!! Es ist ganz normal, wenn Sie das Beispiel zwar lesen konnten, Sie aber noch jede Menge Fragezeichen sehen. Zumindest die oben extra fett gedruckten Begriffe sind sicherlich nicht jedem Steuerzahler auf Anhieb verständlich.

Doch keine Sorge, das wird sich auf den nächsten Seiten ändern. Diese und weitere Begriffe werden nach und nach erläutert. Am Ende des Kapitels werden Sie mit dem einschlägigen Umsatzsteuer-Vokabular vertraut sein.

4.2.1 Benötigte Steuernummer

Wie schon im vorhergehenden Kapitel kurz angesprochen, wird das Energieversorgungsunternehmen (kurz: EVU) bzw. der Netzbetreiber den Betreiber einer Photovoltaikanlage bereits in einem frühen Stadium nach dessen Steuernummer für die Umsatzsteuer fragen.

Hintergrund ist, dass das EVU bzw. der Netzbetreiber den in sein Netz eingespeisten Strom im Regelfall mittels einer „Gutschrift" abrechnen wird. Damit dies steuerlich korrekt möglich ist, muss darin u. a. auch die Steuernummer des Stromeinspeisers angegeben sein. Erfolgt die Abrechnung durch eine Rechnung des Stromlieferers, ist dieser ebenfalls verpflichtet seine Steuernummer in der Rechnung anzugeben.

4.2.1.1 Zwischenfrage: Was ist eine Gutschrift?

Eine Gutschrift ist in diesem Zusammenhang eine besondere Form der Rechnung. Wird die Ware „Strom" geliefert, stellt grundsätzlich der Lieferant – also der Betreiber der Photovoltaikanlage – über die Lieferung eine Rechnung an den Abnehmer aus. Das Umsatzsteuergesetz (UStG) enthält jedoch in § 14 Abs. 2 Satz 2 UStG eine Sonderregelung – die Gutschrift. Danach kann, entgegen der Grundregel, auch der Empfänger über die erhaltene Stromlieferung abrechnen; dies wird steuertechnisch als Gutschrift bezeichnet.

Somit handelt es sich bei einer Gutschrift um eine steuerrechtlich zulässige Abrechnung in „umgekehrter" Richtung. Voraussetzung ist aber zudem, dass der leistende Unternehmer – der Betreiber der Photovoltaikanlage – zum Ausweis der Umsatzsteuer in einer Rechnung berechtigt ist und über die Abrechnung per Gutschrift zwischen den beiden Parteien Einigkeit besteht. Die Gutschrift muss dem Leistenden zugeleitet werden, die Bezeichnung „Gutschrift" und auch alle anderen Angaben enthalten, die für eine korrekte Rechnung erforderlich sind. Dazu gehört nach § 14 Abs. 4 Nr. 2 UStG unter anderem auch die vom Finanzamt erteilte Steuernummer.

Die Abrechnung per Gutschrift ist für den Betreiber einer Photovoltaikanlage in aller Regel ein Vorteil. Es bleibt ihm somit das monatliche Ablesen des Zählers, die Dokumentation und vor allem das Erstellen und Versenden einer regelmäßigen Rechnung über den in das Netz eingespeisten – sprich den gelieferten Strom – erspart.

4.2.2 Unternehmer

Im obigen Abschnitt war gerade vom leistenden „Unternehmer" die Rede – dem nächsten zu erläuternden Begriff.

Dazu vorab ein Grundsatz: Wird der von einer Photovoltaikanlage erzeugte Strom verkauft und in das Netz des EVU eingespeist, ist dies aus steuerlicher Sicht eine unternehmerische Tätigkeit. Das gilt auch, wenn sich die Anlage auf dem Dach des privaten selbst bewohnten Hauses befindet bzw. der erzeugte Strom teilweise im privaten Haushalt verbraucht wird.

Eine unternehmerische Tätigkeit wird von einem Unternehmer ausgeübt. Wird nicht nur gelegentlich, sondern regelmäßig Strom eingespeist, kommt es für die Unternehmereigenschaft nicht auf die Höhe der erzielten Umsätze an. Dies hat der Bundesfinanzhof (BFH) in seinem Urteil vom 18.12.2008 (Az. V R 80/07, BFH/NV 2009 S. 860) entschieden.

Wird der erzeugte Strom ganz oder teilweise, regelmäßig und nicht nur gelegentlich in das allgemeine Stromnetz eingespeist, liegt auch bei sonst nicht unternehmerisch tätigen Personen eine nachhaltige Tätigkeit i. S. des § 2 Abs. 1 UStG vor (Abschn. 2.5 Abs. 1 UStAE).

Dies gilt auch für die sog. kaufmännisch-bilanzielle Einspeisung (§ 4 Abs. 5 EEG a. F. bzw. § 8 Abs. 2 EEG n. F.). Dabei wird der erzeugte Strom vom Anlagenbetreiber tatsächlich nicht in das Netz des Netzbetreibers eingespeist, sondern z. B. in dessen Privathaushalt verbraucht oder in ein Netz eingespeist, das kein der allgemeinen Versorgung dienendes Netz nach § 3 Nr. 7 EEG ist.

4.2.2.1 Wer ist Unternehmer?

Welche Voraussetzungen gegeben sein müssen, damit die Eigenschaft als Unternehmer bejaht werden kann, regelt das Umsatzsteuergesetz in § 2 Abs. 1 UStG. Ergänzende Ausführungen hat die Finanzverwaltung im Umsatzsteuer-Anwendungserlass (UStAE) in Abschn. 2 UStAE festgelegt.

Danach ist Unternehmer, *„… wer eine gewerbliche oder berufliche Tätigkeit selbstständig ausübt. Gewerblich oder beruflich ist jede nachhaltige Tätigkeit zur Erzielung von Einnahmen, auch wenn die Absicht, Gewinn zu erzielen fehlt"*.

Betrachten wir die Voraussetzungen in Bezug auf eine Photovoltaikanlage im Einzelnen:

4.2.2.2 Leistender Unternehmer

Dies kann eine natürliche, eine juristische Person oder auch ein Personenzusammenschluss sein. Mit anderen Worten, Unternehmer ist jedes selbstständig tätige Wirtschaftsgebilde, das nachhaltig Leistungen gegen Entgelt ausführt. Die Rechtsform oder die Rechtsfähigkeit des Leistenden ist unerheblich.

Bezogen auf eine Photovoltaikanlage bedeutet dies, dass der Betreiber der Anlage der leistende Unternehmer ist. Dies wird im Regelfall zugleich der Eigentümer des Grundstücks bzw. Gebäudes sein, auf dem die Anlage installiert ist.

Gehört das Grundstück **Ehegatten** sind diese auch gemeinschaftlich Eigentümer und damit Betreiber einer auf dem Hausdach installierten Photovoltaikanlage. Daraus folgt, dass die Ehegatten (gemeinsam) der Unternehmer sind, nicht der Ehemann bzw. die

Ehefrau jeweils für sich. Die Ehegatten sind als sog. Bruchteilsgemeinschaft der Unternehmer (so BFH, Urteil vom 06.09.2007, V R 41/05, BStBl 2008 II S. 65).

Tipp
Das ist wichtig und in der Praxis zu beachten. So muss z. B. die Rechnung für die erworbene Anlage auf die Ehegatten lauten. Ist die Rechnung nur an Herrn X adressiert, tritt ein Problem beim Vorsteuerabzug ein. Näheres siehe bei den Erläuterungen zu „Vorsteuer" in Abschn. 4.2.13.

Der Unternehmer tritt gegenüber dem Leistungsempfänger als Schuldner der Leistung auf. Entsprechend sind die zivilrechtlichen Vereinbarungen zu treffen. Sind Ehegatten je hälftig Betreiber der Photovoltaikanlage, sind sie zusammen als Ehegattengemeinschaft der Leistende, der den erzeugten Strom im eigenen Namen an den Netzbetreiber liefert.

4.2.2.3 Gewerbliche oder berufliche Tätigkeit

Der Begriff der gewerblichen oder beruflichen Tätigkeit ist weit auszulegen. Jede nachhaltige Tätigkeit zur Erzielung von Einnahmen gehört hierzu. Das kann ein Gewerbebetrieb, eine freiberufliche Tätigkeit oder eine Vermietungstätigkeit sein. Da das Betreiben einer Photovoltaikanlage einen Gewerbebetrieb darstellt, sind die daraus erbrachten Stromlieferungen zweifellos als gewerbliche Tätigkeit auch im Sinne des UStG einzustufen.

Das gilt selbst dann, wenn der Strom nur an einen Abnehmer geliefert wird bzw. teilweise im eigenen Haushalt verbraucht wird. Denn eine Teilnahme am allgemeinen wirtschaftlichen Verkehr ist nicht erforderlich. Es genügt, dass die Tätigkeit eine Leistung im wirtschaftlichen Sinne darstellt. Aus einem vorübergehenden Verzicht auf Einnahmen, z. B. bei ausgesetzter Stromerzeugung oder vollständigem Eigenverbrauch, kann in der Regel nicht auf eine unentgeltliche, sprich nichtunternehmerische Tätigkeit geschlossen werden (BFH, Urteil vom 07.07.2005, V R 78/03, BStBl 2005 II S. 849).

Jedoch muss die gewerbliche oder berufliche Tätigkeit **nachhaltig** ausgeübt werden. Das bedeutet, dass nicht nur eine einmalige Lieferung erfolgen darf, sondern zumindest mehrfache Lieferungen erfolgen bzw. eine Tätigkeit über eine gewisse Zeitdauer ausgeübt wird. Andererseits genügt ein einmaliges Handeln, sofern dadurch ein Dauerzustand geschaffen wird, der zu fortlaufenden Einnahmen führt.

Die Rechtsprechung formuliert dies wie folgt: Eine gewerbliche oder berufliche Tätigkeit wird nachhaltig ausgeübt, wenn sie auf Dauer zur Erzielung von Entgelten angelegt ist. Ob dies der Fall ist, richtet sich nach dem Gesamtbild der Verhältnisse im Einzelfall (BFH, Urteil vom 30.07.1986, V R 41/76, BStBl 1986 II S. 874, Urteil vom 18.07.1991, V R 86/87, BStBl 1991 II S. 776). Bezogen auf eine Photovoltaikanlage bedeutet dies, dass es nicht auf die Höhe der erzielten Umsätze ankommt, wenn regelmäßig Strom ins Netz eingespeist wird (BFH, Urteil vom 18.12.2008, V R 80/07, BStBl 2011 II S. 292).

Und schließlich reicht selbst eine einmalige Tätigkeit aus, wenn diese zumindest mit der Absicht zur Wiederholung erfolgt, unabhängig ob tatsächlich weitere Umsätze bewirkt werden konnten. Deshalb ist die Unternehmereigenschaft selbst dann gegeben, wenn es zu keinen Ausgangsleistungen gekommen ist. Auch bei Erfolglosigkeit ist zumindest bei ernsthaft

4.2 Umsatzsteuer

belegbaren Planungen die Unternehmereigenschaft zu bejahen (Urteil, EuGH vom 20.02.1996, Rs. C – 110/94 und BMF, Schreiben vom 02.12.1996, BStBl 1996 I S. 1461).

Das weitere Kriterium – Ausübung der Tätigkeit zur Erzielung von Einnahmen – ist in aller Regel unproblematisch. Denn im Allgemeinen wird für eine Leistung auch eine Gegenleistung gefordert (sog. Leistungsaustausch). Sollte die Gegenleistung z. B. wegen Zahlungsunfähigkeit des Leistungsempfängers ausfallen, ist das unschädlich.

Tipp
Zwar sollte jede Photovoltaikanlage in absehbarer Zeit einen Gewinn abwerfen. Dies ist aber für die Frage, ob ein Unternehmen vorliegt unerheblich. Damit sind Sie selbst dann Unternehmer, wenn aus der Anlage durch widrige Umstände kein Totalüberschuss erzielbar sein sollte.

4.2.2.4 Selbstständigkeit

Um die Frage einer gewerblichen oder beruflichen Tätigkeit zu klären, ist vor allem auf das Auftreten nach außen hin abzustellen. Anders beim Punkt Selbstständigkeit der Tätigkeit: Hierbei kommt es in erster Linie auf das Innenverhältnis an. Die Tätigkeit darf nicht weisungsgebunden, sondern muss selbstverantwortlich, auf eigene Gefahr und auf eigene Rechnung ausgeübt werden.

Wer eine Photovoltaikanlage betreibt ist in den grundlegenden Fragen nicht weisungsgebunden, sondern übt die gewerbliche Tätigkeit zweifelsfrei selbstständig aus. Daran ändert auch der Umstand nichts, dass ggf. durch abgeschlossene Verträge im Zusammenhang mit der Stromeinspeisung durchaus einige Verpflichtungen eingegangen wurden, die fortan eine freie eigenständige Entscheidung nicht mehr ohne weiteres zulassen. Maßgebend ist, dass eine solche vertragliche Bindung, wie auch die Aufnahme der Tätigkeit an sich, ohne Weisung erfolgen konnte.

4.2.2.5 Rechte und Pflichten

Wie sollte es anders sein – ein Unternehmer hat im Steuerrecht besondere Rechte und Pflichten. Ein bedeutendes Recht haben Sie oben bereits kurz kennen gelernt – das Recht auf den Vorsteuerabzug. Um die Vorsteuer erlangen zu können, hat der Unternehmer das Recht auf eine ordnungsgemäße Rechnung mit gesondertem Ausweis der Umsatzsteuer.

Zu den Pflichten eines Unternehmers gehört spiegelbildlich auch die Pflicht seinerseits ordnungsgemäße Rechnungen auszustellen. Daneben ist er zur Abgabe von Umsatzsteuer-Voranmeldungen bzw. Jahreserklärungen verpflichtet und muss auch geeignete Aufzeichnungen führen, anhand derer die Art und Höhe der umsatzsteuerlich relevanten Geschäftsvorfälle ersichtlich ist (§ 22 UStG). Ebenfalls zu erwähnen ist die Verpflichtung entsprechende Buch- und Belegnachweise gemäß §§ 8–17 UStDV zu führen.

Zum Abschluss des Abschn. 4.2.2 noch die Frage der Dauer – also des Beginns bzw. des Endes eines Unternehmens/Unternehmers.

4.2.2.6 Beginn
Sobald nach außen erkennbare Aktivitäten zur Aufnahme der selbstständigen beruflichen oder gewerblichen Tätigkeit erfolgen bzw. mit der Tätigkeit begonnen wird, kann vom Beginn des Unternehmens gesprochen werden. Somit sind auch bereits Vorbereitungshandlungen ein Teil der unternehmerischen Tätigkeit. Dies ist nicht zuletzt wichtig für die Frage des Vorsteuerabzugs aus Aufwendungen vor dem Produktionsstart.

4.2.2.7 Ende
Die Unternehmereigenschaft endet mit dem letzten Tätigwerden. Erst wenn alle Rechtsbeziehungen abgewickelt sind, endet auch die Unternehmereigenschaft. Damit sind Sie auch noch eine gewisse Zeit lang nach der Einstellung oder Abmeldung des Betriebs oder der Tätigkeit ein Unternehmer. Zu den steuerpflichtigen Umsätzen gehört damit z. B. auch noch der Verkauf der Anlage und sei es in Form eines Schrotterlöses. Ebenso können damit Vorsteuern aus nachlaufenden Kosten noch beim Finanzamt geltend gemacht werden.

4.2.2.8 Fazit
Wer eine Photovoltaikanlage betreibt ist in aller Regel auch Unternehmer. Die Finanzverwaltung hat dies in Abschn. 2.5 UStAE in folgenden Grundsätzen zusammengefasst:

> Soweit der Betreiber einer unter § 3 EEG fallenden Anlage ... den erzeugten Strom ganz oder teilweise, regelmäßig und nicht nur gelegentlich in das allgemeine Stromnetz einspeist, dient diese Anlage ausschließlich der nachhaltigen Erzielung von Einnahmen aus der Stromerzeugung (BFH, Urteil vom 18.12.2008, V R 80/07, BStBl 2011 II S. 292). Eine solche Tätigkeit begründet daher – unabhängig von der Höhe der erzielten Einnahmen und unabhängig von der leistungsmäßigen Auslegung der Anlage – die Unternehmereigenschaft des Betreibers, sofern dieser nicht bereits anderweitig unternehmerisch tätig ist. Ist eine solche Anlage – unmittelbar oder mittelbar – mit dem allgemeinen Stromnetz verbunden, kann davon ausgegangen werden, dass der Anlagenbetreiber eine unternehmerische Tätigkeit ausübt.

Oder negativ ausgedrückt: Eine Unternehmereigenschaft ist nur dann nicht gegeben, wenn eine physische Einspeisung des erzeugten Stroms nicht möglich ist. Dies wird in der Praxis eher selten anzutreffen sein, da z. B. unterschiedliche Netzspannungen zumindest in Kerneuropa eher untypisch sind. Nur in solchen Fällen würde kein Leistungsaustausch zwischen dem Betreiber der Anlage und dem Betreiber des allgemeinen Stromnetzes stattfinden.

Seitens der Rechtsprechung gibt es ein Urteil des BFH, in welchem dieser letztlich die Frage, ob ein Unternehmer gegeben ist, dahin gestellt lassen konnte (BFH, Urteil vom 11.04.2008, V R 10/07). Der Leitsatz des Urteils lautet:

> Ob eine sonst nicht unternehmerisch tätige Person, die im Jahr 1997 auf dem Dach ihres selbst genutzten Eigenheims eine Photovoltaikanlage betrieb und den erzeugten Strom teilweise gegen Vergütung in das öffentliche Stromnetz eingespeist hat, als Unternehmer im Sinne des Umsatzsteuerrechts anzusehen war, bleibt offen.

Jedoch werden von der herrschenden Meinung daraus keine negativen Folgerungen in Bezug auf das Vorliegen eines Unternehmers abgeleitet.

Entscheidend dafür ist, dass es sich im Urteilsfall um eine „Altanlage" handelte, die noch vor dem Inkrafttreten des EEG errichtet worden war. Hierzu hatte auch die Finanzverwaltung die Auffassung vertreten, dass das Betreiben einer Photovoltaikanlage nur dann eine unternehmerisch nachhaltige Tätigkeit sei, wenn die Anlage nach der Planung und Auslegung dauerhaft mehr Strom erzeuge als im Haushalt selbst verbraucht werde und damit der überschüssige Strom nachhaltig in das allgemeine Stromnetz eingespeist werden könne (Abschn. 18 Abs. 2 Satz 14 UStR 2000). Diese Rechtsauffassung ist heute zumindest für Anlagen i. S. des EEG nicht mehr aktuell.

Relevant ist aber bis heute die Aussage des BFH in diesem Urteil, dass es unerheblich sei, wenn eine Solarstromanlage aus ideellen, nicht aber aus wirtschaftlichen, unternehmerischen Gründen angeschafft wird. Denn nach Art. 4 Abs. 1 der Richtlinie 77/388/EWG sei es für die Frage, ob eine wirtschaftliche Tätigkeit vorliegt, unerheblich, zu welchem Zweck und damit auch aus welchen Gründen eine Tätigkeit ausgeübt wird.

4.2.3 Sonderstellung Kleinunternehmer

Bekanntlich gibt es im Steuerrecht zu jeder Regelung mindestens noch eine Ausnahme- oder Sonderregelung zusätzlich – so auch zur Rechtsstellung als Unternehmer. Die Sonderform dazu ist der sog. Kleinunternehmer. Diese Ausnahmeregelung dient dazu, Unternehmer, die eine Tätigkeit von wirtschaftlich nur untergeordneter Bedeutung ausüben, nicht mit der Umsatzsteuer und den daraus resultierenden Belastungen zu konfrontieren. Andererseits wird dadurch auch die Finanzverwaltung entlastet, die sich damit nicht zusätzlich um eine Vielzahl von Kleinstfällen kümmern muss.

Viele Betreiber einer Photovoltaikanlage erfüllen grundsätzlich die Voraussetzungen für einen Kleinunternehmer. Doch es wird meist sinnvoll sein, von dieser Vereinfachungsregelung keinen Gebrauch zu machen. Weshalb – das wird nachfolgend noch erläutert werden.

4.2.3.1 Voraussetzungen

Doch zunächst ein Blick auf diese Sonderregelung in § 19 UStG und die Voraussetzungen um die Vereinfachung der sog. Kleinunternehmerregelung in Anspruch nehmen zu können:

- Die gesamten Umsätze des Unternehmers im vorherigen Jahr dürfen nicht mehr als 17.500 € betragen haben. Hat das Unternehmen im Vorjahr erst begonnen, ist der Umsatz auf einen vollen Jahresumsatz hochzurechnen.
- Der für das laufende Kalenderjahr erwartete Umsatz darf den Betrag von 50.000 € voraussichtlich nicht übersteigen. Für diese Prognose ist auf die Erkenntnisse zu Jahresbeginn abzustellen.

Stellt sich das Jahr dann als gutes sonnenreiches Jahr heraus und wurde deutlich mehr Strom produziert als erwartet, bleibt dies unschädlich.

4.2.3.2 Vorteil

Die vorteilhafte Folge der Kleinunternehmerregelung ist, dass keine Umsatzsteuer abgeführt werden muss. Dazu darf der Kleinunternehmer dann aber in seinen Rechnungen auch keine Umsatzsteuer gesondert ausweisen. Erfolgt dies dennoch, wird die ausgewiesene Umsatzsteuer immer geschuldet.

4.2.3.3 Nachteil

Der Pferdefuß der Kleinunternehmerregelung liegt darin, dass das Recht auf einen Vorsteuerabzug aus den Eingangsrechnungen entfällt. Damit kann insbesondere die doch recht hohe Umsatzsteuer aus der Anschaffung der Photovoltaikanlage nicht gegenüber dem Finanzamt geltend gemacht werden.

Es gilt der Grundsatz: Keine Umsatzsteuer – kein Vorsteuerabzug!

4.2.3.4 Wahlrecht

Doch die Kleinunternehmerregelung ist als Wahlrecht ausgestaltet, d. h. wer die obigen Voraussetzungen erfüllt, kann diese Vereinfachung in Anspruch nehmen, er muss es aber nicht. Das „Ob oder ob nicht" ist gegenüber dem Finanzamt zu erklären. Die Entscheidung kann bis zur Unanfechtbarkeit der Steuerfestsetzung noch getroffen bzw. geändert werden. Es empfiehlt sich allerdings diese Überlegung möglichst frühzeitig anzustellen und abschließend zu entscheiden.

Achtung! In diesem Zusammenhang stehen auch die Angaben zur Höhe der voraussichtlichen Umsätze im Fragebogen zur steuerlichen Erfassung, den Sie vom Finanzamt nach der Gewerbeanmeldung bzw. dem Antrag auf Erteilung einer Steuernummer erhalten haben (s. Abschn. 4.1.4). Die Angaben sollten Sie also mit Bedacht machen und die angestellte individuelle Prognoseberechnung einfließen lassen.

Doch nicht nur das Finanzamt will wissen, ob ein Kleinunternehmer vorliegt. Auch der Netzbetreiber bzw. das EVU will eine möglichst frühzeitige klare und definitive Aussage dazu, welcher Variante eines Unternehmers der Vertragspartner und Stromlieferant angehört – einem Regelbesteuerer oder einem Kleinunternehmer.

Damit kommen wir zur Frage: Wie ist zu entscheiden?

Kurzantwort: In aller Regel ist es vorteilhaft auf die Anwendung der Kleinunternehmerregelung zu verzichten und eine sog. „Option zur Regelbesteuerung " vorzunehmen, also freiwillig die „Last" eines vollwertigen Unternehmers auf sich zu nehmen.

4.2.3.4.1 Was spricht für eine Option?

Ein Kleinunternehmer hat nicht nur keine Umsatzsteuer zu zahlen, er kann zugleich auch keine Vorsteuer aus seinen Eingangsrechnungen geltend machen. Wird zur Regelbesteuerung optiert, ist zwar Umsatzsteuer auf die Stromlieferungen zu entrichten, im Gegenzug kann das Finanzamt aber auch die Vorsteuer erstatten.

Bei genauer Betrachtung stellt die abzuführende Umsatzsteuer auf die Umsätze für Sie als Betreiber einer Photovoltaikanlage keine Last dar. Denn anstelle des Nettobetrags erhalten Sie als Erlös für den gelieferten Strom den um die Umsatzsteuer erhöhten Bruttobetrag. Dieses „mehr" führen Sie an das Finanzamt ab, sodass in beiden Fällen der gleiche

4.2 Umsatzsteuer

Betrag bei Ihnen verbleibt. Doch auch beim Netzbetreiber stellt die zusätzlich in Rechnung gestellte Umsatzsteuer keinen Kostenfaktor dar, da dieser dafür seinerseits einen Vorsteuerabzug erhält.

Der eigentliche Vorteil für Sie liegt darin, dass Sie von der Umsatzsteuerschuld noch die Vorsteuer – also die in Rechnung gestellte Umsatzsteuer aus der Anschaffung der Anlage, wie auch aus den laufenden Kosten – abziehen können. Dies wäre aber nicht möglich, wenn Sie ein Kleinunternehmer sind.

Um das zu verdeutlichen, ein kleiner (vereinfachter) Fall.

Beispiel
Herr Sonnenmüller erzeugt auf dem Dach seines Wohnhauses mit einer Photovoltaikanlage Strom und speist diesen in das Netz ein. Er erhält dafür jährlich 5000 € netto als Stromeinnahmen. Aus den Rechnungen für die laufenden Kosten über 1000 € ergeben sich gezahlte Umsatzsteuerbeträge mit jährlich 190 €.

Die Berechnung stellt sich wie in Tab. 4.1 gezeigt dar.

Daraus ist ersichtlich, dass sich jeweils in Höhe der Umsatzsteuer aus den Eingangsrechnungen (im obigen Beispiel = 190 €) ein wirtschaftlicher Vorteil ergibt. Diese Umsatzsteuer verbleibt für den Kleinunternehmer als echter Kostenfaktor, der Regelbesteuerer wird davon jedoch entlastet.

Dabei ist jedoch ein weiterer großer Betrag noch nicht berücksichtigt – die Vorsteuer aus den Anschaffungs- und Installationskosten für die Photovoltaikanlage. Diese fällt zwar nur im ersten Jahr an, bei einer Anlage mittlerer Größe macht die Vorsteuer daraus aber 1600–2000 € aus. Gelangt ein Betrag dieser Größenordnung als Vorsteuer zur Erstattung, rechnet sich der Verzicht auf die Kleinunternehmerregelung erst richtig. Der damit verbundene Aufwand – insbesondere die Umsatzsteuer-Voranmeldungen und die Jahreserklärung für das Finanzamt – ist dies allemal wert.

4.2.3.5 Bindungswirkung
Zu erwähnen ist noch, dass die sog. Option zur Regelbesteuerung, also der Verzicht auf den Kleinunternehmerstatus den Unternehmer für 5 Jahre bindet. Erst danach könnte wieder neu entschieden und ggf. doch die Kleinunternehmerregelung in Anspruch genommen werden.

Tab. 4.1 Berechnung zum Beispiel Herrn Sonnenmüller

	Kleinunternehmer	Regelbesteuerer
Stromeinnahmen (brutto)	5000 €	5950 €
Laufende Kosten (brutto)	1190 €	1190 €
Vorläufiger Überschuss	3810 €	4760 €
Abrechnung mit dem Finanzamt		
Umsätze 5000 €	0 €	950 €
Vorsteuer aus lfd. Kosten	0 €	190 €
	0 €	760 €
Gesamtüberschuss:	**3810 €**	**4000 €**

4.2.4 Unternehmen

Nachdem nun geklärt ist, wer Unternehmer ist, stellt sich als nächste Frage, was alles zu seinem Unternehmen gehört. Hierzu gilt es zwei Grundsätze zu beachten (Abschn. 2.7 UStAE):

4.2.4.1 1. Grundsatz

Zu einem Unternehmen gehören sämtliche Betriebe oder berufliche Tätigkeiten desselben Unternehmers. Das heißt, werden mehrere selbstständige gewerbliche oder berufliche Tätigkeiten ausgeübt, liegen zwar mehrere Betriebe bzw. Tätigkeiten vor. Diese stellen aber umsatzsteuerlich nur ein Unternehmen dar – die sog. Unternehmenseinheit. Betreibt ein Unternehmer z. B. bisher bereits einen Kfz-Handel und installiert er nun auf seinem privaten Einfamilienhaus eine Photovoltaikanlage, übt er zwei Gewerbebetriebe aus. Dennoch hat er nur ein Unternehmen, das beide Tätigkeiten umfasst.

4.2.4.2 2. Grundsatz

Zu den steuerlich relevanten Tätigkeiten in einem Unternehmen gehören nicht nur die Grundgeschäfte, sondern auch die Hilfsgeschäfte (BFH, Urteil vom 24.02.1988, X R 67/82, BStBl 1988 II S. 622). Das Grundgeschäft bei einer Photovoltaikanlage ist die Erzeugung und Lieferung von Strom, also der eigentliche Gegenstand der geschäftlichen Betätigung. Zu den Hilfsgeschäften rechnen alle Bereiche, die die Haupttätigkeit mit sich bringt. Dazu gehört insbesondere der Verkauf von Vermögensgegenständen, sofern diese Gegenstände dem unternehmerischen Bereich des Veräußerers zugeordnet waren. Denkbar ist z. B. die Veräußerung eines Solarmoduls, das bei der Installation auf dem Dach nicht untergebracht werden konnte und damit überzählig war. Auch wenn dieser Verkauf nur einmalig erfolgt, gehört er zum Unternehmen und damit zu den umsatzsteuerpflichtigen Umsätzen. Denn eine Nachhaltigkeit ist bei Hilfsgeschäften nicht erforderlich (BFH, Urteil vom 20.09.1990, V R 92/85, BStBl 1991 II S. 35).

4.2.5 Unternehmensvermögen

Alle Gegenstände, die für das Unternehmen genutzt werden, stellen grundsätzlich Unternehmensvermögen dar. Diese Grundregel leuchtet ein. So wird die Photovoltaikanlage in aller Regel auch ohne steuerliche Kenntnisse zutreffend als Unternehmensgegenstand angesehen werden.

Doch wie sieht es mit anderen Gegenständen aus – z. B. dem PC, mit dem der Photovoltaikanlagenbetreiber seine Aufzeichnungen vornimmt, den Schriftwechsel mit Handwerkern, dem EVU bzw. dem Finanzamt führt, aber mit diesem PC auch private Vorgänge verarbeitet, PC-Spiele gespielt werden bzw. im Internet gesurft wird?

4.2.5.1 Zuordnungswahlrecht

Bei Gegenständen, die sowohl unternehmerisch als auch nichtunternehmerisch genutzt werden, hat der Unternehmer ein Zuordnungswahlrecht. Der Umfang des Wahlrechts wird von zwei Grundmaximen vorgegeben:

- Wird ein Gegenstand zu mindestens 10 % für unternehmerische Zwecke verwendet, kann dieser in vollem Umfang dem Unternehmen zugeordnet werden.
- Wird ein Gegenstand zu weniger als 10 % unternehmerisch genutzt, kann er dem Unternehmensvermögen nicht zugeordnet werden, auch nicht mit einem entsprechenden Prozentsatz der unternehmerischen Nutzung.

Das Zuordnungswahlrecht ist für den Vorsteuerabzug entscheidend, da in Rechnung gestellte Umsatzsteuer nur dann als Vorsteuer geltend gemacht werden kann, wenn die Vorsteuer einen Gegenstand des Unternehmens betrifft.

Tipp
Diese 10 %-Grenze für die Zuordnung zum Unternehmensvermögen gilt nur für Anschaffungs- bzw. Herstellungskosten eines Wirtschaftsguts. Handelt es sich dagegen um Erhaltungsaufwendungen (Reparaturen) oder sonstige Dienstleistungen (Wartungsarbeiten), ist diese Grenze unerheblich (BFH, Urteil vom 19.07.2011, XI R 29/10, BStBl 2012 II S. 438).

Über die Zuordnung von nur teilweise unternehmerisch genutzten Gegenständen ist im Zeitpunkt des Leistungsbezugs zu entscheiden. Dies kann durch eine ausdrückliche Erklärung gegenüber dem Finanzamt erfolgen, oder auch durch den vollen Abzug der Vorsteuer aus den Anschaffungs- oder Herstellungskosten in der Voranmeldung bzw. der Jahreserklärung.

Wichtig ist, dass diese Zuordnungsentscheidung möglichst **zeitnah** erfolgt. So ist eine erst in einem Einspruchsverfahren mitgeteilte Entscheidung nicht mehr relevant. Dies wurde mittlerweile auch von der Rechtsprechung bestätigt, wonach ein Vorsteuerabzug nur bei zeitnaher Zuordnung erfolgen kann (BFH, Urteil vom 11.04.2008, V R 10/07, BFH/NV 2008 S. 1773). In diesem Urteil hat der BFH entschieden, dass für eine in 1997 vorgenommene Anschaffung einer Photovoltaikanlage der Vorsteuerabzug nicht mehr durch eine erst in 2002 abgegebene Umsatzsteuererklärung für 1997 geltend gemacht werden konnte. Denn es mangelte an einer wirksamen Zuordnung der Photovoltaikanlage zum Unternehmen.

Doch mittlerweile muss diese Interpretation von „zeitnah" als zu weitgehend gewertet werden. Denn in einem neueren Urteil (BFH, Urteil vom 07.07.2011, V R 42/09, BStBl 2014 II S. 76) hat der Bundesfinanzhof ausgeführt, dass eine bei Abgabe der Voranmeldungen zur Umsatzsteuer noch nicht erfolgte Zuordnung zwar unschädlich ist, die betreffende Zuordnungsentscheidung aber spätestens in der Jahreserklärung zur Umsatzsteuer erfolgt sein muss. Dazu wurde vom BFH erstmals auch konkret ein Datum genannt: Die Zuordnungsentscheidung kann spätestens durch die Abgabe einer Jahreserklärung bis zum

31. Juli des folgenden Jahres getroffen werden (bis VZ 2017 war dies der 31. Mai). Wird die Jahreserklärung erst nach dem Ende dieser gesetzlichen Abgabefrist eingereicht, ist keine zeitnahe Dokumentation gegeben.

Die Finanzverwaltung wendet diese Rechtsprechung des BFH für alle Photovoltaikanlagen an, die nach dem 31.12.2013 angeschafft oder hergestellt wurden (BMF, Schreiben vom 02.01.2014, BStBl 2014 I S. 119 bzw. Abschn. 15.2c Abs. 16 UStAE).

4.2.5.2 Wie erfolgt die Dokumentation?

Die Zuordnung eines Gegenstandes zum Unternehmen erfordert eine durch Beweisanzeichen gestützte Zuordnungsentscheidung des Unternehmers bei Anschaffung, Herstellung oder Einlage des Gegenstands. Gibt es keine Beweisanzeichen für eine Zuordnung zum Unternehmen, kann diese nicht unterstellt werden (BFH, Urteil vom 28.02.2002, V R 25/96, BStBl 2003 II S. 815, unter II.2.). Wird der Vorsteuerabzug in voller Höhe geltend gemacht, gilt dies als vollumfängliche Zuordnung zum Unternehmensvermögen.

Mit anderen Worten: Eine Zuordnung zum unternehmerischen Bereich erfordert eine klare und eindeutige Zuordnungsentscheidung. Fehlt es daran, kann nicht generell von einer entsprechenden Zuordnung ausgegangen werden. Die Entscheidung muss nicht nur dem Grunde nach, sondern auch zeitnah getroffen werden. Ein Vorsteuerabzug auf Basis einer erst Jahre später erfolgten Zuordnungsentscheidung wird von der Rechtsprechung abgelehnt.

4.2.5.3 Zuordnung einer Photovoltaikanlage

Eine Photovoltaikanlage kann dem Unternehmen ganz zugeordnet werden, da mit ihr regelmäßig mindestens 10 % der erzeugten Strommenge an einen Abnehmer geliefert werden. Wird der gesamte erzeugte Strom ins Netz eingespeist, ist die Anlage zwingendes Unternehmensvermögen. Zwar könnte auch eine nur teilweise Zuordnung zum Unternehmen erfolgen, z. B. mit 70 %. Doch damit würden aber auch nur 70 % der Vorsteuer zum Abzug gelangen.

In der Praxis wird oftmals für den gesamten erzeugten Strom eine Einspeisevergütung nach § 48 EEG (früher: § 31 bzw. §§ 37 ff. EEG a.F.) gezahlt. Deshalb ist die Photovoltaikanlage in vollem Umfang Unternehmensvermögen. Wird ein Teil des Stroms nicht an den Netzbetreiber geliefert, aber für andere unternehmerische Zwecke verwendet, liegt ebenfalls eine ausschließliche unternehmerische Nutzung vor. Dies ist z. B. bei einer direkten Stromlieferung an einen Mieter der Fall.

Somit kann und sollte ein Anlagenbetreiber die Photovoltaikanlage vollumfänglich, also zu 100 % seinem Unternehmen zuordnen.

Nur wenn ausnahmsweise der produzierte Strom teilweise nicht an den Netzbetreiber geliefert, sondern unmittelbar für unternehmensfremde Zwecke verwendet wird, ist die Photovoltaikanlage ein nur teilunternehmerisch genutzter Gegenstand.

4.2.5.4 Andere Unternehmensgegenstände

Doch wie sieht es für andere Gegenstände aus, wie z. B. der oben bereits angesprochene **PC**, ein **Pkw**, ein **Schreibtisch**, Stuhl oder ähnliche Gegenstände?

Hierbei ist es entscheidend, ob dem Finanzamt zumindest eine 10 %-ige unternehmerische Nutzung dargelegt werden kann. Entsprechende Aufzeichnungen zur Dauer bzw. zum Umfang der Nutzung sollten von Beginn an geführt werden. Liegt die tatsächliche Nutzung unter 10 %, ist kein Unternehmensvermögen gegeben und damit auch kein Vorsteuerabzug möglich.

4.2.5.5 Gebäude bzw. Dach

Besonders relevant ist die Frage, ob das gesamte **Gebäude** dem Unternehmensvermögen zugeordnet werden kann. Hier vertrat die Finanzverwaltung die Auffassung, dass eine Photovoltaikanlage ein selbstständiges Zuordnungsobjekt ist (Abschn. 15.6a Abs. 3 Satz 3 UStAE a.F.). Da ein **Gebäudedach** ein untrennbarer Bestandteil des Gebäudes ist, konnte dieses nicht isoliert beurteilt werden. Somit war auch ein Dach, auf dem die Photovoltaikanlage installiert ist, kein Unternehmensvermögen. Es könne daraus nicht abgeleitet werden, dass ein ansonsten zu eigenen Wohnzwecken genutztes Gebäude dem Unternehmensvermögen zugeordnet werden kann. Doch dies ist so nicht mehr aktuell (s. nachfolgende Abschn. 4.2.5.5.1 und 4.2.5.5.3).

Und wie verhält es sich, wenn die Photovoltaikanlage in das Gebäudedach **integriert** ist oder das **Dach ersetzt**? Auch in diesen Sonderfällen wird es abgelehnt, dass ein ansonsten für private Wohnzwecke genutztes Gebäude bzw. das Dach zum Unternehmensvermögen gehört. Ein Vorsteuerabzug aus den Herstellungskosten des Gebäudes bzw. des Daches ist deshalb nicht möglich. Dies hat die Finanzverwaltung bundeseinheitlich abgestimmt (z. B. USt-Kartei der OFD Karlsruhe, S 7104 Karte 2 bzw. S 7300 Karte 5).

Und wie verhält es sich mit einer **Dachverlängerung** ? Wird ein Gebäudedach im Zusammenhang mit dem Einbau einer Photovoltaikanlage etwas verlängert, um dadurch Raum für zusätzliche Module zu schaffen, so wird auch die Dacherweiterung zu einem Bestandteil des Gebäudes. Ertragsteuerlich liegen nachträgliche Herstellungskosten für das Gebäude vor. Eine Zuordnung der Dachverlängerung zum Unternehmensvermögen und damit ein Vorsteuerabzug kommen nicht in Betracht.

Wird ein **Holzschuppen** neu erstellt, um darauf eine Photovoltaikanlage zu montieren, ist eine Zuordnung des Schuppens zum Unternehmensvermögen grundsätzlich ausgeschlossen. Denn der Anlagenbetreiber nutzt den Schuppen nicht allein durch die Installation der Anlage im erforderlichen Umfang unternehmerisch. Damit wird eine Zuordnung nur dann möglich sein, wenn ein Schuppen oder ein vergleichbares Bauwerk keinerlei andere Nutzung aufweist, sondern nur die Photovoltaikanlage zu tragen hat.

4.2.5.5.1 Neue Sichtweise

Die oben genannten Ergebnisse geben die Interpretation der Finanzverwaltung wieder – diese muss jedoch in weiten Teilen als **überholt** betrachtet werden!

Denn der BFH stellt für die Zuordnung zum Unternehmensvermögen auf einen Umsatzschlüssel auf Basis fiktiver Umsätze ab. Dabei wird die erzielbare Miete für die Dachfläche der Photovoltaikanlage der erzielbaren Miete für das Gebäude gegenübergestellt. Ergibt sich aus dieser Verhältnisrechnung ein Wert ab 10 % für die Photovoltaikfläche kann eine Zuordnung zum Unternehmensvermögen erfolgen (BFH, Urteile vom 19.07.2011, XI R 29/09 und XI R 21/10, BStBl 2012 II S. 430 und S. 434). Diese Rechtsprechung wird von der Finanzverwaltung grundsätzlich auch akzeptiert.

Doch die vom BFH damit geklärte Grundsatzfrage wird faktisch nur für **bis zum 31.12.2010** errichtete oder erworbene Objekte relevant sein. Denn der Gesetzgeber hat in § 15 Abs. 1b UStG den Vorsteuerabzug – unabhängig von der Zuordnung zum Unternehmensvermögen – auf den Anteil der unternehmerischen Nutzung beschränkt. Somit kann allenfalls eine anteilige Zuordnung zum Unternehmensvermögen in Betracht kommen.

Eine **Dachsanierung** im Zusammenhang mit der Installation einer Photovoltaikanlage ist grundsätzlich dem Gebäude zuzuordnen. Nur wenn das Gebäude aus anderen Gründen bereits dem Unternehmensvermögen zugeordnet werden konnte, ist die Vorsteuer aus der Dachsanierung (anteilig) abziehbar. Kann das Gebäude dagegen nicht dem Unternehmen zugeordnet werden oder werden vorsteuerschädliche steuerfreie Ausgangsumsätze erzielt, ist ein Abzug der Vorsteuer ausgeschlossen.

Ausgenommen sind aber Sanierungsarbeiten, die ausschließlich im Zusammenhang mit der Montage einer Photovoltaikanlage erfolgen, z. B. aus statischen Gründen (Dachverstärkungen, Stützbalken, etc.). Solche Aufwendungen dienen unmittelbar und ausschließlich der Errichtung der Photovoltaikanlage und ermöglichen insoweit eine Zuordnung zum Unternehmen.

4.2.5.5.2 Weitere Rechtsprechung

So jedenfalls sieht es die Finanzverwaltung. Seitens der Rechtsprechung der Finanzgerichte (FG) und des Bundesfinanzhofs (BFH) sind folgende Urteile (in chronologischer Reihenfolge) relevant, welche die Abgrenzung durchaus diffiziler vornehmen:

- Das FG Nürnberg (rechtskräftiges Urteil vom 19.05.2009 – 2 K 1204/2008) hat entschieden, dass Werkleistungen, wie z. B. die **Verstärkung** eines **Dachstuhls** eines privaten Wohnhauses, in einem objektiven und erkennbaren wirtschaftlichen Zusammenhang mit einer beabsichtigten unternehmerischen Tätigkeit des Betriebs einer Photovoltaikanlage stehen. Es hat folglich den vollen Vorsteuerabzug aus dieser Baumaßnahme gewährt, auch wenn die eingefügten Bauteile gemäß § 94 BGB zu wesentlichen Bestandteilen des privaten Gebäudes geworden sind.
- In einem Fall des FG München (Urteil vom 27.07.2009 – 14 K 595/08) ging es um eine Photovoltaikanlage auf einem **Scheunendach**. Das Dach wurde erneuert, da es voraussichtlich vor Ablauf der Einspeisungsdauer von 20 Jahren verbraucht gewesen wäre. Das FG hat den Vorsteuerabzug versagt, da das Dach ohnehin **erneuerungsbedürftig** war. Unter diesen Umständen war die Sanierung nicht für das Unternehmen Photovoltaik ausgeführt worden, sondern sei durch die bisherige Abnutzung veranlasst gewesen.
- Wiederum das FG Nürnberg (rechtskräftiges Urteil vom 29.09.2009 – 2 K 784/2009) hat den Vorsteuerabzug für eine Dachsanierung gewährt. Die **Sanierung** wurde erforderlich, weil die Montage der Photovoltaikanlage auf einem **asbesthaltigem Dach** nicht zulässig war. Es lag damit ein objektiv erkennbarer wirtschaftlicher Zusammenhang mit

der Errichtung der Photovoltaikanlage vor. Die Dachsanierung war zwingende Voraussetzung vor der Montage der Solaranlage. Ein ertragsteuerlicher Funktionszusammenhang mit dem Gebäude oder eine Wertung als vorweg genommener Erhaltungsaufwand ist für die umsatzsteuerliche Beurteilung irrelevant.

- Nochmals das FG Nürnberg (Urteil vom 13.04.2010 – 2 K 952/2008) befasste sich mit einem Vorsteuerabzug aus den Aufwendungen für die **Neueindeckung eines Daches** im Zusammenhang mit einer errichteten Photovoltaikanlage. Auf einer 90 Jahre alten Scheune wurden neue Tonziegel eingedeckt und auf der Südseite des Daches eine Photovoltaikanlage errichtet. Die Südseite hatte einen Anteil von 57,43 % an der gesamten Dachfläche. Und genau in diesem Umfang hat das FG einen Vorsteuerabzug gewährt. Es sah zwischen der anteiligen Neueindeckung des Daches und der Stromgewinnung mit der Photovoltaikanlage einen objektiv erkennbaren, wirtschaftlichen Zusammenhang. Dass die Scheune bzw. das Scheunendach im Privatvermögen war, ist angesichts der gegenstandsbezogenen Zuordnung gemäß Art. 17 RL 77/388/EWG zweifellos unerheblich. Der Umstand, dass die neuen Dachziegel auch der Erhaltung der Scheune zugute gekommen sind, stufte das FG als irrelevant ein. Da dies dem Finanzamt nicht gefallen hat, wurde beim BFH Revision erhoben. Der BFH hat entschieden, dass ein Vorsteuerabzug aus den Aufwendungen für die Neueindeckung des Daches nur teilweise beansprucht werden kann. Dies ist möglich in dem Umfang, in welchem das gesamte Gebäude für die Stromlieferungen unternehmerisch genutzt wird. Hierbei greift der BFH wiederum auf den Umsatzschlüssel zurück, indem er einen fiktiven Vermietungsumsatz für den nichtunternehmerisch genutzten inneren Teil des Schuppens einem fiktiven Umsatz für die Vermietung der Dachfläche an einen Dritten zum Betrieb einer Photovoltaikanlage gegenüberstellt. Positiv wurde hervorgehoben, dass hierbei die 10 %-Grenze nicht gilt, da es sich nicht um Herstellungskosten eines gelieferten Gegenstands, sondern um Erhaltungsaufwendungen in Form von Dienstleistungen handelt (BFH, Urteil vom 19.07.2011, XI R 29/10, BStBl 2012 II S. 438).

- Auch dem FG Rheinland-Pfalz (Urteil vom 10.02.2011 – 6 K 2607/08) lag ein Fall mit einem **asbesthaltigen Dach** zugrunde. Dieses wurde **saniert** und anschließend eine Photovoltaikanlage installiert. Die Richter entschieden, dass die Erneuerung nur deshalb erfolgt ist, damit eine Photovoltaikanlage aus umweltschutzrechtlichen Gründen installiert werden konnte. Denn die bisherige Dacheindeckung war asbesthaltig und damit für Montagearbeiten nicht zugelassen. Das Dach an sich wäre jedoch (noch) nicht erneuerungsbedürftig gewesen. Deshalb wurden die Vorsteuern aus der Neueindeckung des Daches als abzugsfähig gewertet. Das Finanzamt ging gegen dieses Urteil in Revision, welcher der BFH aus verfahrensrechtlichen Gründen stattgab (BFH, Urteil vom 15.06.2011, XI R 10/11, BFH/NV 2011, S. 1722). Das FG urteilte nochmals über den Streitfall (Urteil vom 22.09.2011 – 6 K 1963/11) und hat den Vorsteuerabzug erneut anerkannt. Auf die Revision des Finanzamts hat dann der BFH den Vorsteuerabzug im Umfang des unternehmerischen Nutzungsanteils am gesamten Wohnhaus bestätigt. Zur Ermittlung des unternehmerischen Nutzungsanteils hat er auf einen Umsatzschlüssel abgestellt und diesen aus einem fiktiven Vermietungsumsatz für den nichtunternehmerisch genutzten Teil im Verhältnis zu einem fiktiven Umsatz für die Vermietung der Dachfläche zum Betrieb der Photovoltaikanlage durch einen gedachten Dritten ermittelt (BFH, Urteil vom 14.03.2012, XI R 26/11, BFH/NV 2012, S. 1192).

- Ebenfalls vom BFH wurde ein Streitfall entschieden, in dem eine Photovoltaikanlage auf dem **Dach eines Carports** installiert wurde (BFH, Urteil vom 19.07.2011, XI R 21/10, BStBl 2012 II S. 434). Der Carport wurde ansonsten zum Unterstellen des privat genutzten Pkw verwendet. Auch hierzu hat der BFH eine sachgerechte Aufteilung nach der fiktiven unternehmerischen Nutzung herangezogen und einen Umsatzschlüssel auf Basis fiktiver Vermietungsumsätze für den Stellplatz bzw. für die Photovoltaikanlage auf dem Dach abgestellt. Beträgt die unternehmerische Nutzung mindestens 10 %, wird eine volle Zuordnung zum Unternehmen möglich und damit auch ein voller Vorsteuerabzug aus den Herstellungskosten des Carports. Dies zieht allerdings die Versteuerung der privaten Verwendung des Carports als unentgeltliche Wertabgabe nach sich.

Es ist nochmals darauf hinzuweisen, dass diese zuletzt angeführte vorteilhafte Rechtsprechung in der Praxis seit dem 01.01.2011 nicht mehr einschlägig ist. Denn durch eine Gesetzesänderung ist seither der Vorsteuerabzug nur noch im Umfang der unternehmerischen Nutzung möglich (§ 15 Abs. 1b UStG). Ein voller Vorsteuerabzug kann nun nicht mehr erlangt werden!

4.2.5.5.3 Fazit

Aus all diesen Urteilen lässt sich schlussfolgern, dass § 15 Abs. 1 Satz 1 Nr. 1 UStG als Voraussetzung für das Recht auf den Vorsteuerabzug eine gegenstandsbezogene Zuordnung der empfangenen Leistung zum Unternehmen verlangt.

Die für das deutsche Umsatzsteuergesetz maßgebliche Richtlinienregelung bestimmt in Art. 168 Mehrwertsteuer-Systemrichtlinie – MwStSystRL – (in Kraft getreten am 01.01.2007, BMF-Schreiben vom 11.01.2007, IV A 2 – S 7056 – 6/07) eine tätigkeitsbezogene Zuordnung des Leistungsbezugs. Diese legt fest, dass soweit Gegenstände und Dienstleistungen für Zwecke seiner besteuerten Umsätze verwendet werden, der Steuerpflichtige berechtigt ist, von der von ihm geschuldeten Steuer folgende Beträge abzuziehen: die im Inland geschuldeten oder entrichteten Mehrwertsteuern für Gegenstände und Dienstleistungen, die ihm von einem anderen Steuerpflichtigen geliefert bzw. erbracht wurden oder werden.

Der BFH (Beschluss vom 10.03.2006, V B 81/05, BFH/NV 2006, 1364) sieht es bereits als geklärt an, dass ein Unternehmer einen Gegenstand seinem Unternehmen zuordnen darf, wenn der Gegenstand im Umfang des vorgesehenen Einsatzes für unternehmerische Zwecke in einem objektiven und erkennbaren wirtschaftlichen Zusammenhang mit der gewerblichen und beruflichen Tätigkeit steht und diese fördern soll. Maßgebend sind die wirtschaftlichen Verhältnisse des Unternehmers im Zeitpunkt des Leistungsbezugs. Er muss in Zweifelsfällen darlegen, dass die bezogene Leistung seine gewerbliche oder berufliche Tätigkeit hat fördern sollen.

Grundsätzlich wird ein privater Betreiber einer Photovoltaikanlage, der den erzeugten Strom kontinuierlich an einen Energieversorger bzw. Netzbetreiber veräußert, umsatzsteuerrechtlich als Unternehmer gewertet. Damit ist er auch grundsätzlich zum Abzug der ihm in Rechnung gestellten Umsatzsteuer aus Aufwendungen berechtigt, die mit seinen Umsätzen aus den Stromlieferungen in direktem und unmittelbarem Zusammenhang stehen.

Der unternehmerische Nutzungsanteil an dem Gebäude ist durch eine sachgerechte und vom Finanzamt zu überprüfende Schätzung zu ermitteln. Dabei kann nach den Urteilen des BFH insbesondere auf einen Umsatzschlüssel abgestellt werden. Dieser wird aus einem fiktiven Vermietungsumsatz für den nichtunternehmerisch bzw. privat genutzten Teil des Gebäudes und einem fiktiven Umsatz für eine Vermietung der Photovoltaikfläche an einen Dritten ermittelt. Die Werte für fiktive Mieten können auf Basis von Fremdmieten geschätzt werden.

Tipp
Übliche Mietpreise liegen je nach Region und Objekt zwischen 0,70 € und 4,20 € je qm Dachfläche im Jahr. Alternativ werden 20–40 € je installiertem kWh Leistung als Jahresmiete gezahlt.

4.2.5.6 Fremdes Gebäude

Etwas exotischer ist die nächste Fallgruppe – eine **Dachsanierung** an einem **fremden Gebäude**. Hierbei hatte der Eigentümer E einen Mietvertrag über die Nutzung des Scheunendachs mit einer Vertragslaufzeit von 20 Jahren abgeschlossen. Nach dem Vertrag konnte der S auf dem Scheunendach eine Photovoltaikanlage errichten. Dazu musste S das Dach auf eigene Kosten sanieren und eine Dachumdeckung veranlassen. Im Gegenzug hatte S keine laufenden Zahlungen (Miete) an den E zu leisten.

Die Eingangsleistungen für die Dachsanierung sind dem Unternehmen des S zuzuordnen. Er kann hierfür den Vorsteuerabzug vornehmen. Es liegt ein tauschähnlicher Umsatz vor, da eine Überlassung des Dachs gegen dessen Sanierung erfolgt.

4.2.6 Umsatz

Ein Unternehmer macht mit seinem Unternehmen „Umsatz" – das leuchtet ein. Doch was ist Umsatz im umsatzsteuerlichen Sinne und insbesondere bezogen auf eine Photovoltaikanlage?

4.2.6.1 Grundsatz

Der mit einer Photovoltaikanlage primär erbrachte Umsatz ist die Lieferung des erzeugten Stroms an das EVU bzw. einen Netzbetreiber. Umsatzsteuerrechtlich ist dies eine entgeltliche Lieferung und als solche ein steuerpflichtiger Umsatz. Die erhaltene Einspeisevergütung nach dem EEG ist der Nettobetrag für den Umsatz.

Ergänzend zu diesem Grundsatz gibt es einige Besonderheiten zu erwähnen, die bei nicht ganz typischen Photovoltaikanlagen auftreten können. Seit Einführung des EEG hat sich die Förderung des Solarstroms immer mal wieder geändert. Deshalb sind nachfolgend auch frühere Sonderformen der Förderung dargestellt, die jedoch – wie die auf 20 Jahre zugesicherte Einspeisevergütung – für die jeweilige Photovoltaikanlage noch heute relevant sind.

4.2.6.2 Eigener Stromverbrauch

Wird der erzeugte Strom selbst verbraucht, wird dies als Direktverbrauch bezeichnet. Hierzu ist in zeitlicher Hinsicht in folgende unterschiedliche Fördervarianten zu unterscheiden:

4.2.6.2.1 Inbetriebnahme bis 01.01.2009

Für Photovoltaikanlagen, die bis zum 01.01.2009 in Betrieb gegangen sind, wurde nur der tatsächlich erzeugte und eingespeiste Strom mit einer Einspeisevergütung durch die Energieversorgungsunternehmen bezahlt. Nur diese erhaltene Vergütung stellte einen steuerpflichtigen Umsatz – eine Lieferung – dar.

Der selbst verbrauchte Strom war nicht durch das EEG begünstigt. Insoweit lag vielmehr eine umsatzsteuerlich relevante unentgeltliche Wertabgabe (§ 3 Abs. 1b Satz 1 Nr. 1 UStG) vor, soweit die Photovoltaikanlage in vollem Umfang dem Unternehmensvermögen zugeordnet worden war. Diese Wertabgabe (früher auch als Eigenverbrauch bezeichnet) hat wirtschaftlich die Wirkung einer „umsatzsteuerpflichtigen Lieferung" an sich selbst und stellt einen Ausgleich für den zuvor erhaltenen Vorsteuerabzug dar.

Alternativ war es möglich, die Zuordnung der Anlage nur in dem Umfang vorzunehmen, in welchem auch eine Stromlieferung an das EVU durch die Netzeinspeisung erfolgt. Dann war der Selbstverbrauch nicht mit Umsatzsteuer zu versteuern, da der Vorsteuerabzug entsprechend zuvor auch nur anteilig gewährt werden konnte.

4.2.6.2.2 Inbetriebnahme vom 01.01.2009 bis 31.03.2012

Für in der Zeit zwischen dem 01.01.2009 und dem 31.03.2012 in Betrieb gegangene Photovoltaikanlagen erfolgte eine Förderung auch des Direktverbrauchs durch Zahlung einer Einspeisevergütung in gesondert festgelegter Höhe (§ 33 Abs. 2 EEG a. F.). Mit der Vergütung des Direktverbrauchs sollte ein Anreiz geschaffen werden den eigenen Energieverbrauch an die Stromproduktion zeitlich anzupassen.

Umsatzsteuerlich gilt dieser erzeugte, aber nicht eingespeiste, sondern dezentral verbrauchte Strom, dennoch als an den Netzbetreiber geliefert. Soweit der Anlagenbetreiber den Strom dezentral verbraucht, egal ob durch Selbstnutzung oder einen Verkauf an Dritte (z. B. Mieter), wird eine Rücklieferung angenommen (Abschn. 2.5 Abs. 5–8 UStAE).

Es liegen damit zwei Lieferungen vor:

1. Die Lieferung des Anlagenbetreibers an den Netzbetreiber über den gesamten erzeugten Strom.
2. Eine anschließende (Rück-)Lieferung des Netzbetreibers an den Hausbesitzer über den vom Anlagenbetreiber selbst verbrauchten Strom.

Die Eigenverbrauchsvergütung nach § 33 Abs. 2 EEG a. F. zählt für den Betreiber der Photovoltaikanlage zu seinem umsatzsteuerlichen Entgelt, vergleichbar mit der Einspeisevergütung für den ins Netz eingespeisten Strom. Im Gegenzug wird der Direktverbrauch nicht als unentgeltliche Wertabgabe i. S. d. § 3b Abs. 1 UStG gewertet.

Hintergrund dieser etwas seltsam anmutenden Handhabung mit der Fiktion einer Hin- und Rücklieferung sind die Regelungen des EEG, wonach Netzbetreiber zur Abnahme, Weiterleitung und Verteilung sowie Vergütung der gesamten erzeugten Elektrizität verpflichtet sind (§§ 8, 16 und 18 ff. EEG).

Diese Regelung beruht auf der Novelle des Erneuerbare-Energien-Gesetz (EEG 2009). Dabei wurde der Direktverbrauch in § 33 Abs. 2 EEG neu gefasst um einen Anreiz zu schaffen, den eigenen Elektrizitätsverbrauch zeitlich an die eigene Produktion anzupassen und damit die öffentlichen Elektrizitätsnetze zu entlasten. Diese Neuregelung galt für nach dem 31.12.2008 erstmals installierte Photovoltaikanlagen mit einer installierten Leistung bis zu 30 kW, seit 01.07.2010 von bis zu 500 kW. Soweit die erzeugte Energie vom Anlagenbetreiber nachweislich dezentral verbraucht wird, kann sie mit dem nach § 33 Abs. 2 EEG a. F. geltenden Betrag vergütet werden.

4.2.6.2.3 Inbetriebnahme nach dem 31.03.2012

Durch die EEG-Novelle 2012 wurde dieser sog. Eigenverbrauchsbonus nach § 33 Abs. 2 EEG für dezentral verbrauchten Strom aus Photovoltaikanlagen wieder abgeschafft. Betreiber dieser neueren Photovoltaikanlagen erhalten vom Netzbetreiber für den dezentral (selbst-)verbrauchten Strom keine Vergütung mehr.

Vielmehr kann die nicht vergütete Strommenge selbst verbraucht, direkt vermarktet oder dem Netzbetreiber zum Verkauf an der Börse angedient werden. Die umsatzsteuerrechtliche Stromlieferung umfasst damit nur den tatsächlich physisch eingespeisten Strom.

Für den selbst verbrauchten Strom gibt es keine EEG-Vergütung, er ist nicht Gegenstand einer Lieferung an den Netzbetreiber. Allerdings wird das Zuordnungswahlrecht in aller Regel zu 100 % zum Unternehmensvermögen ausgeübt und damit ein voller Vorsteuerabzug erlangt worden sein (§ 15 Abs. 1 Satz 2 UStG). Im Gegenzug fällt der dezentral (= privat) verbrauchte Strom unter die sog. steuerpflichtige unentgeltliche Wertabgabenbesteuerung nach § 3 Abs. 1b Satz 1 Nr. 1 UStG. Bemessungsgrundlage ist der (fiktive) Einkaufspreis im Zeitpunkt des Umsatzes (s. nachfolgender Abschn. 4.2.8).

Die Höhe des dezentral verbrauchten Stroms wird durch Abzug der an den Netzbetreiber gelieferten Strommenge von der insgesamt erzeugten Strommenge ermittelt. Sinnvoll ist hierzu ein zweiter Stromzähler; dieser ist für Anlagen mit mehr als 10 kW durch das EEG vorgeschrieben.

4.2.6.3 Sonderfall

Das EEG regelt auch den Fall, dass der Verbrauch innerhalb eines Netzes erfolgt, das kein Netz für die allgemeine Versorgung darstellt und das vom Anlagenbetreiber selbst oder einem Dritten, der kein Netzbetreiber ist, betrieben wird. Diese Form der Einspeisung nach § 8 Abs. 2 EEG a. F. – die sog. **kaufmännisch-bilanzielle Einspeisung** – wird wohl nur selten anzutreffen sein.

Dazu ist festgelegt, dass umsatzsteuerrechtlich dennoch von einer Lieferung durch den Anlagenbetreiber an den vergütungspflichtigen Netzbetreiber auszugehen ist, auch wenn die Einspeisung und der Verbrauch in keinem allgemeinen Versorgungsnetz erfolgt.

4.2.6.4 Stromlieferung an einem Mieter
Wird ein Teil des Stroms direkt an einen Mieter im Rahmen einer umsatzsteuerfreien Vermietung geliefert, ist auch die Stromlieferung ein steuerfreier Umsatz. Denn die Lieferung von Strom an einen Mieter ist nur eine unselbstständige Nebenleistung zum Vermietungsumsatz (Abschn. 4.12.1 Abs. 5 Satz 3 UStAE). Wird auf die Steuerbefreiung des Vermietungsumsatzes nach § 9 Abs. 1 und 2 UStG verzichtet, ist auch die Stromlieferung steuerpflichtig.

4.2.6.5 Marktintegrationsmodell
Für Photovoltaikanlagen mit einer installierten Leistung von mehr als 10 kW bis einschließlich 1000 kW, die jeweils nach dem 31.03.2012 und vor dem 01.08.2014 in Betrieb gegangen sind, gab es das sog. Marktintegrationsmodell. Dadurch wird die jährlich förderfähige Strommenge ab 01.01.2014 auf 90 % begrenzt (§ 33 Abs. 1 EEG). Für die verbleibenden 10 % ist ein Selbstverbrauch oder eine anderweitige Vermarktung vorgesehen. Eine umsatzsteuerpflichtige Einspeisevergütung wird nur für die anhand der Gesamterzeugung begrenzten 90 % der Strommenge gezahlt.

4.2.6.6 Marktprämie und Flexibilitätsprämie
Durch eine Änderung im EEG wurde zum 01.01.2012 eine sog. Marktprämie und eine Flexibilitätsprämie eingeführt (§ 33g und § 33i EEG). Damit soll die Marktintegration der Erneuerbaren Energien gefördert werden. Die Marktprämie wird an einen Betreiber einer Photovoltaikanlage ausgezahlt, der den Strom direkt, z. B. an der Strombörse, vermarktet. Angesichts der dort äußerst geringen erzielbaren Preise erhält der Betreiber als Anreiz für die Direktvermarktung die Differenz zwischen der bisherigen fixen Einspeisevergütung und dem erzielten Marktpreis ausgeglichen. Bestandteil der Marktprämie ist auch eine sog. Managementprämie zur Abgeltung des Mehraufwandes aus der Direktvermarktung.

Die Auszahlung einer Marktprämie und der Flexibilitätsprämie durch den Netzbetreiber gelten umsatzsteuerlich als echte und damit nicht steuerbare Zuschüsse (BMF, Schreiben vom 06.11.2012, BStBl 2012 I S. 1095).

Das gilt auch, wenn der Betreiber der Photovoltaikanlage einen Dritten, z. B. Stromhändler, Stromvermarkter, Prämienabwickler, mit der Prämienabwicklung beauftragt. Der Dritte übernimmt dabei regelmäßig neben der eigentlichen Vermarktung auch die Beantragung und die Zahlungsabwicklung der von dem Netzbetreiber zu zahlenden Prämien und reicht dem prämienberechtigten Anlagenbetreiber zusammen mit dem Stromentgelt die Prämien weiter.

4.2.6.7 Zusammenfassung
Damit ist zusammenfassend festzuhalten, dass der gesamte vom Anlagenbetreiber erzeugte Strom mit Umsatzsteuer besteuert wird. Dies erfolgt entweder als Lieferung oder als unentgeltliche Wertabgabe, je nachdem nach welcher Fassung des EEG eine Einspeisung erfolgt bzw. ein Selbstverbrauch getätigt wird. Die Einspeisevergütung ist immer das Entgelt für Lieferungen des Anlagenbetreibers.

Auch nach Wegfall des Eigenverbrauchsbonus oder im Rahmen des Marktintegrationsmodells liegt grundsätzlich eine ausschließliche unternehmerische Verwendung der Photovoltaikanlage vor. Dies unter den Voraussetzungen, dass der selbst erzeugte Strom unmittelbar im eigenen Unternehmen verwendet oder direkt vermarktet wird, alternativ dem Netzbetreiber zum Verkauf an der Börse angedient oder aber einem Mieter geliefert wird.

4.2.7 Steuerpflicht

Die Lieferung von Strom ist grundsätzlich auch umsatzsteuerpflichtig, da im Regelfall keine der Steuerbefreiungsvorschriften greift. Die Lieferung unterliegt damit in Höhe von 19 % der deutschen Umsatzsteuer.

Anders ist dies, wenn der Strom einem Mieter direkt geliefert wird. In aller Regel ist die Vermietung einer Wohnung an den Mieter umsatzsteuerfrei (§ 4 Nr. 12a UStG). Dies gilt dann auch für an den Mieter erbrachte Nebenleistungen, die das Schicksal der Hauptleistung teilen. Zu diesen Nebenleistungen gehört auch eine Stromlieferung, die damit umsatzsteuerfrei sein kann (Abschn. 4.12.1 Abs. 5 UStAE).

Eine Steuerfreiheit kann auch bestehen, wenn die Photovoltaikanlage nicht selbst betrieben wird, sondern beispielsweise nur die Dachfläche für den Betrieb einer Anlage an einen anderen Unternehmer vermietet wird. Die Dachvermietung ist grundsätzlich (vorbehaltlich einer ggf. möglichen Option) umsatzsteuerfrei.

Denkbar ist eine Steuerfreiheit zudem auch, wenn der erzeugte Strom in das Netz eines ausländischen Energieversorgers bzw. Netzbetreibers eingespeist wird. Eine solche steuerfreie Lieferung ist aber derzeit eher (noch) untypisch.

4.2.8 Bemessungsgrundlage

Nachdem oben erläutert wurde, was alles zu den relevanten Umsätzen gehört, beschäftigt sich dieser Abschnitt mit der Frage, mit welchem Wert – welcher sog. Bemessungsgrundlage – die Umsätze zu erfassen sind.

Einfach ist dies bei regulären Lieferungen – den Umsätzen an Dritte. Dazu regelt § 10 Abs. 1 UStG, dass sich der Umsatz nach dem dafür erhaltenen Entgelt bemisst. Entgelt ist dabei alles, was der Empfänger aufwendet, um die Lieferung zu erhalten, jedoch abzüglich des Betrags der Umsatzsteuer. Oder einfacher ausgedrückt – Bemessungsgrundlage ist der Nettobetrag der erhaltenen Zahlung.

4.2.8.1 Einspeisevergütung

Die Zahlung des EVU bzw. des Netzbetreibers erfolgt in Höhe der in § 33 Abs. 1 EEG geregelten Einspeisevergütung – diese ist ein Nettobetrag. Für eine im Mai 2019 installierte kleinere PV-Anlage liegt die vom Netzbetreiber gezahlte Einspeisevergütung bei 10,95 Cent/kWh; dies ist das Netto-Entgelt für die Lieferungen des Anlagebetreibers.

4.2.8.2 Direktverbrauch

Wird Strom nicht ins Netz eingespeist, sondern dezentral verbraucht, z. B. im eigenen Haushalt, kann insoweit eine steuerpflichtige unentgeltliche Wertabgabe vorliegen (§ 3 Abs. 1b Satz 1 Nr. 1 UStG). Eine solche Wertabgabe ist jedenfalls dann gegeben, wenn der Unternehmer die Photovoltaikanlage in vollem Umfang seinem Unternehmen zugeordnet hat. Dann ist im Direktverbrauch eine unentgeltliche Lieferung für private Zwecke zu sehen und auch mit Umsatzsteuer zu besteuern.

Die Bemessungsgrundlage für eine Wertabgabe richtet sich nach § 10 Abs. 4 Satz 1 Nr. 1 UStG. Diese Regelung bestimmt den fiktiven Einkaufspreis im Zeitpunkt des Umsatzes als Basis für die Berechnung der Umsatzsteuer (BFH, Urteil vom 12.12.2012, XI R 3/10, BStBl 2014 II S. 809).

4.2.8.2.1 Abweichende Altfall-Regelung

Vor dem Ergehen und der Bekanntgabe des obigen BFH-Urteils hatte die Finanzverwaltung eine Entnahme aus dem Unternehmen in Höhe der Selbstkosten für den Strom berücksichtigt; dies immer dann, wenn der Gegenstand vom Unternehmer selbst hergestellt worden ist. Dieser Wert wurde daher als Bemessungsgrundlage für den privaten Verbrauch von Strom bis zum 31.12.2014 nicht beanstandet (Übergangsregelung im BMF-Schreiben vom 19.09.2014, BStBl 2014 I S. 1287, unter VII).

Spätestens ab 2015 ist als Bemessungsgrundlage für die Umsatzsteuer jedoch der Einkaufspreis im jeweiligen Zeitpunkt anzusetzen. Nur wenn sich am Markt keine Wiederbeschaffungskosten feststellen lassen, könnte alternativ auf die Selbstkosten für den produzierten Strom zurückgegriffen werden. Dies wird aber nur in atypischen Fällen eintreten, da sich im Regelfall ein Bezugspreis am Markt ermitteln lassen müsste. Schließlich wird der Bezugspreis eines oder mehrerer Stromanbieter ohne größere Schwierigkeiten zu eruieren sein.

Einzubeziehen in den Einkaufspreis sind neben dem eigentlichen Leistungspreis je kWh aber auch noch ein Grundpreis und ähnliche feste oder variable Kostenbestandteile (Abschn. 2.5 Abs. 15 Satz 4 UStAE).

Eher ein Problem der Praxis ist es, wie die selbst verbrauchte Strommenge ermittelt wird. Denn zumindest gesetzlich ist für die typische Hausdachanlage mit bis zu 10 kW kein zusätzlicher Zähler vorgeschrieben. Oftmals ist damit nur ein Zähler vorhanden, der nur die eingespeiste Strommenge misst. Unbekannt bleiben jedoch die Gesamtmenge des erzeugten Stroms und damit auch der Differenzbetrag für den selbst verbrauchten Strom.

Hier bietet die Finanzverwaltung als Lösung an, dass aus Vereinfachungsgründen von einer produzierten Strommenge von 1000 kWh je kWp installierter Leistung ausgegangen werden kann (Abschn. 2.5 Abs. 16 Satz 3 UStAE mit Beispiel).

Dieser Wert mag im süddeutschen Raum halbwegs zutreffend sein, wird aber in Mittel- und Norddeutschland eher zu hoch liegen. Deshalb kann zur Kontrolle bzw. Gegenargumentation auch noch auf den üblichen Haushaltsbedarf gestaffelt nach der Anzahl der im Haushalt lebenden Personen zurückgegriffen werden. Sie finden dazu im Internet aktuelle Werte; auch die Verbraucherzentralen haben Erfahrungswerte bereitliegen.

Tipp
Im Regelfall verfügt der Wechselrichter über einen eingebauten Zähler, der die Daten der erzeugten Strommenge aufzeichnet. Dieser Zähler ist zwar nicht geeicht, die daraus gewonnenen Daten sind aber immer noch präziser als eine pauschale Schätzung durch das Finanzamt.

Die „sauberste" Lösung wäre zweifellos der nachträgliche Einbau eines 2. Zählers, der die Gesamtmenge des produzierten Stroms oder aber (je nach Verkabelung) den von der Photovoltaikanlage direkt in den privaten Haushalt geflossenen Strom misst. Ob sich die nicht unbeträchtlichen Kosten für den Einbau lohnen, muss jeder selbst abwägen.

4.2.8.2.2 Sonderregelung

Die obigen Grundsätze gelten auch für Anlagen, die zwischen dem 01.04.2008 und dem 31.03.2012 installiert worden sind. Für diese Anlage wurde und wird jedoch eine gesonderte Einspeisevergütung gezahlt. Doch nicht nur diese stellt das umsatzsteuerliche Entgelt dar; vielmehr ist folgende Besonderheit zu beachten:

Umsatzsteuerliche Bemessungsgrundlage für den Direktverbrauch ist

- die Einspeisevergütung nach § 33 Abs. 2 EEG a. F. und auch
- der Wert der Rücklieferung durch den Netzbetreiber.

Denn es liegt ein sog. Tausch mit Baraufgabe (§ 3 Abs. 12 UStG) vor. Dabei ist der Wert der Rücklieferung in Höhe der Differenz zwischen der Einspeisevergütung nach § 33 Abs. 1 EEG a. F. und der Einspeisevergütung nach § 33 Abs. 2 EEG a. F. anzusetzen. In der Summe ist damit auch beim Eigenverbrauch die Einspeisevergütung nach § 33 Abs. 1 EEG a. F. der Höhe nach das umsatzsteuerlich maßgebende Entgelt.

Beispiel
Für eine in 2009 installierte Photovoltaikanlage mit einer Leistung bis einschließlich 30 KW beträgt die Einspeisevergütung 43,01 Cent/kWh. Diese Vergütung verringert sich nach der damaligen Regelung des § 33 Abs. 2 EEG um 16,38 Cent/kWh für den Anteil des direkt verbrauchten Stroms, sofern dieser 30 % der Strommenge nicht übersteigt. Die Vergütung für den direkt verbrauchten Strom beträgt somit 26,63 Cent/kWh.

Die Bemessungsgrundlage für die Lieferung des Anlagenbetreibers umfasst neben der Vergütung für den vom Anlagenbetreiber selbst verbrauchten – umsatzsteuerrechtlich aber gelieferten – Strom mit 26,63 Cent/kWh auch die Vergütung für die Rücklieferung des Netzbetreibers an den Anlagenbetreiber mit 16,38 Cent/kWh. Es ist ein sog. Tausch mit Baraufgabe gegeben; die Bemessungsgrundlage beträgt in der Summe wiederum 43,01 Cent/kWh.

So schön kompliziert kann Steuerrecht sein – nein, Spaß beiseite.

Diese vermeintlich überflüssige Aufteilung hat durchaus ihren Sinn. Denn umsatzsteuerlich ist auch die Rücklieferung des Netzbetreibers zu erfassen, sodass festgelegt sein muss, aus welchem Betrag dieser die Umsatzsteuer schuldet. Und schließlich ist zu bedenken, dass der Umfang einer nicht zum Vorsteuerabzug berechtigenden Nutzung der Anlage letzten Endes über den Vorsteuerabzug aus den Rücklieferungen abgebildet wird. Zudem sind Fälle denkbar, in denen der Betreiber einer Photovoltaikanlage die auf die Rücklieferung entfallende Umsatzsteuer als Vorsteuer abziehen kann.

4.2.8.3 Verwendung für nichtwirtschaftliche Zwecke i. e. S.

Ein Sonderfall stellt die Verwendung des selbst erzeugten Stroms für sog. nichtwirtschaftliche Zwecke im engeren Sinne dar. Ein Beispiel dafür aus der Praxis ist die von einer Gemeinde errichtete Photovoltaikanlage, deren erzeugter Strom teilweise im Rathaus, in der Schule oder in einem Kindergarten verbraucht wird.

Eine Verwendung für nichtwirtschaftliche Zwecke i. e. S. liegt in der Praxis insbesondere bei einer Stromlieferung für hoheitliche Zwecke oder in den ideellen Bereich eines Vereins vor. Dies führt dazu, dass insoweit keine Zuordnung zum Unternehmensvermögen möglich ist. Folglich scheidet anteilig auch ein Vorsteuerabzug aus den Herstellungskosten bzw. den laufenden Betriebskosten aus.

Im Gegenzug ist der Stromverbrauch für nichtwirtschaftliche Zwecke i. e. S. – anders als ein Direktverbrauch – nicht als unentgeltliche Wertabgabe zu versteuern (Abschn. 2.5 Abs. 12 UStAE).

4.2.8.3.1 Abweichende Altfallregelung

In früheren Jahren wurde dies von der Finanzverwaltung noch anders gesehen. Deshalb wird für Anlagen, die vor dem 01.01.2013 angeschafft worden sind, eine Übergangsregelung geschaffen (BMF, Schreiben vom 02.01.2012, BStBl 2012 I S. 60 und vom 24.04.2012, BStBl 2012 I S. 533). Danach bleibt es für diese Anlagen bei einem Vorsteuerabzug in voller Höhe, dafür ist im Gegenzug der Stromverbrauch für nicht wirtschaftliche Zwecke i. e. S. als unentgeltliche Wertabgabe zu versteuern.

Ähnlich die umsatzsteuerliche Rechtsfolge zu einer anderen Konstellation: In der Praxis kommt es regelmäßig vor, dass sich in den Folgejahren der Stromverbrauch für nichtwirtschaftliche Zwecke i. e. S. erhöht und folglich die eingespeiste Strommenge verringert. Dann stellt der gegenüber dem Erstjahr erhöhte Verbrauch insoweit eine unentgeltliche Wertabgabe dar (Abschn. 2.10 Abs. 6 Satz 9 UStAE).

Beispiel

Eine Gemeinde installierte auf dem Schulgebäude in 2018 eine Photovoltaikanlage. Der erzeugte Strom wird zu 75 % ins Netz eingespeist, 25 % werden im Schulgebäude verwendet. In 2019 wird auch noch der benachbarte Gemeindekindergarten mit der Photovoltaikanlage verbunden. Dadurch verringert sich die Quote des eingespeisten Stroms auf 55 %.

Die Gemeinde hat in 2018 nur den ins Netz eingespeisten Strom als steuerpflichtigen Umsatz zu versteuern und kann nur 75 % der Vorsteuer abziehen.

In 2019 hat die Gemeinde ebenfalls den ins Netz eingespeisten Strom (= 55 %) als steuerpflichtigen Umsatz zu versteuern; hinzu kommt aber auch noch der höhere Verbrauch für die nichtwirtschaftliche Zwecke i. e. S. (= 20 Prozentpunkte) als steuerpflichtige unentgeltliche Wertabgabe. Der Vorsteuerabzug aus den laufenden Kosten reduziert sich auf 55 %.

4.2.8.4 Fazit

Festzuhalten bleibt, dass keine einheitliche Aussage zur umsatzsteuerrechtlichen Berücksichtigung des dezentral verbrauchten Stroms getroffen werden kann. Immer ist auch maßgebend, wann die betreffende Photovoltaikanlage in Betrieb gegangen ist und wie folglich die Förderung durch das damals geltende EEG aussah. In vielen Fällen, insbesondere bei neu installierten Anlagen, stellt die nicht eingespeiste Strommenge eine unentgeltliche Wertabgabe dar (§ 3 Abs. 1b Satz 1 Nr. 1 UStG). Dieses steuertechnische Hilfskonstrukt fingiert letztlich eine Lieferung aus dem Unternehmen in die Privatsphäre; ertragsteuerlich wird dies als Entnahme bezeichnet.

Da die Wertabgabe unentgeltlich erfolgt, ist kein Entgelt greifbar. Deshalb wird auch die maßgebende Bemessungsgrundlage für diese fiktive Lieferung gesetzlich fingiert. Für eine unentgeltliche Wertabgabe sind grundsätzlich die Einkaufspreise zuzüglich Nebenkosten (§ 10 Abs. 4 Satz 1 Nr. 1 UStG) heranzuziehen. Zumindest bei einer Photovoltaikanlage kann hier praxisgerecht und mit Rückendeckung der Rechtsprechung auf den Bezugspreis anderen Stromanbieter zurückgegriffen werden.

4.2.8.5 Bezugsstrom

Und zum Schluss dieses Kapitels über die Bemessungsgrundlage für die Umsätze einer Photovoltaikanlage noch ein „kleines Schmankerl".

Jede Photovoltaikanlage benötigt auch etwas Strom für den eigenen Betrieb – den sog. Bezugsstrom. Dazu hat die Clearingstelle EEG ermittelt, dass eine Photovoltaikanlage mit einer Leistung von bis zu 30 kW insbesondere für den Wechselrichter ca. 4 kWh im Jahr selber verbraucht. Es wird empfohlen, auf die gesonderte Erfassung des durch die Anlage verbrauchten Stroms zu verzichten und den erzeugten Strom durch Einrichtungszähler ohne Rücklaufsperre zu erfassen.

Angesichts dessen, dass es hier um einen Verbrauch im Wert von rund 1 € (!) im Jahr geht, ist es nicht verwunderlich, dass die Finanzbehörden dieser Empfehlung folgen und aus Vereinfachungsgründen von einer umsatzsteuerliche Erfassung absehen (OFD Frankfurt, Verfügung vom 15.06.2011, S 7100A –163 – St 110). Diese vereinfachte Handhabung gilt aber nur, wenn nicht noch andere Verbrauchseinrichtungen Strom aus dem Netz entnehmen.

4.2.9 Soll- oder Ist-Versteuerung

In diesem Kapital geht es um die Frage, **wann** ist ein Umsatz gegenüber dem Finanzamt zu erklären.

4.2.9.1 Grundsatz: Soll-Versteuerung

Für die Umsatzsteuer gilt das Prinzip der Soll-Versteuerung – auch als Umsatzsteuer nach vereinbarten Entgelten bezeichnet (§ 16 Abs. 1 Satz 1 UStG). Danach sind Umsätze in dem Voranmeldungszeitraum zu erklären, in dem die Leistung erbracht wurde. Dies ist der Monat, in dem der Strom eingespeist wurde.

Der Nachteil daraus ist, dass Sie die Umsatzsteuer bereits an das Finanzamt abführen müssen, obwohl Sie die Abrechnung vom EVU bzw. Netzbetreiber noch nicht erhalten haben und Ihnen damit die Einspeisevergütung auch noch nicht auf dem Konto gutgeschrieben worden ist. Oder anders gesagt: Sie müssen die an das Finanzamt zu zahlende Umsatzsteuer kurzzeitig vorfinanzieren.

4.2.9.2 Ausnahme: Ist-Versteuerung

Doch dieser negativen Folge können Sie entgehen: Denn das Finanzamt kann auf Antrag gestatten, dass ein Unternehmer die Umsatzsteuer nicht nach vereinbarten Entgelten, sondern nach vereinnahmten Entgelten berechnet – die sog. Ist-Versteuerung (§ 20 Abs. 1 UStG). Die Umsätze sind in diesem Fall erst für den Voranmeldungszeitraum anzumelden und die Umsatzsteuer abzuführen, in dem der Zahlungseingang erfolgt.

Die **Voraussetzungen** für eine Ist-Versteuerung sind:

- Antragstellung. Diese kann formlos gegenüber dem Finanzamt erfolgen. Auch der zu Beginn des Kapitels erwähnte Fragebogen zur steuerlichen Erfassung (s. Abschn. 4.1.4) sieht bereits die Möglichkeit vor, die Ist-Versteuerung zu beantragen (im Vordruck unter Tz. 7.8, Zeilen 149 ff.).
- Umsatzgrenze. Der Gesamtumsatz im vorangegangenen Jahr bzw. im Jahr der Betriebseröffnung darf nicht mehr als 500.000 € betragen.

Für den Betreiber einer Photovoltaikanlage stellt diese Umsatzgrenze im Regelfall kein Problem dar, da Umsätze in dieser Höhe mit einer üblichen Dach-Photovoltaikanlage ohnehin nicht erreicht werden. Und selbst dann kann die zweite Alternative, dass nach § 148 AO keine Buchführungspflicht besteht, noch zielführend sein und eine Ist-Versteuerung ermöglichen.

Tipp
Bei einer Photovoltaikanlage geht es zwar um keine allzu großen Beträge; auch wird der Eingang des Entgelts in aller Regel relativ zeitnah erfolgen. Dennoch sollten Sie den Antrag zur Ist-Versteuerung stellen, selbst wenn ein Monat Zinsvorteil angesichts des derzeitigen Zinsniveaus kein wirklicher Vorteil ist. Denn vor allem die zeitliche Zuordnung ist dadurch leichter. Sie orientieren sich einfach am Eingang der Einspeisevergütung auf Ihrem Konto. Dieser Zuflusszeitpunkt ist im Übrigen auch der Zeitpunkt, in welchem Sie die Einnahme in der zu erstellenden Einnahmen-Überschuss-Rechnung (EÜR) für die Einkommensteuer erfassen müssen. Umsatzsteuer und Einkommensteuer laufen damit parallel. Ansonsten müssten Sie Abgrenzungen vornehmen, wann welcher Strom geliefert worden und damit in welcher Voranmeldung zu erklären ist.

Voranmeldung!? – Dies ist schon das nächste Stichwort.

4.2.10 Umsatzsteuer-Voranmeldung

Anders als bei der Einkommensteuer, bei welcher Sie jährlich eine Erklärung abzugeben haben, gibt es bei der Umsatzsteuer monatliche oder vierteljährliche Voranmeldungen. Darin wird die Umsatzsteuer und Vorsteuer für den jeweiligen Monat bzw. das Quartal vorab mit dem Finanzamt abgerechnet.

4.2.10.1 Erste zwei Jahre

Das Quartal als Voranmeldungszeitraum können Sie zunächst gleich wieder vergessen. Denn der Gesetzgeber hat festgelegt, dass in den ersten beiden Jahren seit Beginn der Tätigkeit der Monat der maßgebliche Zeitraum für die Umsatzsteuervoranmeldungen ist (§ 18 Abs. 2 Satz 4 UStG). Wer eine Photovoltaikanlage erstmals installiert und damit ein Unternehmen begründet, muss sich die ersten zwei Kalenderjahre auf monatliche Voranmeldungen einstellen.

4.2.10.2 Ab dem 3. Jahr

Bei einer typischen Photovoltaikanlage kann damit erst ab dem 3. Kalenderjahr zu einer nur noch quartalsweisen Abrechnung mit dem Finanzamt gewechselt werden. Bei einer kleineren Anlage kommt ggf. auch der völlige Verzicht auf die Abgabe von Voranmeldungen in Betracht.

4.2.10.3 Zahllast maßgebend

Doch wann gilt was? Maßgebend ist nicht die Größe der Anlage selbst, sondern die damit verbundene Höhe der zu zahlenden Umsatzsteuer – die sog. **Zahllast**.

- Liegt die jährliche Umsatzsteuerzahllast bei nicht mehr als 1000 €, kann das Finanzamt Sie von der Abgabe von Voranmeldungen befreien.
- Beträgt die Zahllast mehr als 1000 €, sind zumindest nur quartalsweise Voranmeldungen erforderlich.
- Erst bei einer abzuführenden Umsatzsteuer von mehr als 7500 € muss monatlich eine Voranmeldung erstellt und die darin errechnete Umsatzsteuer an das Finanzamt gezahlt werden.

Als maßgebende Zahllast i. S. d. § 18 Abs. 2 UStG wird dabei immer die Höhe der Umsatzsteuer des Vorjahrs herangezogen. Das Finanzamt überprüft diese nach Ablauf des Jahres und legt auf dieser Basis fest, in welchem zeitlichen Abstand künftig Voranmeldungen zu erstellen sind. Ergab das Vorjahr einen Überschuss der Vorsteuer über die Umsatzsteuer (sog. Rotbetrag), ist im Folgejahr das Kalendervierteljahr der Voranmeldungszeitraum.

4.2.10.4 Abgabetermin

Die Voranmeldung ist jeweils bis zum 10. Tag nach Ablauf des Voranmeldungszeitraums zu übermitteln. Die sich daraus ableitenden Abgabetermine für die Umsatzsteuer-Voranmeldungen sind nachfolgend aufgeführt.

4.2.10.4.1 Monatliche Voranmeldung
Ist der Monat der Voranmeldungszeitraum ergeben sich folgende Abgabetermine für

- Januar am 10.02.,
- Februar am 10.03.,
- März am 10.04.,
- April am 10.05.,
- Mai am 10.06.,
- Juni am 10.07.,
- Juli am 10.08.,
- August am 10.09.,
- September am 10.10.,
- Oktober am 10.11.,
- November am 10.12. und für
- Dezember am 10.01. eines jeden Jahres.

4.2.10.4.2 Vierteljährliche Voranmeldung
Ist das Quartal der Voranmeldungszeitraum ergeben sich folgende Abgabetermine für

- das 1. Quartal am 10.04.,
- das 2. Quartal am 10.07.,
- das 3. Quartal am 10.10. und für
- das 4. Quartal am 10.01. eines jeden Jahres.

Ist der jeweilige Abgabetermin, z. B. 10. des Folgemonats, ein Samstag, Sonntag oder Feiertag, verschiebt sich die Abgabefrist auf den nächsten Werktag.

4.2.10.4.3 Ausnahme: Dauerfristverlängerung
Dennoch ist ein Zeitraum von 10 Tagen oftmals zu kurz für die Zusammenstellung der einzelnen Werte und die Abrechnung mit dem Finanzamt mittels Voranmeldung. Das Zauberwort hierzu heißt „Dauerfristverlängerung" und ist in §§ 46–48 UStDV geregelt. Danach ist ein Antrag auf einem amtlichen Vordruck mit der Bezeichnung USt 1 H erforderlich.

Hat das Finanzamt eine Dauerfristverlängerung gewährt, verlängern sich die oben aufgeführten Abgabetermine jeweils um einen Monat, also z. B. für Januar statt am 10.02., erst am 10.03. oder für das 1. Quartal erst am 10.05., usw.

Den mit einer Dauerfristverlängerung verbundenen zeitlichen Aufschub beim Eingang der Zahlungen lässt sich der Fiskus aber honorieren. Es ist eine sog. Sondervorauszahlung zu leisten, welche auf dem Vordruck zu errechnen ist und 1/11 der Summe der vorangemeldeten Beträge des vergangenen Kalenderjahrs beträgt. Wurde die Tätigkeit im Laufe des Vorjahres begonnen, ist der Wert auf einen Jahresbetrag hochzurechnen. Ist die Tätigkeit erst im laufenden Jahr aufgenommen worden, wird auf den voraussichtlichen Betrag abgestellt.

Die geleistete Sondervorauszahlung wird dann in der Voranmeldung für den Monat Dezember auf die dortige Zahllast angerechnet.

Tipp
Besonders vorteilhaft ist die Dauerfristverlängerung bei einer quartalsweisen Voranmeldung. Denn anders als bei der monatlichen Voranmeldung ist hierzu keine Sondervorauszahlung zu leisten. Einen kleinen Zinsvorteil und vor allem den zeitlichen Aufschub für die Abrechnung mit dem Finanzamt gibt es also gratis!

4.2.10.5 Zu spät dran

Unabhängig davon, ob eine Dauerfristverlängerung gewährt wurde oder nicht, kann es immer einmal vorkommen, dass ein Abgabetermin nicht eingehalten werden kann. Rufen Sie in einem solchen Fall Ihr Finanzamt an und bitten Sie um einmalige Fristverlängerung. Im Krankheitsfall oder bei einer Urlaubsabwesenheit wird Ihrem Antrag in aller Regel entsprochen werden.

4.2.11 Technik

In den Voranmeldungen werden alle Umsätze des Voranmeldungszeitraums (Monat oder Quartal) mit dem Nettobetrag erklärt und daraus die Umsatzsteuer mit 19 % errechnet. Hiervon können die im Voranmeldungszeitraum gezahlten Vorsteuerbeträge gekürzt werden. Es ergibt sich damit die Zahllast – dies ist der an das Finanzamt zu entrichtende Betrag. Dieses so genannte Selbsterklärungsprinzip liegt der gesamten Umsatzsteuer zugrunde.

Die Voranmeldungen sind grundsätzlich auf elektronischem Weg beim Finanzamt einzureichen. Das dazu erforderliche EDV-Programm „ELSTER" gab es früher kostenlos auf einer CD beim Finanzamt. Aktuell ist dies nur noch als Online-Programm im Internet verfügbar. Der Zugang hierzu findet sich unter: https://www.elster.de/eportal/start.

Tipp
Im Ausnahmefall erlaubt es das Finanzamt auf Antrag die Voranmeldungen nicht elektronisch, sondern in Papierform auf dem amtlich vorgeschriebenen Vordruck USt 1 A einzureichen. Verfügen Sie über keinen PC bzw. keinen Internetanschluss, wird das Finanzamt Ihrem Antrag meist stattgeben.

Zu erwähnen ist noch, dass eine Umsatzsteuer-Voranmeldung auch für die Monate abzugeben ist, in denen keine Umsätze erzielt worden sind. Ist z. B. die PV-Anlage den gesamten Monat durch einen technischen Fehler ausgefallen oder ist mit dem Netzbetreiber nur eine vierteljährliche Abrechnung und Zahlung vereinbart, muss dennoch eine Voranmeldung für diesen Monat erstellt werden. Darin ist der Umsatz dann ggf. mit 0 € zu erklären.

Grundsätzlich glaubt Ihnen das Finanzamt die in den Voranmeldungen erklärten Daten. Sie müssen deshalb mit der Voranmeldung keine Belege einreichen. In der Praxis zeigt sich aber, dass zumindest bei Aufnahme der Tätigkeit das Finanzamt genauer hinsieht. Dies vor allem, wenn bisher noch keine entsprechenden Unterlagen eingereicht worden sind, z. B. zusammen mit dem Fragebogen zur steuerlichen Erfassung.

Es empfiehlt sich deshalb spätestens zusammen mit der ersten Voranmeldung geeignete Unterlagen einzureichen. Dies sind regelmäßig eine Kopie des Einspeise- und Netzanschlussvertrags oder alternativ der Anmeldung zum Anschluss an das Stromnetz beim Netzbetreiber. Auch eine Bestätigung der Elektroinstallationsfirma über die Inbetriebnahme der Photovoltaikanlage sowie eine Rechnungskopie zu der Anschaffung bzw. Herstellung der PV-Anlage wird das Finanzamt einsehen wollen.

4.2.12 Umsatzsteuer-Jahreserklärungen

Unabhängig davon, ob monatliche oder quartalsweise Voranmeldungen zu erstellen sind, ist nach Ablauf des Kalenderjahrs zusätzlich noch eine Jahreserklärung zur Umsatzsteuer abzugeben. Darin werden die umsatzsteuerlichen Daten des gesamten Kalenderjahrs zusammengefasst und damit insbesondere bisher ggf. noch nicht vorangemeldete Umsätze oder Vorsteuer korrigierend mit aufgenommen.

Beispiel
Der Hauseigentümer H erwirbt im Juni 2019 eine Photovoltaikanlage zum Bruttopreis von 10.710 €. Der Lieferant stellt ihm eine ordnungsgemäße Rechnung aus, in welcher die Umsatzsteuer mit 1710 € gesondert ausgewiesen ist. Die Photovoltaikanlage erbringt eine Leistung von ca. 7600 kWh pro Jahr, sodass H deutlich unter einem Gesamtumsatz von 17.500 € bleibt. Er verzichtet jedoch dem Finanzamt gegenüber auf die Kleinunternehmerregelung des § 19 UStG und ordnet die Photovoltaikanlage auch insgesamt seinem Unternehmen zu.

H erzielt in 2019 Umsätze mit netto 416,10 € + 79,06 € Umsatzsteuer = 495,16 € brutto. In der Jahreserklärung 2019 hat H den Umsatz mit abgerundet 416 € in Zeile 38 bei der Kennziffer 177 (Lieferungen zu 19 %) und in der nächsten Spalte die Umsatzsteuer daraus mit 79,04 € einzutragen.

Die dem H vom Lieferanten gesondert in Rechnung gestellte Umsatzsteuer mit 1710,00 € trägt er als abziehbare Vorsteuer in Zeile 122 bei der Kennziffer 320 (Vorsteuerbeträge aus Rechnungen anderer Unternehmern) ein.

Aus diesen Werten ergibt sich dann in Zeile 167 bei der Kennziffer 816 der verbleibende Überschuss mit -1630,96 €. Davon wird in Zeile 168 die Summe aller Werte aus den Voranmeldungen des Jahres 2019 abgezogen, woraus sich in Zeile 169 die noch an das Finanzamt zu zahlende Abschlusszahlung bzw. der Erstattungsanspruch ergibt.

Die Jahreserklärung zur Umsatzsteuer ist – wie auch die Einkommensteuererklärung – jeweils bis 31. Juli (für Jahre bis 2017 bis zum 31. Mai) des Folgejahres abzugeben.

4.2 Umsatzsteuer

Ebenso wie die Voranmeldungen ist auch die Jahreserklärung zur Umsatzsteuer dem Finanzamt elektronisch zu übermitteln (§ 18 Abs. 3 UStG).

4.2.13 Vorsteuerabzug

Damit wird es nun aber Zeit, dass wir uns einem bereits mehrfach erwähnten Begriff zuwenden – der Vorsteuer bzw. dem Vorsteuerabzug. Wenn Sie weiterblättern, erschrecken Sie bitte nicht. Es ist ein durchaus umfangreiches Kapitel. Doch nicht nur umfangreich, sondern auch inhaltlich sehr wichtig. Ist es doch der Bereich überhaupt, durch den die Zahllast der Umsatzsteuer gemindert werden kann.

Die Abzugsmöglichkeit der Vorsteuer ist ein elementarer Grundbestandteil des deutschen Umsatzsteuersystems. Erst durch den Vorsteuerabzug für die Umsatzsteuer aus Eingangsleistungen wird die betriebswirtschaftliche Kostenneutralität der Umsatzsteuer erreicht. Bei Leistungen über mehrere Handelsstufen tritt somit keine kumulative Wirkung der Umsatzsteuer ein, da die Vorsteuerabzüge nur eine Steuerlast in Höhe eines erzielten Mehrwerts entstehen lassen (deshalb auch „Mehrwertsteuer").

Dazu ein Beispiel:

Beispiel
Der A erwirbt Waren für 1000 € + 190 € Umsatzsteuer. Er veräußert diese weiter für 1200 € + 228 € Umsatzsteuer. Für den A ergibt sich aus 228 € Umsatzsteuer abzüglich 190 € Vorsteuer eine Zahllast mit 38 €, welche er an das Finanzamt zu zahlen hat. Dieser Betrag entspricht der Umsatzsteuer auf den von ihm erzielten „Mehrwert" der Waren von 200 € × 19 % = 38 €.

Bereits aus diesem einfachen Beispiel wird ersichtlich, welch eine erhebliche Bedeutung dem Vorsteuerabzug für die endgültige Belastung des Unternehmers mit Umsatzsteuer zukommt. Nur wenn es dem Unternehmer gelingt, die Umsatzsteuer aus seinen Eingangsleistungen in möglichst großen Umfang durch den Vorsteuerabzug zu neutralisieren, stellt diese für ihn keinen Kostenfaktor dar. Deshalb gilt es die Voraussetzung für den Vorsteuerabzug genau zu beachten!

4.2.13.1 Voraussetzungen des Vorsteuerabzugs

Nach § 15 UStG erlangt ein Unternehmer den Vorsteuerabzug, wenn ihm

- von einem anderen Unternehmer
- gesondert ausgewiesene inländische Umsatzsteuer
- für eine an sein Unternehmen
- erfolgte Lieferung oder sonstige Leistung
- gesondert in Rechnung gestellt wird.

Gleiches gilt auch

- für entrichtete Einfuhrumsatzsteuer auf in das Inland eingeführte Gegenstände oder
- für einen innergemeinschaftlichen Erwerb von Gegenständen für das Unternehmen.

Doch die beiden letztgenannten Fallgruppen werden bei einer Photovoltaikanlage eher die Ausnahme sein, weshalb nachfolgend grundsätzlich von einem inländischen Leistungsbezug ausgegangen wird.

Wichtig ist hingegen, dass jeweils

- kein sog. Ausschlussgrund vorliegen darf, der einem Vorsteuerabzug entgegensteht (§ 15 Abs. 2 UStG).

Soweit die kurz gefassten Voraussetzungen für einen Vorsteuerabzug als ein erster Überblick zu dieser Materie. Diese wird nachfolgend näher erläutert.

4.2.13.2 Wer ist zum Vorsteuerabzug berechtigt?

Zum Vorsteuerabzug sind nur Unternehmer i. S. des § 2 UStG berechtigt. Der Begriff „Unternehmer" wurde bereits oben erläutert, ebenso wie der grundsätzlich vom Vorsteuerabzug ausgeschlossene Kleinunternehmer.

Erwähnenswert ist hierzu aber noch, dass ein Vorsteuerabzug auch für einen erfolglosen Unternehmer möglich ist. Gerade bei Unternehmensgründungen kommt es immer wieder vor, dass das ursprüngliche unternehmerische Ziel letztlich nicht erreicht werden kann. In diesen Fällen bleibt der Vorsteuerabzug aus den Aufwendungen, z. B. für Planungskosten, auch dann erhalten, wenn keine steuerpflichtigen Umsätze erzielt werden konnten. Dies hat der Europäische Gerichtshof (EuGH) in seinem Urteil vom 20.02.1996, Rs. C – 110/94 ausdrücklich bestätigt. Allerdings muss der erfolglose Unternehmer gegenüber seinem Finanzamt nachweisen können, dass er ernsthaft beabsichtigt hatte, mit der geplanten Tätigkeit steuerpflichtige Umsätze zu erbringen.

Lässt sich eine Photovoltaikanlage z. B. wegen Auflagen des Denkmalschutzes nicht realisieren, ist der Abzug der Vorsteuer für die bereits getätigten Aufwendungen für den erfolglosen Unternehmer dennoch möglich. Dies gilt auch für den Vorsteuerabzug aus Fehlinvestitionen und Fehleinkäufen (EuGH, Urteil vom 15.01.1998, Rs. C – 37/95).

4.2.13.3 Wann liegen Leistungen von anderen Unternehmern vor?

Die Eingangsleistung muss von einem anderen Unternehmer erbracht worden sein. Damit scheidet ein Vorsteuerabzug für vom Unternehmer selbst erbrachte sog. Eigenleistungen aus. Es fehlt an der Leistung eines anderen Unternehmers; zudem kann für eine Eigenleistung auch keine Rechnung an sich selbst ausgestellt werden.

Ist der Lieferer oder Leistende kein Unternehmer, kann die Vorsteuer nicht abgezogen werden, auch wenn sie – zu Unrecht – durch diesen Nichtunternehmer ausgewiesen worden sein sollte.

Gleiches gilt für eine Rechnung eines Kleinunternehmers. Der Bundesfinanzhof (BFH) hat entschieden, dass die in einer Rechnung eines Kleinunternehmers unzutreffend ausgewiesene Umsatzsteuer von diesem grundsätzlich nicht geschuldet wird und deshalb ein

Vorsteuerabzug beim Empfänger ausscheidet (BFH, Urteil vom 02.04.1998, V R 34/97, BStBl 1998 II S. 695).

Bitte beachten Sie, dass Zweifel an der Unternehmereigenschaft zu Ihren Lasten gehen. Sie sollten sich deshalb ggf. über den Rechnungsaussteller entsprechend vergewissern. In der Praxis bietet sich hierfür eine Eigenerklärung des anderen Unternehmers an. In Zweifelsfällen kann von ihm auch eine Unternehmerbescheinigung seines Finanzamts verlangt werden.

4.2.13.4 Was sind inländische Steuerbeträge?

Zu den abziehbaren Vorsteuern gehören nur inländische Umsatzsteuerbeträge bzw. Einfuhrumsatzsteuern, die nach dem deutschen Umsatzsteuerrecht geschuldet werden. Grundsätzlich besteht keine erhöhte Sorgfaltspflicht bei der Prüfung, ob ein Inlandsumsatz zugrunde liegt. Lediglich bei Geschäftsvorfällen mit eindeutigem Auslandsbezug gilt etwas anderes, z. B. bei Umsatzsteuern aus Tankrechnungen anlässlich einer Besichtigung einer Photovoltaikanlage im benachbarten Ausland oder für Solarzellen, die bei einem ausländischen Lieferanten gekauft worden sind.

Wurden ausländische Steuerbeträge in Rechnung gestellt, muss sich der Leistungsempfänger für deren Erstattung an den entsprechenden ausländischen Staat wenden. Dazu ist im Regelfall ein sog. Vorsteuervergütungsverfahren durch die jeweiligen ausländischen Finanzbehörden vorgesehen (§§ 59–61 UStDV).

4.2.13.5 Rechnung mit gesondertem Steuerausweis

Der Vorsteuerabzug erfordert eine ordnungsgemäße Rechnung über die jeweilige Eingangsleistung, also für den Erwerb der Photovoltaikanlage, deren Montage, Wartung, etc. Diese Rechnung muss die folgenden Angaben enthalten (§ 14 Abs. 4 UStG):

1. den vollständigen Namen und die vollständige Anschrift des leistenden Unternehmers und des Leistungsempfängers,
2. die dem leistenden Unternehmer vom Finanzamt erteilte Steuernummer oder die ihm vom Bundeszentralamt für Steuern (BZSt) erteilte Umsatzsteuer-Identifikationsnummer,
3. das Ausstellungsdatum der Rechnung,
4. eine fortlaufende Nummer mit einer oder mehreren Zahlenreihen, die zur Identifizierung der Rechnung vom Rechnungsaussteller einmalig vergeben wird (Rechnungsnummer),
5. die Menge und die Art (handelsübliche Bezeichnung) der gelieferten Gegenstände oder den Umfang und die Art der sonstigen Leistung,
6. den Zeitpunkt der Leistung bzw. den Zeitpunkt der Vereinnahmung des Entgelts oder eines Teils des Entgelts, sofern der Zeitpunkt der Vereinnahmung feststeht und nicht mit dem Ausstellungsdatum der Rechnung übereinstimmt,
7. das nach Steuersätzen und einzelnen Steuerbefreiungen aufgeschlüsselte Entgelt für die Leistung sowie ggf. jede im Voraus vereinbarte Minderung des Entgelts,
8. den anzuwendenden Steuersatz sowie den auf das Entgelt entfallenden Steuerbetrag. Besteht eine Steuerbefreiung ist ein Hinweis darauf anzubringen,

9. ggf. einen Hinweis auf die Aufbewahrungspflicht (§ 14b Abs. 1 Satz 5 UStG) für die Rechnung beim Leistungsempfänger und
10. bei Rechnungsausstellung durch den Leistungsempfänger die Angabe des Wortes „Gutschrift" auf der Rechnung.

Der leistende Unternehmer und auch der Leistungsempfänger müssen aus dem Abrechnungspapier eindeutig identifizierbar hervorgehen, indem deren Name und die Anschrift jeweils angegeben sind. Dabei können auch gebräuchliche Abkürzungen, Buchstaben, Zahlen oder Symbole verwendet werden. Dies setzt voraus, dass deren Bedeutung in der Rechnung oder in anderen Unterlagen eindeutig festgelegt ist (§ 31 Abs. 2 und 3 UStDV).

Beachten Sie aber, dass ein ungebräuchliches Kürzel oder eine fehlende Anschrift einem Abzug der Vorsteuer entgegenstehen. Dies gilt erst recht für Rechnungen unter Verwendung eines Scheinnamens oder in Fällen, in denen zwischen dem leistenden und dem abrechnenden Unternehmer keine Identität besteht.

Die geforderten Angaben für eine ordnungsgemäße Rechnung können teilweise auch aus anderen Belegen hervorgehen. Erforderlich ist dann nur, dass sich alle benötigten Angaben für eine Rechnung in der Summe aus den einzelnen Dokumenten ergeben. Lediglich das Entgelt und der darauf entfallende Steuerbetrag müssen sich zusammengefasst aus einem der Dokumente ergeben, sofern alle anderen Dokumente darin bezeichnet werden (§ 31 Abs. 1 UStDV). Achten Sie darauf, dass die Angaben leicht und eindeutig nachprüfbar sind. Deshalb empfiehlt es sich für die Praxis, die benötigten Daten in maximal zwei Dokumente aufzunehmen.

Auch muss das Papier nicht zwingend als Rechnung bezeichnet werden. Möglich ist z. B., dass ein Mietvertrag Teile der obigen Punkte enthält und auf einer Quittung oder einem Überweisungsbeleg unter Hinweis auf den Mietvertrag das Entgelt und die darauf entfallende Umsatzsteuer angegeben wird.

Beim Zeitpunkt der Leistung muss es sich nicht zwingend um einen Tag handeln. Eine Stromlieferung wird üblicherweise monatlich abgerechnet, weshalb in diesen Fällen auch die Angabe des jeweiligen Kalendermonats als Leistungszeitpunkt ausreicht (§ 31 Abs. 4 UStDV).

Der ausgewiesene Umsatzsteuerbetrag kann in aller Regel als Vorsteuerbetrag herangezogen werden. Der Unternehmer ist nicht verpflichtet, die Höhe der Vorsteuer nachzuprüfen, sofern diese nicht völlig unzutreffend ist, wie z. B. einem zugrunde gelegten Umsatzsteuersatz mit 25 %.

Wichtig ist, dass Sie eine Rechnung bei Erhalt sofort daraufhin überprüfen, ob die erforderlichen Angaben für den Vorsteuerabzug vollständig und zutreffend enthalten sind. Ist dies nicht der Fall, sollten Sie dies umgehend reklamieren und eine ordnungsgemäße Rechnung einfordern (sog. Rechnungsberichtigung nach § 31 Abs. 5 UStDV). Danach kann und muss eine Rechnung berichtigt werden, wenn sie nicht alle gesetzlich erforderliche Angaben enthält oder diese Angaben teilweise unzutreffend sind.

Zur **Korrektur** müssen eigentlich nur die noch fehlenden oder unzutreffenden Angaben durch ein Dokument übermittelt werden, das spezifisch und eindeutig auf die Rechnung bezogen ist. In der Praxis wird davon aber eher selten Gebrauch gemacht, sondern zur besseren Klarheit wird eine neue (überarbeitete) vollständige und zutreffende Rechnung erstellt.

Entscheidend ist aber, dass erst in dem Zeitpunkt (Monat), in welchem eine vollständige und richtige Rechnung vorliegt, der Vorsteuerabzug geltend gemacht werden kann. Es ist derzeit zwar umstritten, ob eine Rechnungskorrektur nicht auch rückwirkend möglich ist; diese Rechtsfrage liegt aktuell beim BFH bzw. EuGH zur Klärung. Fehlen nur „nebensächliche" Inhalte, wird eine rückwirkende Rechnungsberichtigung wohl zulässig sein. Fehlen hingegen die Kernelemente, z. B. die ausgewiesene Umsatzsteuer oder die (richtige) Angabe des Leistungsempfängers, wird eine Rückwirkung wohl abzulehnen sein. Derzeit gewährt die Finanzverwaltung jedoch einen Vorsteuerabzug erst bei Vorliegen einer insgesamt korrekten Rechnung. Deshalb ist der möglichst frühzeitige Erhalt einer zutreffenden Rechnung bzw. deren zeitnahe Berichtigung durch den Rechnungsaussteller so wichtig.

Als Rechnung gilt auch eine **Gutschrift**, mit welcher der leistungsempfangende Unternehmer abrechnet (§ 14 Abs. 2 Satz 2 UStG). Die Gutschrift muss ebenfalls alle der oben genannten Merkmale aufweisen. Zudem muss diese besondere Form der Abrechnung als solche mit dem Aufdruck „Gutschrift" kenntlich gemacht und zuvor zwischen den beiden Leistungspartnern vereinbart worden sein. Eine Gutschrift verliert die Wirkung einer Rechnung, sobald der Empfänger der Gutschrift dem ihm übermittelten Dokument widerspricht.

Zwar ist eine Gutschrift im allgemeinen Wirtschaftsleben eher die Ausnahme. Doch für Stromlieferungen aus einer Photovoltaikanlage wird in der Praxis meist auf eine Gutschrift zurückgegriffen. Mit der Gutschrift rechnet der Netzbetreiber den bezogenen Strom mit dem Stromlieferanten ab.

4.2.13.6 Vereinfachungsregelungen

Sie haben gesehen, dass die Anforderungen an eine zutreffende Rechnung ganz schön umfangreich sind. Jedoch keine Sorge, der Gesetzgeber hat für einen Teil der Ihnen zugehenden Rechnungen gewisse Vereinfachungsregeln zugelassen.

4.2.13.6.1 Kleinbeträge

Die sicherlich wichtigste Vereinfachung betrifft Rechnungen über Kleinbeträge (§ 33 UStDV). Die Kleinbetragsrechnung ist eine Rechnung, deren Gesamtbetrag 250 € (brutto) nicht übersteigt (bis 2016 galten 150 €). In diesem Fall reicht es aus, dass nur folgende Angaben enthalten sind:

a. der vollständige Namen und die vollständige Anschrift des leistenden Unternehmers,
b. das Ausstellungsdatum,
c. die Menge und die Art der gelieferten Gegenstände oder den Umfang und die Art der sonstigen Leistung und
d. das Entgelt und den darauf entfallenden Steuerbetrag für die Leistung in einer Summe sowie den anzuwendenden Steuersatz oder einen Hinweis auf eine ggf. gegebene Steuerbefreiung.

Aus solch einer Kleinbetragsrechnung können Sie die Vorsteuer aus dem Rechnungsbetrag durch folgende Formel ermitteln:

$$\frac{Rechnungspreis \times Steuersatz}{(100 + Steuersatz)}$$

Rechnerisch ist dies auch möglich, indem Sie einen Faktor bzw. Divisor auf den Rechnungsbetrag anwenden.

Faktor:	Bei 7 % USt-Satz	6,54
	Bei 19 % USt-Satz	15,97

Beispiel
Die Rechnung lautet über 149,95 €, der Steuersatz beträgt 19 %.
    Faktor: 149,95 € × 15,97 : 100 = 23,94 € Vorsteuer.
    Alternativ lässt sich die Berechnung auch mit einem Divisor vornehmen. Wird dieser auf den Rechnungspreis angewandt, ergibt sich das Nettoentgelt, die Differenz stellt den Vorsteuerbetrag dar.

Divisor:	Bei 7 % USt-Satz	1,07
	Bei 19 % USt-Satz	1,19

Beispiel
Die Rechnung lautet über 149,95 €, der Steuersatz beträgt 19 %.

Divisor:	149,95 € : 1,19 =	126,01 €
	145,95 € − 126,01 € =	23,94 € Vorsteuer

4.2.13.6.2 Fahrausweise

Haben Sie zum Beispiel vor der Investition in eine Photovoltaikanlage zunächst eine andere Anlage besichtigt oder eine Messe besucht, ist eine weitere Vereinfachungsregel interessant. Diese betrifft Fahrausweise (§ 34 UStDV). Bei einem Fahrausweis (Bahn-, Bus- oder Flugticket) ist es meist bereits aus Platzgründen nicht möglich, dass sämtliche Angaben einer „normalen" Rechnung darauf abgedruckt werden. Deshalb genügt es für Fahrausweise für eine Personenbeförderung, dass nur folgende Angaben enthalten sind:

a. vollständiger Name und vollständige Anschrift des Unternehmers, der die Beförderungsleistung ausführt,
b. das Ausstellungsdatum,
c. das Entgelt und den darauf entfallenden Steuerbetrag in einer Summe,
d. der anzuwendende Steuersatz, sofern die Beförderungsleistung nicht dem ermäßigten Steuersatz (7 %) unterliegt und
e. ggf. ein Hinweis auf eine grenzüberschreitende Beförderung von Personen im Luftverkehr.

Für Fahrausweise der Bahn kann statt des Steuersatzes auch nur die Tarifentfernung angegeben werden, da sich aus dieser der Steuersatz ableiten lässt. Denn für die Personenbeförderung gilt innerhalb einer Gemeinde bzw. bis zu 50 Kilometer Beförderungsstrecke generell der ermäßigte Steuersatz (§ 12 Abs. 2 Nr. 10 UStG).

4.2 Umsatzsteuer

Bei beiden Fallgruppen (Kleinbetragsrechnungen und Fahrausweise) ist es dann Aufgabe des Leistungsempfängers den Rechnungsbetrag in Entgelt (Nettobetrag) und in den Steuerbetrag aufzuteilen, damit er den Vorsteuerabzug erhalten kann. Dies kann der Einfachheit halber handschriftlich auf dem Beleg oder dessen Rückseite vorgenommen werden. Bei der Aufteilung in Entgelt und Umsatzsteuerbetrag können Sie immer den üblichen Steuersatz mit 19 % unterstellen, sofern dieser auf der Rechnung ausgewiesen oder eine Tarifentfernung von mehr 50 Kilometern auf einem Fahrausweis angegeben ist (§ 35 UStDV). Ansonsten gehen Sie von 7 % als Steuersatz aus. Nur bei einem Flugticket setzt ein Vorsteuerabzug immer voraus, dass der Steuersatz angegeben ist. In der Praxis wird dies von den Fluggesellschaften durchgängig beachtet.

Doch Vorsicht: Nicht unter die Sonderregelung für Fahrausweise fallen die Belege für Fahrten mit Taxi oder Mietwagen. Hierfür wird zum Vorsteuerabzug eine ordnungsgemäße (Kleinbetrags-)Rechnung benötigt.

4.2.13.6.3 Fahrten mit dem Pkw

Nun sagen Sie vielleicht „recht und gut", doch ich bin nicht mit dem Zug, sondern mit meinem Pkw gefahren – wie verhält es sich da?

Damit Sie einen Vorsteuerabzug aus den gesamten Pkw-Kosten geltend machen können, sind die oben bereits angeführten grundsätzlichen Regelungen zu beachten. Das heißt insbesondere, dass der Pkw dem Unternehmensvermögen zugerechnet werden kann. Und diese Klippe wird zumindest bei einer „üblichen" Photovoltaikanlage nicht zu überwinden sein. Denn dies würde eine unternehmerische Nutzung von mindestens 10 % erfordern. Erst wenn die Gesamtfahrleistung des Pkw für das „Unternehmen Photovoltaikanlage" diesen Prozentsatz erreicht, ist ein anteiliger Vorsteuerabzug aus den Pkw-Kosten möglich. Im Regelfall kommt damit kein Vorsteuerabzug aus den Pkw-Kosten in Betracht, sondern es kann allenfalls die Vorsteuer aus einzelnen direkt zuordenbaren Aufwendungen, z. B. Tankrechnung, geltend gemacht werden.

4.2.13.6.4 Spesen

Und gleich noch einmal eine schlechte Nachricht: Auch ein Vorsteuerabzug aus Spesen ist nicht zu erreichen: Getreu dem Motto: „Gegessen und geschlafen wird auch privat", scheidet ein Vorsteuerabzug aus Mehraufwendungen für Verpflegung oder Übernachtungskosten aus. Derartige Aufwendungen stehen im Zusammenhang mit der privaten Lebensführung und stellen damit keinen nur unternehmerischen Leistungsbezug dar.

4.2.14 Nachweise, Belege

Die jeweiligen Voraussetzungen für den Vorsteuerabzug müssen durch den Unternehmer aufgezeichnet und durch Belege nachgewiesen werden. Hierzu kommen in Betracht:

- die jeweilige Rechnung mit ausgewiesener Umsatzsteuer,
- die vereinfachte Rechnung, z. B. Kleinbetragsrechnung, Fahrausweis, etc.,
- der zollamtliche Beleg für die Einfuhrumsatzsteuer.

Sollte ein Originalbeleg verloren gegangen sein, kann auch eine Kopie bzw. eine vom leistenden Unternehmer ausgestellte Zweitfertigung ausreichen. Vermerken Sie darauf, dass das Original verloren gegangen ist. Dies ist von der Rechtsprechung als ausreichender Nachweis anerkannt worden (BFH, Urteil vom 16.04.1997, XI R 63/93, BStBl 1997 II S. 582).

Bei mangelhaftem Nachweis bleibt der Vorsteuerabzug versagt. Doch nicht nur wenn eine Rechnung fehlt, sondern auch dann, wenn diese nicht alle erforderlichen Angaben enthält, scheidet der Vorsteuerabzug zumindest vorerst aus. Wird später die Rechnung vervollständigt, entsteht der Anspruch auf den Vorsteuerabzug mit Erhalt der vollständigen Rechnung. Achten Sie deshalb gleich darauf, dass alle formellen Erfordernisse gegeben sind, um keine Liquiditätsnachteile erleiden zu müssen.

4.2.15 Wann liegt eine Leistung für das Unternehmen vor?

Die Leistung (Lieferung oder sonstige Leistung) muss in die unternehmerische Sphäre eingehen. Maßgebend hierfür ist die beabsichtigte Verwendung dieser Leistung in dem Zeitpunkt des erfolgten Eingangsumsatzes. Der Leistungsempfänger ist regelmäßig der Auftraggeber einer Leistung. Eine Photovoltaikanlage wird damit an denjenigen geliefert, der schuldrechtlicher Vertragspartner des Lieferanten ist (Abschn. 15.2b Abs. 1 UStAE).

Besondere Sorgfalt ist dann erforderlich, wenn das Unternehmen nicht als Einzelbetrieb geführt wird, z. B. bei **Ehegatten** oder einer **Grundstücksgemeinschaft**. Bei Auftragserteilung und Rechnungseingang muss das Unternehmen selbst und nicht z. B. ein einzelner Gesellschafter genannt sein. Andernfalls hätte das Unternehmen keinen Vorsteuerabzug, da die Anlage an eine andere Person geliefert wurde.

In der Praxis kommt es immer wieder vor, dass z. B. bei einer Ehegattengemeinschaft die Rechnung fälschlicherweise nur auf den Ehemann lautet, obwohl die Ehegatten Unternehmer sind. Zumindest solange noch keine korrigierte Rechnung vorliegt, ist ein Vorsteuerabzug nicht möglich. Diese restriktive Handhabung wurde mehrfach durch die Rechtsprechung bestätigt (so z. B. BFH, Beschluss vom 02.04.1997, V B 26/96, BStBl 1997 II S. 443).

Nicht ausgeschlossen ist auch ein anderer Fall: Eine Photovoltaikanlage wird von einer Bruchteilsgemeinschaft erworben, jedoch nur ein Gemeinschafter liefert entgeltlich den erzeugten Strom. Dann könnte nur dieser den Vorsteuerabzug geltend machen – und dies nur mit seinem Anteil, der restliche Teilbetrag ginge verloren. Nur wenn die Gemeinschaft die Unternehmereigenschaft aus anderen Gründen erlangt hat, z. B. durch die Vermietung einer Wohnung, würde diese negative Folge nicht eintreten (BMF, Schreiben vom 09.05.2008, BStBl 2008 I S. 675).

Tipp
Nehmen Sie dieses Erfordernis nicht auf „die leichte Schulter"! In der Praxis gibt es eine Vielzahl von Fällen, in denen das Finanzamt mangels übereinstimmendem Auftraggeber und Betreiber der Anlage den Vorsteuerabzug ganz oder teilweise versagt hat.

4.2.15.1 Fehlerhafte Fälle

Um dies zu verdeutlichen, einige Beispiele, bei denen der Vorsteuerabzug aus der Anschaffung einer Photovoltaikanlage mangels Identität zwischen Besteller der Photovoltaikanlage und Stromlieferant zu versagen waren:

4.2.15.1.1 Fall 1

Die Ehegatten sind zu je 50 % Eigentümer eines Einfamilienhauses, das sie in vollem Umfang für ihre eigenen Wohnzwecke nutzen. Die Ehegatten erwerben gemeinsam eine Photovoltaikanlage, die auf dem Dach des Einfamilienhauses installiert wird. Den Stromlieferungsvertrag mit dem Netzbetreiber schließt nur die Ehefrau ab. Die Ehegatten sind ansonsten nicht unternehmerisch tätig.

Eine Leistung wird grundsätzlich an diejenige Person ausgeführt, die aus dem schuldrechtlichen Vertrag, der dem Leistungsaustausch zu Grunde liegt, berechtigt oder verpflichtet ist (BFH, Beschluss vom 13.09.1984, V B 10/84, BStBl 1985 II S. 21). Leistungsempfänger sind damit die Ehegatten als Auftraggeber und Besteller. Da aber nur die Ehefrau bei der Stromlieferung als Unternehmerin auftritt, hat die Ehegattengemeinschaft keinen Vorsteuerabzug.

Ein kleiner Trost ergibt sich aus der Rechtsprechung des EuGH (Urteil, EuGH vom 21.04.2005, C – 25/03, BStBl 2007 II S. 24). Danach kann auch ein einzelner Ehegatte den Vorsteuerabzug geltend machen, wenn die Ehegattengemeinschaft ohne eigene Rechtspersönlichkeit handelt und als solche keine unternehmerische Tätigkeit ausübt. Deshalb steht der Ehefrau die Vorsteuer aus dem Erwerb der Photovoltaikanlage zumindest anteilig mit 50 % zu (Abschn. 15.2b Abs. 1 Satz 11 UStAE).

4.2.15.1.2 Fall 2

Wie im Fall 1, jedoch ist der Ehemann z. B. freiberuflich als Architekt unternehmerisch tätig.

Zwar wird der Vorsteuerabzug durch einen Gemeinschafter nur dann zugelassen, wenn die Gemeinschaft selbst nicht unternehmerisch tätig ist und nur ein Gemeinschafter eine unternehmerische Tätigkeit ausübt. Dies ist aber nach wohl herrschender Meinung nicht so zu interpretieren, dass eine unternehmerische Tätigkeit eines zweiten Gemeinschafters schädlich wäre. Es bleibt damit bei der Lösung, dass zumindest die Ehefrau 50 % der Vorsteuer geltend machen kann.

4.2.15.1.3 Fall 3

Die Ehegatten sind zu je 50 % Eigentümer eines Zweifamilienhauses. Das Erdgeschoss ist steuerfrei vermietet, das Obergeschoss wird von den Ehegatten für ihre eigenen Wohnzwecke genutzt. Die Ehegatten erwerben gemeinsam eine Photovoltaikanlage, die auf dem Dach des

Zweifamilienhauses installiert wird. Den Stromlieferungsvertrag mit dem Netzbetreiber schließt nur die Ehefrau ab. Die Ehegatten sind ansonsten nicht unternehmerisch tätig.

Mit der Vermietung – auch wenn diese steuerfrei erfolgt – ist die Ehegattengemeinschaft unternehmerisch tätig. Damit ist das Urteil des EuGH vom 21.04.2005 (C – 25/03, BStBl 2007 II S. 24) nicht einschlägig. Die Ehefrau hat kein Recht auf einen Vorsteuerabzug, da die Ehegattengemeinschaft als solche eine unternehmerische Tätigkeit ausübt. Auch wenn die Photovoltaikanlage umsatzsteuerlich nicht Bestandteil des Gebäudes wird, ist durch die Unternehmereigenschaft der Gemeinschaft ein Vorsteuerabzug beim Gemeinschafter ausgeschlossen (BFH, Urteil vom 23.09.2009, XI R 14/08, BStBl 2010 II S. 243). Dies ist der klassische Fall, bei dem mangels Identität zwischen Besteller der Anlage und Stromlieferant (Unternehmer) ein Vorsteuerabzug komplett entfällt.

Achten Sie deshalb unbedingt darauf, dass die unternehmerischen Personen in beiden Vertragswerken übereinstimmen. Auftraggeber für die Anlage und Stromlieferant müssen identisch sein, um bereits im Vorfeld den Ärger über eine unterbliebene Steuerrückzahlung zu vermeiden. Auch sollten in der Rechnung die richtigen Personen als Adressaten genannt sein.

Zu beachten ist ferner, dass die erhaltene Leistung mit der in der Rechnung bezeichneten Leistung übereinstimmt, da bei unrichtiger oder zu ungenauer Bezeichnung der Vorsteuerabzug versagt bleibt.

4.2.15.2 Einlage

An einer Leistung an das Unternehmen durch einen anderen Unternehmer mangelt es auch bei einer Einlage aus dem Privatvermögen. Dies ist dann der Fall, wenn ein Wirtschaftsgut zunächst für private Zwecke erworben wurde und erst später für das Unternehmen genutzt wird.

Für die ursprüngliche Leistung in den nichtunternehmerischen Bereich (Privatsphäre) scheidet ein Vorsteuerabzug ohnehin stets aus.

4.2.15.3 Aufteilung

Werden Leistungen sowohl für unternehmerische als auch für nicht unternehmerische Zwecke erbracht, ist zu unterscheiden zwischen:

- einer Lieferung von vertretbaren Sachen bzw. sonstigen Leistungen, bei der eine Aufteilung möglich ist und
- einer Lieferung einer einheitlichen Sache, bei der eine Aufteilung nicht möglich ist.

Beispiel
Dem Unternehmer U werden 15.000 Liter Heizöl geliefert. Davon lässt er 6000 Liter in den Tank seiner privaten Wohnung füllen. Hier ist der Vorsteuerabzug nur für 9000 Liter möglich.

Beispiel
Der Unternehmer U erwirbt eine Waschmaschine, die zur Reinigung von Arbeitskleidung, gelegentlich aber auch für die private Wäsche genutzt wird. U hat ein Wahlrecht dahingehend, dass er die Waschmaschine ganz, teilweise oder auch gar nicht dem unternehmerischen

Bereich zuordnet. Die Waschmaschine ist damit gedanklich teilbar. Entsprechend der Quote der unternehmerischen Zuordnung berechnet sich die Höhe des Vorsteuerabzugs.

Im Regelfall ist es günstiger, wenn die unternehmerische Zuordnungsentscheidung zu Gunsten des unternehmerischen Bereichs ausgeübt wird. So kann der Vorsteuerabzug in voller Höhe erlangt werden. Als Ausgleich unterliegt jedoch die private Nutzung als fiktive sonstige Leistung der Umsatzbesteuerung – die sog. unentgeltliche Wertabgabe. Allerdings muss die unternehmerische Nutzung mindestens 10 % umfassen, sonst ist eine Zuordnung zum Unternehmen nicht möglich. Bei nur geringer unternehmerischer Nutzung fehlt es an einem objektiven und erkennbaren wirtschaftlichen Zusammenhang bzw. der Förderung der gewerblichen oder betrieblichen Tätigkeit.

4.2.15.4 Grundgeschäft

Anders verhält es sich wenn vertretbare Sachen geliefert werden, die zum unternehmerischen Grundgeschäft gehören; in diesem Fall erfolgt keine Aufteilung.

Beispiel
Ein Fernsehhändler bezieht 10 Fernsehapparate, wovon er einen Apparat in seiner Privatwohnung aufstellt. Der Händler hat den vollen Vorsteuerabzug für alle 10 Apparate, da diese Umsätze sein Grundgeschäft darstellen. Jedoch verwirklicht er für den einen Fernseher eine Entnahme eines Gegenstands aus seinem Unternehmen, die wie eine fiktive Lieferung der Umsatzsteuer unterliegt (§ 3 Abs. 1b Satz 1 Nr. 1 UStG).

4.2.16 Wann entsteht der Vorsteueranspruch?

4.2.16.1 Grundsatz

Grundsätzlich entsteht das Recht zum Vorsteuerabzug in dem Besteuerungszeitraum (Voranmeldungszeitraum), in welchem nach dem Empfang der Leistung dem Unternehmer auch die Rechnung zugeht.

Beispiel
Der Lieferant lädt die Waren am 18. April im Betrieb ab. Die Rechnung kommt am 02. Mai mit der Post. Die Vorsteuer aus dieser Lieferung kann erst in der Voranmeldung für den Monat Mai geltend gemacht werden.

4.2.16.2 Ausnahme

Hiervon gibt es eine günstige Ausnahmeregelung in § 15 Abs. 1 Nr. 1 Satz 3 UStG. Geht die Rechnung mit ausgewiesener Umsatzsteuer bereits ein, bevor die Leistung erfolgt, kann die ausgewiesene Umsatzsteuer bereits bei Zahlung als Vorsteuer geltend gemacht werden.

Beispiel
Der Lieferant versendet die Ware am 18. April. Die Rechnung hatte er bereits vorab am 19. März zugesandt. Diese wurde auch noch am selben Tag bezahlt (Vorkasse). Obwohl

die Lieferung erst im April erfolgte, kann der Vorsteuerabzug bereits in der März-Voranmeldung erfolgen.

4.2.16.3 Anzahlungen

Werden Anzahlungen oder Abschlagszahlungen auf eine erwartete Leistung erbracht, kann auch hierfür der Vorsteuerabzug bereits in Anspruch genommen werden, wenn eine Rechnung mit offen ausgewiesener Umsatzsteuer ausgestellt worden ist.

Beispiel
Es wird eine Photovoltaikanlage für 30.000 € + 5700 € USt bestellt. Noch vor der Lieferung und Installation wird am 29. März eine in Rechnung gestellte Anzahlung von 10.000 € + 1900 € USt geleistet. Die Anlage wird am 18. April geliefert und montiert. Die Schlussrechnung mit 20.000 € + 3800 € USt geht am 29. April ein und wird am 05. Mai überwiesen.

Bereits in der Voranmeldung für den Monat März können 1900 € als Vorsteuer geltend gemacht werden. Die restlichen 3800 € fließen in die Voranmeldung für den April ein.

4.2.17 Was geschieht bei einer Entgeltsänderung?

Wird die ursprüngliche Rechnung berichtigt, um darin enthaltene Fehler zu korrigieren, muss auch der bisherige Vorsteuerabzug berichtigt werden. Dieser Grundsatz gilt ebenso für eine Entgeltsänderung – die sog. Änderung der Bemessungsgrundlage.

Häufigster Fall wird die Inanspruchnahme eines Skontoabzugs sein. Doch auch durch eine nachträgliche Rabattgewährung, einen verdeckten Preisnachlass, eine Minderung wegen Mangelrüge, etc., kann sich der ursprüngliche Vorsteuerabzug reduzieren.

Die Korrektur eines bereits in Anspruch genommenen Vorsteuerabzugs erfolgt zu dem Zeitpunkt, in dem die berichtigte Rechnung zugeht bzw. die Entgeltsänderung eintritt. Dies kann durchaus auch erst in einem späteren Voranmeldungszeitraum sein.

Beispiel
Die Ware für 1000 € + 190 € USt wird mit ordnungsgemäßer Rechnung am 28. August geliefert. Die Rechnung ist am 8. September unter Inanspruchnahme von 2 % Skonto beglichen worden.

Es ergibt sich ein Vorsteuerabzug mit 190 € in der August-Voranmeldung, sowie eine Vorsteuerminderung von 3,80 € in der September-Voranmeldung.

4.2.18 Einfuhrumsatzsteuer als Vorsteuer

Das Leben wird immer globaler – und so kann es durchaus sein, dass Sie die Photovoltaikmodule z. B. im größten Herstellerland China direkt bestellt haben. Auf der chinesischen

Rechnung dürfte dann keine deutsche Umsatzsteuer ausgewiesen sein, sodass ein Vorsteuerabzug nicht möglich ist. Aber Sie werden für die Lieferung aus einem sog. Drittlandsstaat (wie z. B. China) für die Einfuhr aus dem Ausland die sog. Einfuhrumsatzsteuer an die deutschen Zollbehörden zu entrichten haben. Drittlandsstaaten sind alle Länder, die nicht zum Inland (Deutschland) gehören und die auch keine EU-Staaten sind.

Voraussetzung für den Abzug der Einfuhrumsatzsteuer ist, dass sie tatsächlich entrichtet worden ist und dies durch einen zollamtlichen Beleg nachgewiesen werden kann. Eine Lieferbestätigung oder Speditionsrechnung reicht hierfür nicht aus (so z. B. das FG Hamburg, Urteil vom 15.03.1994, V 193/91, EFG 1994 S. 724).

Wer die Einfuhrumsatzsteuer bezahlt hat, ist letztlich nicht maßgebend. Der Abzug als Vorsteuer steht demjenigen zu, der im Besitz des Zollbelegs ist, darin als Zollbeteiligter eingetragen ist und für dessen Unternehmen die Einfuhr erfolgte. So erhält ein Unternehmer den Vorsteuerabzug auch dann, wenn ein Spediteur die Einfuhrumsatzsteuer entrichtet und dieser ihm den Zollbeleg übergeben hat.

Die Einfuhr wird durch den Unternehmer bewirkt, der beim Gelangen in das Inland die Verfügungsmacht über den Gegenstand besitzt. Dabei ist zu beachten, dass Erfüllungsgehilfen bei der Einfuhr, wie z. B. ein Spediteur oder Handelsvertreter regelmäßig keine Verfügungsmacht besitzen.

4.2.19 Vorsteuer aus innergemeinschaftlichem Erwerb

Nicht zu den Drittlandsstaaten gehören die EU-Staaten. Haben Sie die Solarmodule z. B. nicht in China, sondern bei einem französischen Produzenten oder Händler bestellt, fällt keine Einfuhrumsatzsteuer an. Sondern in diesem Fall ist das Thema „Vorsteuer für eine innergemeinschaftliche Lieferung" ein Thema für Sie. Hierbei handelt es sich um die Umsatzsteuer, die auf „Einfuhren" aus anderen EU-Ländern entsteht – auch als sog. **Erwerbsteuer** bezeichnet.

Liegt ein steuerpflichtiger innergemeinschaftlicher Erwerb (§ 1 Abs. 1 Nr. 5 UStG) vor, ist der Erwerber der Schuldner der Umsatzsteuer. Das heißt, Sie als Abnehmer der Solarmodule haben die Umsatzsteuer anzumelden und zu zahlen. Im Gegenzug erhalten Sie in der Regel in gleicher Höhe einen Vorsteuerabzug. Per Saldo also ein „Nullsummenspiel", sofern eine volle Vorsteuerberechtigung besteht. Aber dennoch sollten Sie die korrekte Handhabung beachten.

Die Umsatzsteuer entsteht bei Ausstellung der Rechnung und zeitgleich ergibt sich auch die Berechtigung für den Vorsteuerabzug, sodass grundsätzlich die Versteuerung des innergemeinschaftlichen Erwerbs und der entsprechende Vorsteuerbetrag in der Voranmeldung für denselben Monat aufgeführt werden können.

Für den Vorsteuerabzug der Erwerbsteuer selbst gelten die allgemeinen Ausführungen zum Vorsteuerabzug analog, d. h. es liegt ein innergemeinschaftlicher Erwerb mit Berechtigung zum Vorsteuerabzug vor, wenn ein Gegenstand durch einen Unternehmer von einem anderen Unternehmer erworben wird und der Gegenstand aus einem anderen EU-Land ins Inland gelangt.

Ebenfalls zu beachten ist, dass der Gegenstand beim Erwerb dem Unternehmensvermögen zugeordnet wird. Davon wird ausgegangen, wenn Sie bei dem Erwerb die Umsatzsteuer-Identifikationsnummer Ihres Unternehmens angeben.

Dazu ein kleiner Exkurs:

4.2.19.1 Umsatzsteuer-Identifikationsnummer (USt-IdNr.)

Bei der Umsatzsteuer-Identifikationsnummer handelt es sich nicht um die deutsche Steuernummer, sondern um eine davon abweichende gesonderte Nummer, mit der sich ein Unternehmen im internationalen Warenverkehr innerhalb der EU identifizieren kann bzw. muss.

Als Photovoltaikunternehmer benötigen Sie diese USt-IdNr. nicht zwingend, da Sie in aller Regel nur in Deutschland tätig werden. Sollten Sie aber einen Teil der Photovoltaikanlage aus dem EU-Ausland importieren oder beispielsweise den erzeugten Strom an ein nicht in Deutschland ansässiges Energieversorgungsunternehmen oder Netzbetreiber abgeben, benötigen Sie eine entsprechende Nummer.

Oder rechtlich zutreffender gesagt: Eine USt-IdNr. benötigt jeder Unternehmer, der

- Waren in das übrige Gemeinschaftsgebiet liefert. Dies sind sog. innergemeinschaftliche Lieferungen (§ 4 Abs. 1 Nr. 1b i. V. m. § 6a UStG, § 18a Abs. 6 UStG),
- Waren aus dem übrigen Gemeinschaftsgebiet erwirbt – die sog. innergemeinschaftlichen Erwerbe,
- Lieferungen i. S. des § 25b Abs. 2 UStG ausführt – die sog. innergemeinschaftliche Dreiecksgeschäfte,
- steuerpflichtige sonstige Leistungen nach § 3a Abs. 2 UStG im übrigen Gemeinschaftsgebiet erbringt, für die der Leistungsempfänger die Steuer schuldet oder sonstige Leistungen eines im übrigen Gemeinschaftsgebiet ansässigen Unternehmers in Anspruch nimmt.

Sollte das für Sie zutreffen, stellt sich die Frage, woher bekommen Sie die USt-IdNr.? Diese können Sie jederzeit beim Finanzamt beantragen. Der Antrag kann auch gleich bei der Unternehmensgründung gestellt werden. Dafür sind auf dem bereits angesprochenen Fragebogen zur steuerlichen Erfassung (s. Abschn. 4.1.4) die Zeilen 154–156 vorgesehen. Das Finanzamt übermittelt die dazu benötigten Daten an das Bundeszentralamt für Steuern (BZSt) in Saarlouis. Dort wird die USt-IdNr. erteilt und per Post zugesandt.

Tipp

Sollten Sie eine USt-IdNr. benötigen, beantragen Sie diese bitte sehr frühzeitig. Denn wie Sie gerade gelesen haben, bedarf es für die Zuteilung der Nummer zweier Behörden. Das heißt leider auch: zwei Behörden = doppelte Bearbeitungszeit.

Sollten Sie bereits Unternehmer sein, lässt sich dies etwas beschleunigen. Sie können sich dann direkt an das BZSt wenden, da die Daten des Finanzamts – insbesondere das sog. Umsatzsteuer-Signal – bereits vorhanden sind. Die Anschrift lautet: BZSt, Dienstsitz

Saarlouis, 66738 Saarlouis. Den Kontakt mit dem BZSt können Sie auch via Internet aufnehmen und dort die Vergabe einer USt-IdNr. beantragen – https://www.bzst.de ist hierfür der maßgebende Link.

In beiden Fällen sind für den Antrag nach § 27a Abs. 1 UStG folgende Daten bereit zu halten: das für das Unternehmen zuständige Finanzamt, die Steuernummer des Unternehmens und die Rechtsform des Unternehmens. Handelt es sich um ein Einzelunternehmen sind Name, Vorname und Geburtsdatum des Unternehmers, bei anderen Rechtsformen der Name des Unternehmens, die Postleitzahl und der Ort anzugeben.

4.2.20 Vorsteuerausschluss

So allmählich nähern wir uns dem Abschluss des großen Blocks „Umsatzsteuer". Doch zwei Aspekte müssen noch erwähnt werden. Egal ob Ihnen Vorsteuer, Einfuhrumsatzsteuer oder innergemeinschaftliche Erwerbsteuer in Rechnung gestellt worden ist. Diese Beträge können Sie jeweils nur geltend machen, wenn kein sog. Vorsteuerausschlussgrund vorliegt (§ 15 Abs. 2 UStG).

4.2.20.1 Wann ist der Vorsteuerabzug ausgeschlossen?

Sind die bisher angesprochenen Voraussetzungen des Vorsteuerabzugs gegeben, liegt eine abziehbare Vorsteuer vor. Damit ist diese aber noch nicht abzugsfähig! Diesen Status erreicht die Vorsteuer erst, wenn kein Ausschlussgrund nach § 15 Abs. 2 UStG vorliegt. Solche Ausschlussgründe sind gegeben bei Verwendung der Eingangsleistung zu

- bestimmten steuerfreien Umsätzen und
- Auslandsumsätzen, die als Umsätze im Inland steuerfrei wären.

Dazu im Einzelnen:

Dem Vorsteuerausschluss liegt der Gedanke zugrunde, dass nur dann, wenn ein Umsatz auch steuerpflichtig ist, die dazu angefallene Vorsteuer abgezogen werden darf. Entsteht keine Umsatzsteuer, gibt es grundsätzlich keinen Vorsteuerabzug (§ 15 Abs. 2 Nr. 1 UStG). Soweit die Regel, die aber häufig gleich wieder ins Gegenteil verkehrt wird. Denn für bestimmte Steuerbefreiungen, insbesondere Ausfuhrlieferungen, innergemeinschaftliche Lieferungen und damit verbundene Leistungen gibt es trotz einer Steuerfreiheit den Vorsteuerabzug (§ 15 Abs. 3 Nr. 1 UStG).

Für die tägliche Praxis eines Photovoltaikunternehmers sind vor allem die folgenden Ausschlussgründe relevant:

- Die Lieferung von Strom als Nebengeschäft zu einer steuerfreien Vermietung einer Wohnung an den Mieter. In diesem Fall ist auch die Stromlieferung umsatzsteuerfrei.
- Ein dezentraler Verbrauch aus einer Anlage mit Inbetriebnahme zwischen April 2008 und März 2012 wäre grundsätzlich steuerpflichtig und damit unschädlich. Erfolgt der

Verbrauch aber für steuerfreie Zwecke, z. B. in einer Arztpraxis, ist insoweit der Vorsteuerabzug ausgeschlossen.
- Gleiches gilt für eine in dieser Zeitspanne errichtete Anlage, deren Strom teilweise in einem der Durchschnittssatzbesteuerung unterliegenden land- und forstwirtschaftlichen Betrieb verwendet wird. Auch insoweit ist ein Abzug der Vorsteuer ausgeschlossen (§ 24 Abs. 1 Satz 4 UStG).

Eher am Rande könnten auch die folgenden Ausschlussgründe noch von Interesse sein:

- Finanzgeschäfte, z. B. Geldanlagen bei der Bank,
- Grundstücksgeschäfte, insbesondere die Veräußerung eines Grundstücks,
- die Bauspar- u. Versicherungsvermittlung und
- die Vermietung und Verpachtung von Grundstücken.

Diese Umsätze sind jeweils steuerfrei, damit zusammenhängende Eingangsleistungen bleiben deshalb ohne Vorsteuerabzug. Jedenfalls grundsätzlich, denn – Sie ahnen es bereits – auch hiervon gibt es wieder eine Ausnahme.

4.2.20.2 Option

Für einen Teilbereich der steuerfreien Umsätze kann eine Option zur Steuerpflicht erfolgen (§ 9 UStG). Dies ist, bezogen auf die obige Aufzählung, der Fall für die Vermietung bzw. den Verkauf eines Grundstücks.

Beispiel
Wird die Dachfläche eines Gebäudes an den Betreiber einer Photovoltaikanlage vermietet, ist dies eine nach § 4 Nr. 12a UStG steuerfreie Grundstücksvermietung. Auf die Steuerbefreiung kann durch eine Option verzichtet werden.

Der Begriff „Option" kommt Ihnen noch irgendwie bekannt vor? Ja, richtig, das gab es doch beim Verzicht auf die Kleinunternehmerregelung auch. Und genau wie dort funktioniert dies dem Grunde nach auch hier.

Mit der Option verzichten Sie auf die eigentlich bestehende Steuerfreiheit für einen Umsatz an ein anderes Unternehmen (§ 9 Abs. 1 und 2 UStG). Dies macht natürlich nur dann Sinn, wenn es sich auch monetär lohnt. Das heißt, der damit entstehenden Umsatzsteuer sollte im Gegenzug eine dadurch abzugsfähige Vorsteuer in mindestens gleicher Höhe gegenüberstehen. Nur dann wird eine Option wirtschaftlich sinnvoll sein.

Beispiel
B errichtet ein Gebäude, das er zu 60 % mit seiner Familie selbst bewohnt. Einen Teilbereich mit 40 % vermietet er als Büro an einen Steuerberater. Diese Vermietung ist grundsätzlich nach § 4 Nr. 12a UStG steuerfrei. Jedoch kann B für diesen Umsatz zur Steuerpflicht optieren und hat so die Möglichkeit, die ihm in den Baurechnungen in Rechnung gestellte Umsatzsteuer anteilig zu 40 % als Vorsteuer abzuziehen.

4.2 Umsatzsteuer

Die Option bindet ihn faktisch für 10 Jahre (siehe nachfolgend: Berichtigung des Vorsteuerabzug, § 15a UStG). Erst danach kann er die Vermietung problemlos wieder als steuerfrei behandeln. B wird damit die Höhe der zu zahlenden Umsatzsteuer in den 10 Jahren überschlägig ermitteln und diese mit der abzugsfähigen Vorsteuer vergleichen. Ist die mögliche Vorsteuer voraussichtlich höher, steht einer Option nichts im Wege.

Diese Grundsätze sollen als kleiner Exkurs ausreichen. Denn für einen großen Teil der Unternehmer mit einer Photovoltaikanlage ist das Thema Steuerfreiheit bzw. Option nicht relevant. Allerdings treten immer wieder Fallkonstellationen auf, die auch bei einer Photovoltaikanlage das Thema Vorsteuerausschluss aktuell werden lassen.

Beispiel
A ist Arzt und liefert den Strom nicht an den Netzbetreiber, sondern verwendet diesen unmittelbar in seiner Arztpraxis. A erbringt mit seiner Arztpraxis steuerfreie Umsätze, die den Vorsteuerabzug ausschließen. Deshalb ist der Vorsteuerabzug aus Rechnungen für die PV-Anlage ausgeschlossen.

4.2.20.3 Seeling-Modell

Beim sog. Seeling-Modell handelt es sich um einen Ausfluss aus der Rechtsprechung des EuGH (EuGH, Urteil vom 08.05.2003, C – 269/00); es ist nach dem Kläger beim EuGH benannt – Herr Seeling. Durch dieses Gestaltungsmodell konnte eine vollständige Zuordnung eines gemischt genutzten Gegenstands, z. B. eines Gebäudes, und damit der vollständige Vorsteuerabzug erlangt werden. Zwar musste für eine nichtunternehmerische Nutzung im Gegenzug eine unentgeltliche Wertabgabe nach § 3 Abs. 9a UStG versteuert werden. Es blieb aber ein Liquiditätsvorteil.

Achtung! Das Seeling-Modell hat durch eine Änderung im Jahressteuergesetz (JStG) 2010 nur noch für Gegenstände Bedeutung, die vor dem 01.01.2011 angeschafft oder hergestellt worden sind. Zwar bleibt es bei dem Zuordnungswahlrecht, jedoch wurde mit § 15 Abs. 1b UStG ein weiterer Vorsteuerausschlusstatbestand geschaffen. Dieser regelt, dass der Vorsteuerabzug ausgeschlossen ist, soweit die Eingangsleistung nicht auf die Verwendung für Zwecke des Unternehmens entfällt.

Für die Photovoltaikanlage selbst ergibt sich daraus direkt keine unmittelbare Auswirkung. Denn betroffen sind nur Gegenstände, die umsatzsteuerlich auch Bestandteil des Grundstücks bzw. Gebäudes sind. Da aber Photovoltaikanlagen im Umsatzsteuerrecht keine Gebäudebestandteile sind, tritt für die Vorsteuer aus der Anlage kein Ausschlussgrund ein (Abschn. 15.6a Abs. 3 Satz 3 UStAE).

Die Frage des Vorsteuerabzugs nach dem Seeling-Modell konnte sich aber beim Gebäude, auf dem die Photovoltaikanlage installiert wird, stellen. Entgegen der bisherigen Auffassung der Finanzverwaltung stellt die Rechtsprechung des BFH auf fiktive Umsätze für die jeweilige Fläche ab. Doch zumindest bei einer üblichen Photovoltaikanlage wird in aller Regel die fiktive Miete für das Gebäude mehr als 90 % der fiktiven Gesamtmiete des Objekts ausmachen. Oder anders gesagt, nur wenn die fiktive Miete für die genutzte Dachfläche mindestens 10 % der erzielbaren Gesamtmiete des Gebäudes beträgt, konnte das Seeling-Modell angewandt werden.

In der Praxis wird dies damit nicht beim klassischen Wohnhaus der Fall sein, sondern bei Photovoltaikanlagen, die z. B. auf einer Scheune oder einem Carport montiert worden sind. Hier konnte sich bei einer Berechnung nach dem Umsatzschlüssel durchaus ein Anteil größer 10 % für die Dachfläche ergeben. In solchen Fällen war es möglich, nicht nur die Vorsteuer aus den Aufwendungen für die Photovoltaikanlage, sondern auch die gesamte Vorsteuer aus den Herstellungskosten des Gebäudes geltend zu machen. Im Gegenzug war dann die unentgeltliche Wertabgabe für die private Nutzung des Gebäudes zu versteuern. Dennoch blieb oftmals ein echter finanzieller Vorteil übrig.

Zwar wurde dieses Seeling-Modell vom Gesetzgeber ab 2011 abgeschafft, indem in § 15 Abs. 1b UStG geregelt wurde, dass ein Vorsteuerabzug nur noch anteilig für die unternehmerische Nutzung möglich ist. Für gemischt genutzte Objekte, die jedoch vor dem 01.01.2011 angeschafft oder hergestellt worden sind, bleibt das unter Umständen vorteilhafte Gestaltungsmodell weiter erhalten und damit auch die Pflicht die Wertabgabe der Umsatzsteuer zu unterwerfen.

4.2.21 Aufteilung der Vorsteuer

Generell sind Vorsteuern in 3 Gruppen zu gliedern:

a. Vorsteuern, die ausschließlich mit vorsteuerunschädlichen Ausgangsumsätzen in Zusammenhang stehen. Diese sind voll abzugsfähig.
b. Vorsteuern, die ausschließlich mit vorsteuerschädlichen Ausgangsumsätzen in Zusammenhang stehen. Diese sind in vollem Umfang nicht abzugsfähig.
c. Vorsteuern, die sowohl mit vorsteuerunschädlichen als auch vorsteuerschädlichen Ausgangsumsätzen in Zusammenhang stehen. Diese sind in einen abzugsfähigen und einen nicht abzugsfähigen Teil aufzuteilen.

Die Aufteilung richtet sich nach der tatsächlichen, ggf. auch erst späteren Verwendung des bezogenen Gegenstands bzw. der in Anspruch genommenen sonstigen Leistung nach der wirtschaftlichen Zuordnung der Eingangsleistungen. Dabei ist auf die Verwendung im gesamten ersten Kalenderjahr (Erstjahr) abzustellen. Maßgebend für die Aufteilung ist das Verhältnis der Verwendung für Umsätze, die zum Vorsteuerabzug berechtigen zu den Umsätzen, die einen Vorsteuerabzug ausschließen.

4.2.21.1 Aufteilungsmaßstab

Zur wirtschaftlichen Zuordnung wird die betriebliche Kostenrechnung bzw. Gewinnermittlung als Orientierungsmaßstab verwendet. Handelt es sich nicht um Leistungen, die in den Produktionsbereich einfließen, erfolgt die Aufteilung nach anderen geeigneten Aufteilungsmaßstäben.

Bei einer Photovoltaikanlage ist in aller Regel als Aufteilungsmaßstab auf das Verhältnis der unterschiedlich verwendeten Strommengen in kWh abzustellen.

4.2 Umsatzsteuer

Bei einem Pkw oder sonstigen Kfz wird regelmäßig die Fahrleistung in km als zutreffender Aufteilungsmaßstab herangezogen werden können.

Bei Gebäuden bietet sich hierzu das Verhältnis der Nutzflächen in qm an, sofern die Bausubstanz der einzelnen Gebäudeteile nicht erheblich voneinander abweicht. Ansonsten wird eine Aufteilung nach dem umbauten Raum zu einem sachgerechten Ergebnis führen. Auch eine Aufteilung entsprechend der zeitlichen Nutzung ist denkbar. Zudem hat die Rechtsprechung eine Aufteilung entsprechend der Verhältnisse der Ertragswerte bzw. entsprechend der Wertermittlung im Rahmen einer Kaufpreisbildung als sachgerechte Aufteilung eingestuft (BFH, Urteil vom 05.02.1998, V R 101/96, BStBl 1998 II S. 492 bzw. Urteil vom 12.03.1998, V R 50/97, BStBl 1998 II S. 525). Dagegen wird eine Aufteilung im Verhältnis der Umsatzhöhe (Entgelte) regelmäßig als nicht sachgerecht erachtet und nur zugelassen, wenn keine andere wirtschaftliche Zurechnung möglich ist (§ 15 Abs. 4 Satz 3 UStG).

Beispiel
In einem Gebäude wird das Erdgeschoss steuerpflichtig an eine Bäckerei für monatlich 1500 € netto vermietet. Im gleichwertigen Obergeschoss befindet sich eine Wohnung, die für 1200 € steuerfrei vermietet ist. Es sind folgende Vorsteuern in Rechnung gestellt worden: aus einer Dachreparatur 1600 € und aus einer Renovierung der Wohnung 480 €.

Eine Aufteilung des Vorsteuerabzugs kommt nur für die Dachreparatur in Betracht. Entsprechend der Nutzfläche sind 50 % = 800 € abzugsfähig. Die übrigen 800 €, wie auch die vollen 480 € aus der Renovierung der Wohnung, sind nicht abzugsfähig.

4.2.22 Vorsteuerberichtigung

Ändern sich die Nutzungsverhältnisse, führt dies zu einer Vorsteuerberichtigung. Der bisher in Anspruch genommene Vorsteuerabzug wird korrigiert (§ 15a UStG). Als **Nutzungsänderungen**, die zu einer Berichtigung des Vorsteuerabzugs führen, kommen alle Änderungen in Betracht, welche die ursprüngliche Entscheidung in Bezug auf die Abzugsfähigkeit der Vorsteuer in einem anderen Licht erscheinen lassen.

Dies kann insbesondere der Fall sein, wenn ein Unternehmer bei der Installation der Photovoltaikanlage auf die Kleinunternehmerregelung verzichtet hat und in einem späteren Jahr wieder zur Kleinunternehmerregelung übergeht. In diesem Fall stand ihm durch den Verzicht auf den Kleinunternehmerstatus ein Vorsteuerabzug zu, nach dem Wechsel zurück hat er keine Vorsteuerberechtigung mehr.

Eine vergleichbare Situation kann beim steuerfreien Grundstücksverkauf eintreten, wenn auf dem Gebäude eine dachintegrierte Photovoltaikanlage installiert ist; diese ist kein gesondertes Wirtschaftsgut, sondern rechnet zum Gebäude hinzu. Für die Anlage konnte angesichts der damit erzielten steuerpflichtigen Umsätze zunächst die Vorsteuer geltend gemacht werden. Mit dem Verkauf wird ggf. ein steuerfreier Schlussumsatz erzielt, der dem gewährten Vorsteuerabzug entgegensteht.

Diese und vergleichbare Fallvarianten stellen jeweils eine Änderung der für den Vorsteuerabzug maßgeblichen Nutzungsverhältnisse dar. Letztlich wollte der Gesetzgeber durch § 15a UStG vor allem gezielte Steuergestaltungen unterbinden. Als Gestaltung könnten sonst kurzzeitig steuerpflichtige Umsätze generiert und die Vorsteuer gezogen werden, um sodann zur Steuerfreiheit bzw. zu einer Nichtversteuerung als Kleinunternehmer zu wechseln.

4.2.22.1 Berichtigungszeitraum

Solche Änderungen erfordern eine Korrektur, sofern sie innerhalb des Berichtigungszeitraums eintreten. Dieser beträgt grundsätzlich 5 Jahre ab der erstmaligen Verwendung. Für Grundstücke und ihre wesentlichen Bestandteile gilt ein Zeitraum von 10 Jahren.

Speziell für eine Photovoltaikanlage ist jedoch zu beachten, dass diese zwar mit dem Einbau auf einem Gebäudedach ihre körperliche, nicht jedoch ihre wirtschaftliche Eigenart verliert. Deshalb ist eine Photovoltaikanlage in aller Regel kein wesentlicher Gebäudebestandteil. Der maßgebende Korrekturzeitraum beträgt somit nur 5 Jahre.

Achtung! Noch bis 2010 hat die Finanzverwaltung die Auffassung vertreten, dass ein 10-jähriger Zeitraum maßgebend sei. Achten Sie deshalb darauf, dass diese mittlerweile überholte Beurteilung nicht mehr bei einer ggf. erforderlichen Vorsteuerberichtigung zugrunde gelegt wird.

Nur im Ausnahmefall wird eine Photovoltaikanlage als wesentlicher Bestandteil des Gebäudes zu werten sein. Dies betrifft die sog. dachintegrierten Anlagen. Hierbei ersetzt die Anlage die sonst erforderliche Dacheindeckung und wird damit zum unverzichtbaren Gebäudebestandteil. Nur in diesem Fall kann von einem Berichtigungszeitraum mit 10 Jahren ausgegangen werden. Das gilt unabhängig davon, ob die Anlage eine Betriebsvorrichtung ist oder ertragsteuerlich als solche gilt (Abschn. 15a.3 Abs. 1 Satz 3 UStAE sowie BFH, Urteil vom 14.07.2010, XI R 9/09, BStBl 2010 II S. 1086).

4.2.22.2 Wie erfolgt die Berichtigung?

Die Berichtigung wird nicht etwa durch eine Änderung des ursprünglichen Umsatzsteuerbescheids, mit welchem die Vorsteuer gewährt worden ist, vorgenommen. Vielmehr erfolgt die Berichtigung indem ab bzw. in dem Jahr der Änderung der für Vorsteuerabzug maßgebenden Verhältnisse ein zeitanteiliger Ausgleichsbetrag angesetzt wird.

Beispiel

Architekt A ist bereits seit mehreren Jahren unternehmerisch tätig. Am 04.04.2015 hatte er zudem auf seinem EFH eine Photovoltaikanlage installiert und daraus 5000 € Vorsteuer geltend gemacht. Ende 2018 beendet A seine Architektentätigkeit und er wendet ab 2019 die Kleinunternehmerregelung an.

Der maßgebende Berichtigungszeitraum für die Photovoltaikanlage dauert 5 Jahre bzw. 60 Monate (04.04.2015–31.03.2020). Die Änderung der maßgebenden Verhältnisse trat am 01.01.2019 ein. Damit muss A eine Vorsteuerberichtigung für den vorsteuerschädlichen Zeitraum von 15 Monaten vornehmen (01.01.2019–31.03.2020) und in seiner letzten Umsatzsteuer-Voranmeldung für den Dezember 2018 folglich 15/60 von 5000 € = 1250 € als Vorsteuerberichtigung erklären.

4.2.22.3 Veräußerung

Ein Sonderfall liegt bei einer Veräußerung der Photovoltaikanlage vor. Hierbei ist entscheidend, ob die Veräußerung eine sog. **Geschäftsveräußerung im Ganzen** (GiG) darstellt. Eine solche liegt vor, wenn der Erwerber das Unternehmen des Verkäufers fortführt. Dies erfordert – bezogen auf eine Photovoltaikanlage –, dass der Erwerber den Stromeinspeisungsvertrag des Verkäufers übernimmt und damit zum „Nachfolge-Unternehmer" wird. Ist dies der Fall, tritt der Erwerber in die Fußstapfen des Veräußerers ein; das ist in der Praxis meist zu bejahen.

Der Verkauf ist dann umsatzsteuerlich neutral, es ist ein nicht steuerbarer Vorgang (§ 1 Abs. 1a UStG) gegeben, der keine Vorsteuerberichtigung auslöst. Für die Beurteilung ob eine GiG vorliegt, ist es übrigens unerheblich, ob die Photovoltaikanlage allein oder zusammen mit dem Gebäude verkauft wird.

Ist der Verkauf der Anlage dagegen nicht als Geschäftsveräußerung im Ganzen zu werten, führt die Veräußerung der Photovoltaikanlage zu einem steuerpflichtigen Umsatz.

Wird die Photovoltaikanlage zusammen mit dem Grundstück veräußert, ist zu unterscheiden, ob die Anlage

- auf dem Dach aufgesetzt ist:
  – Der Verkauf einer aufgesetzten Anlage ist steuerpflichtig; er fällt nicht unter die Steuerbefreiung des § 4 Nr. 9a UStG. Der Verkäufer schuldet daher die Umsatzsteuer aus der Veräußerung der aufgesetzten Photovoltaikanlage;
- in das Dach integriert ist:
  – Anders bei einer dachintegrierten Anlage, die bewertungsrechtlich ein Gebäudebestandteil ist. Das auf die Photovoltaikanlage entfallende Entgelt ist wie das Entgelt für das Grundstück und das Gebäude nach § 4 Nr. 9a UStG steuerfrei. Um eine ggf. eintretende Vorsteuerberichtigung zu vermeiden, kann jedoch auf die Steuerbefreiung verzichtet werden (Option nach § 9 Abs. 1 und 3 UStG). Der Verzicht muss im notariellen Kaufvertrag mit aufgenommen werden. Eine Option kann nur für die Anlage oder für das Grundstück mit der Anlage erfolgen; ggf. ist ein nur einheitlicher Kaufpreis aufzuteilen.

Zu beachten sind aber zwei oft übersehene Punkte:

1. Das auf die dachintegrierte Photovoltaikanlage entfallende anteilige Entgelt erhöht als grunderwerbsteuerlichen Gegenleistung die Grunderwerbsteuer.
2. Bei der Umsatzsteuer ist ggf. das sog. Reverse-Charge-Verfahren nach § 13b Abs. 2 Nr. 3 UStG zu beachten (Näheres siehe im nächsten Abschnitt).

4.2.23 Umkehr der Steuerschuldnerschaft

Im Regelfall wird die Umsatzsteuer vom Leistungsgeber geschuldet. Doch von diesem Grundsatz gibt es eine Ausnahme, die sog. umgekehrte Steuerschuldnerschaft bzw. das Reverse-Charge-Verfahren nach § 13b UStG. Danach kann ein Unternehmer als **Leistungsempfänger** für bestimmte steuerpflichtige Umsätze die Umsatzsteuer schulden.

Zu den betroffenen Umsätzen gehört u. a. auch die **Lieferung von Elektrizität** (Strom) durch einen im Inland ansässigen Unternehmer (§ 13b Abs. 2 Nr. 5b UStG). Dies würde damit auch den Betreiber einer Photovoltaikanlage betreffen.

Doch Entwarnung!

Diese Regelung greift nur für Stromlieferungen, wenn sowohl der Leistungsgeber als auch der Leistungsempfänger eine sog. Wiederverkäufereigenschaft i. S. des § 3g Abs. 1 UStG haben. Dies mag für den Netzbetreiber wohl zutreffen, in aller Regel ist aber der Betreiber einer Photovoltaikanlage kein Händler in diesem Sinne, der Strom ein- und wieder verkauft (Abschn. 13b.3a Abs. 2 Sätze 3 und 4 UStAE).

Hingegen ist das Reverse-Charge-Verfahren zu beachten bei der **Lieferung und Installation** oder einer Reparatur einer Photovoltaikanlage! Diese Arbeiten fallen unter § 13b Abs. 2 Nr. 4 UStG, da im Regelfall eine Werklieferung vorliegt, die der Herstellung, Instandsetzung, Instandhaltung oder Änderung von Bauwerken dient. Dies gilt für eine Aufdach-Anlage, Fassaden-Anlage und erst Recht bei einer dachintegrierten Anlage (BMF, Schreiben vom 09.12.2013, BStBl 2013 I S. 1620 und Abschn. 13b.2 Abs. 5 Nr. 11 UStAE).

Damit ist nicht der Montagebetrieb als Leistender der Steuerschuldner, sondern der Betreiber der Anlage als Leistungsempfänger. Hierauf hat der abrechnende Leistende in der Rechnung hinzuweisen.

Für den Photovoltaik-Unternehmer bedeutet dies, dass er die Umsatzsteuer für die Lieferung und Montage der Anlage an das Finanzamt zu zahlen hat, der leistende Montagebetrieb erhält nur den Nettobetrag überwiesen. Der Photovoltaik-Unternehmer schuldet damit dem Finanzamt die Umsatzsteuer, hat zugleich aber in aller Regel in selber Höhe einen Vorsteuerabzug. Damit ergibt sich letztlich eine Zahllast mit Null.

Umstritten! Ob die oben dargestellte Rechtsauffassung der Finanzverwaltung (BMF, Schreiben vom 09.12.2013, BStBl 2013 I S. 1620 und vom 28.07.2015, BStBl 2015 I S. 623) zutreffend ist, wird sich erst in der Zukunft zeigen.

So hat das FG Baden-Württemberg (Urteil vom 31.07.2018, 1 K 1029/18) entschieden, dass eine Auf-Dach-Photovoltaikanlage eine bloße Betriebsvorrichtung ist und kein wesentlicher Bestandteil eines Gebäudes. Deshalb komme es nicht zu einer Umkehr der Steuerschuldnerschaft. Dieses Urteil wurde rechtskräftig, nachdem der BFH die hiergegen eingelegte Nichtzulassungsbeschwerde nicht angenommen hat (BFH, Beschluss vom 07.02.2019, XI B 77/18).

· Bereits zuvor hatte der BFH hieran schon mal gewichtige Zweifel geäußert und deshalb eine Aussetzung der Vollziehung gewährt (BFH, Beschluss vom 02.07.2014, XI S 8/14).

Es bleibt die Entscheidung des BFH im Hauptsacheverfahren abzuwarten (beim BFH anhängiges Verfahren, Az. XI R 3/14).

Ebenso kann diese Ausnahmeregelung mit einer Steuerschuldnerschaft nicht des Leistungsgebers, sondern des Leistungsempfängers, bei einer **Veräußerung des Grundstücks** relevant werden, auf dem sich die Photovoltaikanlage befindet. Dieser Vorgang fällt unter das Reverse-Charge-Verfahren nach § 13b Abs. 2 Nr. 3 UStG.

Hierbei ist aber wie folgt zu differenzieren:

- Die Veräußerung des Grundstücks, soweit diese (durch Option) steuerpflichtig ist, fällt unter die Umkehr der Steuerschuldnerschaft; der Leistungsempfänger hat die Umsatzsteuer zu entrichten. Ein gesonderter Steuerausweis im Kaufvertrag bzw. in einer Rechnung ist nicht zulässig (§ 14a Abs. 5 UStG).
- Für eine steuerpflichtige Veräußerung einer normalen Aufdachanlage wird die Umsatzsteuer ganz regulär vom Veräußerer als Leistungsgeber geschuldet; dieser Umsatz fällt nicht unter das GrEStG und damit nicht unter § 13b UStG. Dies macht eine Aufteilung eines Gesamtkaufpreises erforderlich.
- Anders dagegen bei einer dachintegrierten Anlage, die unter das GrEStG fällt. Der Erwerber schuldet bei einer Option zur Steuerpflicht die Umsatzsteuer nach § 13b UStG. Eine Option kann nur für die Anlage oder auch zusammen mit dem Grundstück erfolgen. Es empfiehlt sich in beiden Fällen den Kaufpreis im notariellen Kaufvertrag aufzuteilen, wobei ein gesonderter Steuerausweis wegen der Steuerschuldumkehr nicht zulässig ist (§ 14a Abs. 5 UStG).

Jetzt heißt es tief durchatmen, denn der große Block „Umsatzsteuer" ist geschafft. Sie haben sich damit das erforderliche Grundlagenwissen erarbeitet und können die umsatzsteuerlichen Folgerungen aus dem Betrieb einer Photovoltaikanlage nun optimal umsetzen.

In der Praxis zeigt sich, dass die Umsatzsteuer vor allem zu Beginn ein recht anspruchsvoller Bereich ist. Vieles ist neu und zugleich geht es um Entscheidungen von erheblicher Tragweite. Auch ist die Umsatzsteuer, die vom Finanzamt als Vorsteuer zurück erhalten werden kann, ein nicht unbeträchtlicher Betrag. Da heißt es sorgfältig zu überlegen, zu prüfen, umzusetzen und dann zu handeln.

Ist diese Anfangsphase erst einmal bewältigt, stellt sich schnell Routine ein. Die monatlichen Voranmeldungen und deren Übermittlung via Elster fallen nach etwas Übung durchaus leicht und werfen auch meist keine neuen Fragen auf.

4.3 Einkommensteuer

Der Begriff „Einkommensteuer" ist nahezu jedem Steuerzahler vertraut. Dieser Steuer unterliegen dem Grunde nach alle natürlichen Personen mit ihren einkommensteuerpflichtigen Einkünften.

Bei der Bemessung der Einkommensteuer sind die Grundsätze einer verfassungskonformen Besteuerung zu beachten; dazu gehört vor allem eine Besteuerung nach der persönlichen Leistungsfähigkeit. Aus diesem auch als horizontale Steuergerechtigkeit bezeichneten Grundsatz resultiert, dass jeder Steuerzahler mit einem gleich hohen Einkommen dem Grunde nach dieselbe Steuerlast zu tragen hat.

Zusätzlich sind bei der Einkommensteuer die Grundsätze des sog. objektiven Nettoprinzips zu beachten. Daraus wird abgeleitet, dass bei der Ermittlung der Einkünfte prinzipiell ein uneingeschränkter Abzug von Aufwendungen zu erfolgen hat, die mit der Einkunftsquelle ursächlich zusammenhängen. Nur in eingeschränktem Umfang können typisierende Vereinfachungs- bzw. Pauschalierungsregeln greifen.

Abgerundet wird die Besteuerung durch den Grundsatz des sog. subjektiven Nettoprinzips. Dieses sichert eine steuerliche Berücksichtigung (Abzug) von existenznotwendigen Ausgaben zu, wie dies z. B. durch den Abzug von Sonderausgaben und außergewöhnlichen Belastungen gewährleistet werden soll. Ebenso wird daraus auch eine Steuerermäßigung für Kinder und eine Zusammenfassung der Einkünfte von Ehegatten im Rahmen der Zusammenveranlagung hergeleitet.

Mit diesen allgemeinen Grundlagen, die bei der Steuererhebung zu beachten sind, wollen wir es aber auch bewenden lassen und die konkreten Regeln der Einkommensteuer betrachten.

4.3.1 Grundlagen

Gegenstand der Besteuerung mit Einkommensteuer ist das Einkommen einer natürlichen Person (§ 1 Einkommensteuergesetz – EStG). Zwar soll nach dem Prinzip der horizontalen Steuergerechtigkeit jedes Einkommen eines Steuerzahlers gleich belastet werden. Tatsächlich erfasst der Gesetzgeber mit dem Einkommensteuergesetz (EStG) nur 7 Einkunftsarten. Diese decken jedoch nahezu alle Bereiche ab, aus denen ein Einkommen erzielt werden kann; es sind dies:

- Einkünfte aus Land- und Forstwirtschaft,
- Einkünfte aus Gewerbebetrieb,
- Einkünfte aus selbstständiger Arbeit,
- Einkünfte aus nicht selbstständiger Arbeit,
- Einkünfte aus Vermietung und Verpachtung,
- Einkünfte aus Kapitalvermögen,
- Sonstige Einkünfte,

soweit diese jeweils von natürlichen Personen erzielt werden (§§ 13–22 EStG).

Dem liegt zugrunde, dass nur sog. marktoffene Einkünfte als steuerbarer Tatbestand herangezogen werden – das sog. Markteinkommensprinzip. Mit anderen Worten: „Einkommen" aus Tatbeständen der Privatsphäre und Einkommen ohne Markt werden nicht erfasst. Dazu gehören insbesondere Erträge aus einer Schenkung oder Erbschaft.

4.3.2 Zu versteuerndes Einkommen

Werden die Einkünfte aus den maximal sieben Einkunftsarten addiert, ergibt sich die Summe der Einkünfte. Hiervon werden bestimmte sach- und personenbezogene Verhältnisse des Steuerzahlers mindernd berücksichtigt und dadurch der finanziellen Leistungsfähigkeit des Einzelnen Rechnung getragen.

In der nächsten Stufe findet ggf. eine Kürzung um einen Altersentlastungsbetrag statt, bevor sich der Gesamtbetrag der Einkünfte errechnet. Hiervon werden die Sonderausgaben gekürzt. Damit finden Aufwendungen für notwendige Versicherungen oder Spenden ihre steuerliche Berücksichtigung. Ist ein Steuerzahler von außergewöhnlichen Belastungen betroffen, z. B. Unterhaltsaufwendungen, Krankheitskosten, etc., können diese grundsätzlich steuermindernd gekürzt werden.

Nach dem oben erwähnten Nettoprinzip ist auch der Abzug von aus Vorjahren noch vorhandenen Verlusten vom Einkommen des laufenden Jahres (sog. Verlustvortrag) möglich. Die persönliche Situation des Steuerzahlers kann zudem noch einen Abzug eines Kinderfreibetrags, eines Betreuungsfreibetrags oder eines Entlastungsbetrags für Alleinerziehende rechtfertigen, bevor sich zum Schluss das zu versteuernde Einkommen errechnet.

4.3.3 Steuerfestsetzung

Das ermittelte zu versteuernde Einkommen bildet die Bemessungsgrundlage für die Einkommensteuer, welche aus Tabellen abgelesen werden kann – für Alleinstehende aus der Grundtabelle, für Ehegatten bzw. Partner aus der Splittingtabelle. Der den Steuertabellen zugrunde liegende Steuersatz kann sich bei steuerfreien Einkünften noch durch den sog. Progressionsvorbehalt erhöhen.

Andererseits mindert sich die Einkommensteuer ggf. noch um anzurechnende ausländische Steuern, eine Steuerermäßigung für Kinder oder für haushaltsnahe Dienstleistungen. Auch eine Steuerermäßigung zu den Einkünften aus Gewerbebetrieb kann von Relevanz sein, mit welcher eine Belastung dieser Einkünfte durch die Gewerbesteuer steuersenkend berücksichtigt wird.

Diese einzelnen Schritte der Berechnung des zu versteuernden Einkommens und der festzusetzenden Einkommensteuer kennen Sie ggf. bereits aus Ihrem letzten Einkommensteuerbescheid. Deshalb wenden wir uns nun vor allem den Punkten zu, die durch den Betrieb einer Photovoltaikanlage neu hinzukommen.

4.3.4 Einkünfte aus Gewerbebetrieb

Das Ergebnis gleich vorab:
Der Betreiber einer Photovoltaikanlage übt damit eine gewerbliche Betätigung i. S. des § 15 Abs. 2 EStG aus und erzielt daraus Einkünfte aus Gewerbebetrieb.

4.3.4.1 Voraussetzungen

Einkünfte aus Gewerbebetrieb liegen vor, wenn die folgenden vier positiven Merkmale bestehen und zugleich drei negative Merkmale verneint werden können. Dies sind:

4.3.4.1.1 Selbstständigkeit

Die Grundvoraussetzung für einen Gewerbebetrieb ist ein Handeln auf eigene Rechnung und eigenes Risiko. Nur wenn diese, auch als Unternehmerinitiative bzw. Unternehmerrisiko bezeichneten Faktoren vorliegen, ist von einer Selbstständigkeit auszugehen.

Zur Abgrenzung dient regelmäßig ein unselbstständiger Arbeitnehmer. Dieser ist weitgehend weisungsgebunden, dessen Arbeitszeit ist festgelegt und seine Bezahlung erfolgt im Wesentlichen erfolgsunabhängig. Hierzu gibt es durchaus nur schwer zu unterscheidende Abgrenzungsfälle, welche auch die Rechtsprechung beschäftigt haben. Im Zweifelsfall ist ein Blick auf die Bezahlung für den Fall einer Erkrankung oder während eines Urlaubs hilfreich. Erfolgt eine Vergütung auch für diese Zeit, spricht dies sehr deutlich für eine Unselbstständigkeit.

Bezogen auf das Betreiben einer Photovoltaikanlage ist das Kriterium aber unproblematisch. Beginnend mit dem Entschluss eine Photovoltaikanlage zu errichten, wird diese jeweils weisungsunabhängig auf eigene Gefahr und Rechnung betrieben. Es handelt sich damit ganz klar um eine selbstständige Betätigung.

4.3.4.1.2 Nachhaltigkeit

Von einer Nachhaltigkeit kann ausgegangen werden, wenn eine Tätigkeit auf Wiederholung angelegt ist und sie damit eine ständige Erwerbsquelle sein soll. Durch dieses Kriterium soll eine Abgrenzung gegenüber einmaligen Tätigkeiten bzw. Einkunftsquellen möglich werden. Dabei ist die Wiederholungsabsicht als subjektives Merkmal heranzuziehen. Dies kann im Einzelfall durchaus schwierig sein, da sich diese Absicht als sog. innere Tatsache nach außen nicht messbar zeigt, sondern regelmäßig nur anhand von weiteren Begleitumständen beurteilt werden kann.

Liegen zwischen einzelnen Handlungen größere Zeitabstände, sind diese unerheblich, sofern die einzelnen Tätigkeiten in einer Gesamtschau noch als in sich geschlossene Gesamttätigkeit erkennbar sind.

Ebenso kann eine Nachhaltigkeit noch bejaht werden, wenn zwar nur ein einmaliger Umsatz erzielt worden ist, es aber beabsichtigt war, weitere Umsätze vorzunehmen. Denn entscheidend ist die bereits oben genannte Wiederholungsabsicht.

Dies geht sogar noch weiter. Denn selbst wenn die aktive Geschäftsaufnahme scheitern sollte, kann dennoch eine Nachhaltigkeit angenommen werden. Es muss lediglich gelingen, die Absicht wiederholt Geschäfte zu tätigen, nachzuweisen. Solche Fallkonstellationen treten regelmäßig bei misslungenen Geschäftsgründungen auf. Sofern hierzu auch die Nachhaltigkeit belegt werden kann, ist ein Abzug der vergeblichen Aufwendungen als Verlust aus Gewerbebetrieb möglich.

Die an dieser Stelle möglichen weiteren Ausführungen wollen wir uns sparen. Denn mit Blick auf eine Photovoltaikanlage ist das Merkmal der Nachhaltigkeit völlig unstritig. Mit dem Errichten der Anlage wird eindeutig beabsichtigt auf Jahrzehnte hinaus Strom aus der Sonneneinstrahlung zu erzeugen und diesen gegen Vergütung ins Netz einzuspeisen und allenfalls teilweise selbst zu verbrauchen. Ein klarer Fall einer nachhaltigen Betätigung.

4.3.4.1.3 Teilnahme am allgemeinen wirtschaftlichen Verkehr

Der Betreiber einer Photovoltaikanlage beteiligt sich am allgemeinen wirtschaftlichen Verkehr, indem er nach außen hin in Erscheinung tritt. Dabei ist es unerheblich, dass er sich nur an eine begrenzte Allgemeinheit wendet. Und selbst wenn die Geschäfte nur mit einem Vertragspartner erfolgen, reicht dies aus, sofern sich zumindest dieser am wirtschaftlichen Verkehr beteiligt (so BFH, Urteil vom 12.07.1991, III R 47/88, BStBl 1992 II S. 143).

Diese Aussage ist für den Betreiber einer Photovoltaikanlage relevant. Denn in aller Regel wird eine Einspeisevereinbarung nur mit einem Netzbetreiber abgeschlossen. Dabei verpflichtet sich der Anlagenbetreiber regelmäßig für die nächsten 20 Jahre den produzierten Strom nur diesem Abnehmer zu liefern. Hier könnte ohne die Entscheidung des BFH sonst durchaus ein Fragezeichen hinter eine Teilnahme am allgemeinen wirtschaftlichen Verkehr gesetzt werden. Dies ist aber nicht der Fall, sondern aufbauend auf diesem Urteil ist es allgemein und auch von der Finanzverwaltung anerkannt, dass in derartigen Fallkonstellationen dennoch ein Gewerbebetrieb vorliegt.

4.3.4.1.4 Gewinnerzielungsabsicht

Weitere Voraussetzung für einen Gewerbebetrieb ist, dass die Tätigkeit mit einer Gewinnerzielungsabsicht vorgenommen wird. Dazu ist ein Streben nach einem sog. Totalgewinn im Zeitraum vom Beginn bis zum geplanten Ende der gewerblichen Tätigkeit erforderlich. Indem auf die gesamte voraussichtliche Tätigkeitsdauer abgestellt wird, stellen sich sog. Anlaufverluste in den ersten Jahren der Betätigung grundsätzlich als unschädlich dar. Diese Verluste zu Beginn der Tätigkeit können durch nachfolgende Gewinne kompensiert werden und sind steuerlich anzuerkennen.

Für die Gewinnerzielungsabsicht als innere Tatsache wird in der Praxis auf eine Wirtschaftlichkeits- bzw. Amortisationsberechnung für die Photovoltaikanlage zurückgegriffen. Damit ist belegbar, dass über die planmäßige Nutzungsdauer der Anlage mit 20 Jahren und bei planmäßigem Ablauf des Betriebs ein Gesamtgewinn erzielt werden kann.

Die Höhe des Gesamtgewinns ist dabei unerheblich. Und sollte durch nicht ganz optimale Betriebsbedingungen nach 20 Jahren doch keine „schwarze Null" in der Berechnung stehen, kann gegenüber dem Finanzamt immer noch damit argumentiert werden, dass die Photovoltaikanlage nach 20 Jahren nicht völlig wertlos ist und deshalb ein Restwert der Anlage in die Berechnung des Totalgewinns einfließen muss.

Tipp
Nicht ausgeschlossen ist, dass sich am Ende der Nutzungszeit der Photovoltaikanlage die Erkenntnis ergibt, dass in den vergangenen Jahren doch kein Gewinn erzielt worden ist. Dies kann z. B. durch einen Konstruktionsfehler, Installationsmängel oder eine vorzeitige

Beschädigung der Anlage eintreten. Dennoch können Sie den Ihnen entstandenen Verlust zumindest steuermindernd in Anspruch nehmen. Denn für die Frage des Totalgewinns wird auf die Absicht, einen Gewinn zu erzielen, abgestellt. Dabei bleiben unvorhergesehene schädigende Ereignisse oder nicht kalkulierbare Umstände außen vor.

In aller Regel wird der Punkt der Gewinnerzielungsabsicht durch das Finanzamt auch nicht groß problematisiert. Die einschlägigen Wirtschaftlichkeitsberechnungen sind bekannt und angesichts der zunächst noch recht hohen Einspeisevergütungen, lässt sich regelmäßig zumindest ein kleiner Gewinn erzielen. Dies gilt auch für die aktuelleren Jahre mit ihren bereits deutlich gesunkenen Einspeisesätzen, jedoch den gegenläufig ebenfalls deutlich reduzierten Investitionskosten. Lediglich vor in Kraft treten des EEG in 2004 und den damit verbundenen garantierten Einspeisevergütungen hatte die Finanzverwaltung für diese Altanlagen einen planmäßigen Totalgewinn eingehender überprüft.

Nur im Einzelfall wurde somit eine Gewinnerzielungsabsicht verneint und der Betrieb einer Photovoltaikanlage einer sog. steuerlichen Liebhaberei zugeordnet. Darunter versteht man eine Betätigung, die außerhalb eines wirtschaftlichen Strebens nach einem Gewinn erfolgt, wie dies z. B. bei einer Tätigkeit im Rahmen eines Hobbys der Fall sein kann. Derartige privat motivierte Verluste sollen aber die Steuerlast nicht mindern. Deshalb wird dafür ein einkommensteuerlicher Verlustausgleich mit anderen positiven Einkünften versagt.

Das FG Baden-Württemberg (Urteil vom 09.02.2017, 1 K 841/15, rkr., EFG 2017, S 913) kam zum Ergebnis, dass bei einem Betrieb einer Photovoltaikanlage zunächst der sog. Beweis des ersten Anscheins dafür spricht, dass die Anlage mit der Absicht einer Gewinnerzielung betrieben wird. Dies erfolgt trotz einer negativen Totalgewinnprognose.

In der Praxis werden vor allem Fälle mit einer weitgehenden Fremdfinanzierung der Photovoltaikanlage problematisch sein. Der dafür zu zahlende Zinsaufwand mindert die Wirtschaftlichkeit der Anlage und damit auch in steuerlicher Hinsicht die Chance auf einen Totalgewinn. Dies könnte vor allem in Zukunft zum Tragen kommen, wenn die derzeit noch sehr geringen Zinssätze wieder ansteigen sollten.

Die Frage eines Totalgewinns kann zudem auch im Zusammenhang mit dem Einbau eines Batteriespeichers zu einem Problem werden und ggf. gegen eine gewerbliche Betätigung sprechen (siehe dazu Abschn. 4.3.13).

Zwischenfazit
Diese vier positiven Merkmale eines Gewerbebetriebs – Selbstständigkeit, Nachhaltigkeit, Teilnahme am allgemeinen Wirtschaftsleben und Gewinnerzielungsabsicht – sind bei einer Photovoltaikanlage somit in aller Regel gegeben.

Damit können wir nun einen kurzen Blick auf die ebenfalls relevanten drei negativen Kriterien werfen – dies sind:

4.3.4.1.5 Keine Vermögensverwaltung
Um zu gewerblichen Einkünften zu gelangen, muss die Tätigkeit über den Rahmen einer reinen Nutzung bzw. Verwaltung von Vermögen hinausgehen. Schädlich wäre damit eine private Vermögensverwaltung, oder wie es die Rechtsprechung nennt, eine Nutzung im

Sinne einer Fruchtziehung aus zu erhaltendem Substanzwert. Zur Abgrenzung greift der BFH auf das „Gesamtbild der Verhältnisse und die Verkehrsanschauung" zurück.

Danach führt eine übliche Vermietung eines Wirtschaftsguts oder ein Handel mit Wertpapieren wie auch ein Verkauf eines Grundstücks grundsätzlich nicht zu Einkünften aus Gewerbebetrieb. Es liegen andere steuerpflichtige Einkünfte vor, z. B. solche aus Vermietung und Verpachtung oder Einkünfte aus Kapitalvermögen bzw. aus privaten Veräußerungsgeschäften. Nur im Ausnahmefall kann eine gewerbliche Vermietung oder ein gewerblicher Grundstückshandel bejaht werden.

Eine Vermögensverwaltung wird vorliegen, wenn keine eigene Photovoltaikanlage betrieben wird, sondern z. B. nur die Dachfläche für den Betrieb einer Anlage vermietet wird. Hieraus werden vermögensverwaltende Einkünfte aus Vermietung und Verpachtung erzielt (§ 21 EStG).

Der (aktive) Betrieb einer Photovoltaikanlage geht über eine reine Vermögensverwaltung hinaus. Die Stromerzeugung ist eine produzierende Tätigkeit, die nicht nur vermögensverwaltend ist.

4.3.4.1.6 Keine Land- oder Forstwirtschaft

Nur der Vollständigkeit halber wird die Abgrenzung von den Einkünften aus Land- und Forstwirtschaft (§ 13 EStG) erwähnt. Diese Tätigkeit ist durch die planmäßige Nutzung der Naturkräfte des Bodens und die Verwertung der dadurch gewonnenen Erzeugnisse geprägt.

Dies ist beim Betrieb einer Photovoltaikanlage kein Thema. Die Stromgewinnung erfolgt aus einer planmäßigen Nutzung der Naturkräfte der Sonne.

4.3.4.1.7 Keine selbstständige Tätigkeit

Und auch das dritte Negativkriterium für gewerbliche Einkünfte kann nur kurz erwähnt bleiben. Die Tätigkeit darf nicht den in § 18 EStG genannten Berufen zugeordnet werden können. Dies sind vor allem die freiberuflichen Tätigkeiten und ähnliche Berufe.

Für den Betrieb einer Photovoltaikanlage ist dies definitiv zu verneinen. Dies gilt selbst dann, wenn ein Freiberufler, z. B. ein Architekt, auf seinem Wohnhaus eine Photovoltaikanlage installiert. Der Architekt erzielt dann aus seiner eigentlichen Betätigung Einkünfte aus selbstständiger Arbeit und zusätzlich aus der Photovoltaikanlage Einkünfte aus Gewerbebetrieb.

4.3.4.2 Fazit

Aus dem Betrieb einer Photovoltaikanlage werden Einkünfte aus Gewerbebetrieb erzielt.

4.3.5 Gewinnermittlung

Die Einkünfte aus Gewerbebetrieb sind der Gruppe der Gewinneinkünfte zuzurechnen (ebenso wie die Einkünfte aus Land- und Forstwirtschaft bzw. aus selbstständiger Arbeit).

Alle übrigen Einkunftsarten werden als Überschusseinkünfte bezeichnet, bei denen der Überschuss der Einnahmen über die Werbungskosten zu berechnen ist. Hingegen muss für die Gewinneinkünfte jeweils der steuerliche Gewinn ermittelt werden.

4.3.5.1 Gewinnermittlungsarten
Die Gewinneinkünfte können durch verschiedene Gewinnermittlungsarten errechnet werden. In Frage kommen:

- die Gewinnermittlung durch Buchführung/Bilanzierung (§ 5 Abs. 1 EStG i. V. m. §§ 140, 141 AO) oder
- die Ermittlung durch die Einnahmen-Überschuss-Rechnung (§ 4 Abs. 3 EStG).

4.3.5.1.1 Buchführung/Bilanzierung
Gleich vorab: Für eine Photovoltaikanlage üblicher Größe ist diese aufwändigere Form der Gewinnermittlung durch eine Bilanzierung nicht zwingend, sondern kann allenfalls freiwillig zur Ermittlung des Gewinns herangezogen werden.

Der Gewinn wird durch einen Bestandsvergleich ermittelt, bei welchem der Wert des Betriebsvermögens am Schluss eines Wirtschaftsjahrs mit dem Wert des Betriebsvermögens am Schluss des vorangegangenen Wirtschaftsjahrs verglichen wird. Um nichtbetriebliche Vorgänge auszuklammern ist noch eine Korrektur um den Wert der Entnahmen bzw. der Einlagen vorzunehmen.

Erst wenn ein

- Gewinn von mehr als 60.000 € im Jahr erzielt wird, oder
- der jährliche Umsatz 600.000 € übersteigt,

ist für die gewerblichen Einkünfte aus der Photovoltaikanlage eine Gewinnermittlung nach § 5 EStG vorgeschrieben. Die maßgebenden gesetzlichen Vorschriften sind die §§ 140, 141 AO i. V. mit §§ 238 ff., 264 ff. und 336 HGB. Bis 2015 lagen die oben genannten Grenzwerte noch bei 50.000 € Gewinn bzw. bei 500.000 € Umsatz.

Derartige Größenordnungen werden mit einem „Kleinbetrieb" Photovoltaikanlage nicht erreicht, sodass diese meist auch finanziell aufwändigere Gewinnermittlungsart nicht erforderlich ist.

4.3.5.1.2 Einnahmen-Überschuss-Rechnung
Deutlich einfacher ist die Gewinnermittlung durch eine Gegenüberstellung der Betriebseinnahmen und der Betriebsausgaben, die auch als „4-3-Rechnung" bezeichnet wird (entsprechend der gesetzlichen Grundlage in § 4 Abs. 3 EStG). Dieser Gewinnermittlungsart sollten Sie den Vorzug geben. Sie verursacht nicht nur weniger Kosten, sondern mit etwas Engagement können Sie Ihren Gewinn, auch ohne fremde Hilfe, selbst zutreffend ermitteln.

Zu dieser Gewinnermittlung sind alle Gewerbetreibende berechtigt, die nicht gesetzlich verpflichtet sind, Bücher zu führen bzw. einen Bilanzabschluss zu erstellen, und die auch nicht freiwillig Bücher führen bzw. Abschlüsse machen. Ist dies der Fall, wird der Gewinn als Überschuss der Betriebseinnahmen über die Betriebsausgaben ermittelt. Sind die Betriebseinnahmen höher als die Betriebsausgaben ergibt sich ein Gewinn. Liegen die Betriebsausgaben über den Betriebseinnahmen ergibt sich für dieses Jahr ein Verlust – also negative Einkünfte aus Gewerbebetrieb.

Eine Gewinnermittlung durch Einnahmen-Überschuss-Rechnung kann wie in Tab. 4.2 dargestellt aussehen (am Beispiel einer in 2016 errichteten Photovoltaikanlage).

Hinweis: Welche Erträge Betriebseinnahmen sind bzw. welche Aufwendungen als Betriebsausgaben geltend gemacht werden können, wird in den nachfolgenden Abschnitten (s. Abschn. 4.3.8) und (s. Abschn. 4.3.9) erläutert.

Die Gewinnermittlung konnte früher völlig formfrei auf einem Blatt Papier erstellt und der jährlichen Einkommensteuererklärung beigefügt werden. Seit einigen Jahren hat die Finanzverwaltung dazu auch einen Vordruck aufgestellt – die „Anlage EÜR" (s. Abschn. 4.3.5.3), welcher mittlerweile zwingend zu verwenden und elektronisch zu übermitteln ist.

4.3.5.2 Aufzeichnungspflichten

Unabhängig von der gewählten Gewinnermittlungsart soll an dieser Stelle noch auf die Pflicht hingewiesen werden, dass sämtliche Belege, welche eine Photovoltaikanlage betreffen, 10 Jahre lang aufbewahrt werden müssen. Diese jeden Gewerbetreibenden treffende allgemeine Aufbewahrungspflicht für Geschäftspapiere gilt auch für Betreiber einer Photovoltaikanlage.

4.3.5.3 Anlage EÜR

Dieser Vordruck soll grundsätzlich von jedem Steuerzahler verwendet werden, der seinen Gewinn durch Einnahmen-Überschuss-Rechnung ermittelt. Er gibt den Rahmen und die Gliederung für diese Gewinnermittlung vor.

Tab. 4.2 Einnahmen-Überschuss-Rechnung nach § 4 Abs. 3 EStG für das Jahr 2018

Betriebseinnahmen	
Einspeisevergütungen	1100 €
Dazu erhaltene Umsatzsteuer 19 %	209 €
Nettopreis selbst verbrauchter Strom	500 €
Darauf Umsatzsteuer 19 %	95 €
Umsatzsteuererstattung Finanzamt	55 €
Betriebsausgaben	
Wartungskosten	230 €
Versicherung	100 €
Zinsaufwendungen	225 €
Gezahlte Umsatzsteuer	346 €
Abschreibung	917 €
Gewinn	141 €

Bereits ein erster Blick auf die Anlage EÜR lässt erkennen, dass dies ein sehr komplexer Vordruck ist. Mit weiteren Anlageblättern umfasst die Anlage EÜR immerhin mindestens 5 Seiten und es bedarf durchaus einiger Übung bis alle Eintragungen zutreffend erfolgen.

Der Vordruck Anlage EÜR besteht aus drei Teilen:

- der eigentlichen Einnahmen-Überschuss-Rechnung (Anlage EÜR),
- der Ermittlung der nicht abziehbaren Schuldzinsen i. S. des § 4 Abs. 4a EStG und
- dem Anlageverzeichnis bzw. Ausweis von bestimmtem Umlaufvermögen.

Früher hatte die Finanzverwaltung ein Einsehen und forderte von den Steuerzahlern nur dann die Anlage EÜR ein, wenn die Betriebseinnahmen mindestens 17.500 € betragen haben. Für alle Kleinstbetriebe, die unter dieser Umsatzgrenze lagen, wurde es nicht beanstandet, wenn anstatt einer Anlage EÜR nur eine formlose Gewinnermittlung eingereicht wird (BMF, Schreiben vom 23.08.2010, BStBl 2010 I S. 649).

Doch ab dem Steuerjahr 2017 ist die elektronische Abgabe der Anlage EÜR für alle Steuerzahler mit Einnahme-Überschuss-Rechnung verpflichtend. Nur in seltenen Härtefällen kann das Finanzamt von einer Übermittlung via Elster absehen und eine Anlage EÜR auf Papier akzeptieren.

4.3.5.4 Anlage G

Zwingend und ohne Ausnahme vorgeschrieben ist auch die Anlage G. In diesem Vordruck zur Einkommensteuererklärung werden die Einkünfte aus Gewerbebetrieb erfasst.

Das ist unproblematisch. Zunächst tragen Sie in Zeile 1–3 Ihren Namen, Vornamen und Ihre Steuernummer ein und kreuzen an, für welchen Ehegatten die Anlage G sein soll. Haben Eheleute eine gemeinsame Photovoltaikanlage, werden zwei Anlagen G benötigt – für jeden Ehegatten eine.

Sodann ist lediglich noch der in der Gewinnermittlung ermittelte Gewinn oder Verlust in die Zeile 4 der Anlage G zu übernehmen. Dort tragen Sie zur Bezeichnung des Gewerbebetriebs „Photovoltaikanlage" ein und übernehmen rechts nach der Kz. 10/11 das ermittelte Ergebnis der Einnahmen-Überschuss-Rechnung.

Alle weiteren Zeilen sind für die typische Photovoltaikanlage nicht relevant. Denn mangels zu zahlender Gewerbesteuer (s. Abschn. 4.4) kommt keine Steuerermäßigung wegen anzurechnender Gewerbesteuerzahlungen in Betracht (Zeilen 16–22). Allenfalls wenn die Photovoltaikanlage einmal veräußert werden sollte (= Betriebsaufgabe), müsste ein Veräußerungsgewinn in den Zeilen 31 ff. erklärt werden.

4.3.5.5 Elektronische Steuererklärung

Steuerzahler mit Gewinneinkünften sind gesetzlich verpflichtet, alle Steuererklärungen dem Finanzamt elektronisch zu übermitteln; dafür ist zudem die authentifizierte Form vorgeschrieben (§ 25 Abs. 4 EStG, § 60 Abs. 4 EStDV i. V. mit § 150 Abs. 6–8 AO). Dies erfordert eine Registrierung mit Authentifizierung, die zunächst durchlaufen werden muss. Näheres dazu unter https://www.elster.de/eportal/start.

4.3 Einkommensteuer

Sind diese technischen Voraussetzungen gegeben, kann die Einkommensteuererklärung einschließlich Anlage EÜR und Anlage G (wie auch alle Umsatzsteuer-Voranmeldungen bzw. die Jahreserklärung) ohne Papierausdruck dem Finanzamt übersandt werden.

Der Vorteil für Sie ist, dass die Finanzämter im Rahmen des personell Möglichen diese Erklärungen zeitlich vorgezogen bearbeiten. Zudem müssen meist keine Belege mit eingereicht werden, sondern die den erklärten Daten zugrunde liegenden Nachweise und Unterlagen müssen nur aufbewahrt werden. Will oder muss das Finanzamt Belege einsehen, fordert es die betreffenden Unterlagen bedarfsweise an.

4.3.6 Betriebsvermögen

Bevor wir uns nun den einzelnen Betriebseinnahmen bzw. Betriebsausgaben zuwenden, gilt es noch eine Vorfrage zu erörtern – was gehört zum Betriebsvermögen? Denn nur Erträge aus Wirtschaftsgütern des Betriebsvermögens sind steuerlich relevante Betriebseinnahmen. Und nur Aufwendungen, die mit dem Betriebsvermögen in wirtschaftlichem Zusammenhang stehen, können als Betriebsausgaben geltend gemacht werden.

Im Allgemeinen ist ein Wirtschaftsgut dann dem Betriebsvermögen zuzurechnen, wenn es

- überwiegend für Zwecke des Betriebs genutzt bzw. eingesetzt wird, oder
- nach seiner Funktion im Betrieb nur Betriebsvermögen sein kann.

4.3.6.1 Konkrete Betrachtung

Soweit die wissenschaftlich korrekte Abgrenzung des Betriebsvermögen, die aber für die Praxis dennoch reichlich unbestimmt ist. Deshalb werfen wir gleich einen Blick auf die einzelnen Wirtschaftsgüter im Bereich einer Photovoltaikanlage.

- **Photovoltaikanlage**
- **Aufdachanlage**

Dass eine auf dem Dach installierte Anlage einschließlich all ihrer Komponenten dem Betriebsvermögen zuzuordnen ist, ist nachvollziehbar. Die Photovoltaikanlage wird für den Betrieb genutzt und ist nach ihrer Funktion dazu zweifellos geeignet. Sie dient vollständig dem Gewerbebetrieb „Stromerzeugung" und ist regelmäßig als Betriebsvorrichtung zu werten.

Die Herstellungskosten für dieses Wirtschaftsgut des Betriebsvermögens sind verteilt über die Nutzungsdauer als jährlicher Abschreibungsaufwand als Betriebsausgaben zu berücksichtigen.

4.3.6.1.1 Dachintegrierte Anlage

Problematischer dagegen die Entscheidung bei einer dachintegrierten Photovoltaikanlage. Dabei handelt es sich z. B. um Solardachsteine, Solardachfolien oder Indach-Solarmodule.

Diese Form einer Photovoltaikanlage ist grundsätzlich als unselbstständiger Gebäudebestandteil einzustufen und stellt damit keine Betriebsvorrichtung dar (Gleichlautender Erlass der obersten Finanzbehörden der Länder vom 15.03.2006, BStBl 2006 I S. 314).

Entscheidend ist hierbei die vorzunehmende Abgrenzung zwischen Betriebsvorrichtung oder unselbstständigem Gebäudebestandteil. Eine dachintegrierte Photovoltaikanlage dient ihrer Funktion nach nur mittelbar dem ausgeübten Gewerbebetrieb. Primär fungiert aber die Dacheindeckung trotz der eingebauten Solarzellen als Schutz des Gebäudes vor der Witterung (Regen, Schnee, etc.). Eine dachintegrierte Photovoltaikanlage hat damit zwei Funktionen – die gewerbliche Funktion Stromerzeugung und der Witterungsschutz für das Gebäude. Diese Zwei-Funktionalität steht einer Wertung als gesonderte Betriebsvorrichtung entgegen (so auch: FG Rheinland-Pfalz, Urteil vom 19.03.2007, 5 K 1639/05, EFG 2007, S. 1068, rechtskräftig). Die steuerrechtlichen Folgen daraus sind:

Bisher
Die Herstellungskosten sind den übrigen Herstellungskosten des Gebäudes zuzurechnen. Nur wenn das Gebäude steuerlich relevant zur Einkünfteerzielung genutzt wird, wirken sich die Aufwendungen über die Gebäudeabschreibung aus. Eine separate Abschreibung der ins Dach integrierten Photovoltaikanlage ist nicht möglich. Liegt ein Austausch des Daches bzw. eine Dachsanierung vor, sind die Aufwendungen den Erhaltungsaufwendungen zuzurechnen, die bei Erzielung von Vermietungseinkünften als Werbungskosten abzugsfähig sein können.

Allerdings war es bisher bereits anerkannt, dass die Kosten für eine dachintegrierte Photovoltaik mittels einer Aufwandseinlage als Betriebsausgaben berücksichtigt werden konnten. Diese rein wirtschaftliche Sonderrechnung konnte nur im Schätzungswege erfolgen, indem z. B. auf den Mehraufwand gegenüber einer konventionellen Dacheindeckung abgestellt wurde. Diese Mehr-Aufwendungen für die Photovoltaik waren dann „wie" eine Abschreibung in die Gewinnermittlung einzubeziehen.

Neu
Neuerdings neigt die Finanzverwaltung jedoch zur Vereinfachung. Ungeachtet der bewertungsrechtlichen Zuordnung zu den Gebäudebestandteilen können auch dachintegrierte Photovoltaikanlagen für ertragsteuerliche Zwecke „wie" Betriebsvorrichtungen behandelt werden. So hat es die OFD Münster am 22.03.2011 entsprechend einem Beschluss der obersten Finanzbehörden des Bundes und der Länder verfügt (Az. S 2172 – 12 – St 12–33).

Die Solarmodule in der Dacheindeckung können damit wie Betriebsvermögen gesondert abgeschrieben werden. Leider wird nicht näher ausgeführt, in welcher Weise die Aufwendungen für die Photovoltaik aus den Gesamtkosten der Dacheindeckung zu isolieren sind. Hierfür bietet sich m. E. eine schätzungsweise Aufteilung an, die sich an den Mehrkosten für die Eindeckung mit einer dachintegrierten Photovoltaik orientiert.

Hingegen wird ausgeführt, dass die Dachkonstruktion nicht zur Photovoltaikanlage, sondern zum Gebäude gehört. Die darauf entfallenden Aufwendungen sind daher dem Gebäude entweder als Anschaffungs- bzw. Herstellungskosten oder als Erhaltungsaufwendungen zuzurechnen und können nicht mit der Photovoltaikanlage abgeschrieben bzw. als Betriebsausgaben abgezogen werden.

4.3.6.1.2 Gebäude

Damit ist die Frage, ob ein Gebäude auf dessen Dach eine Photovoltaikanlage installiert worden ist (Aufdachanlage), dem Betriebsvermögen zuzurechnen ist, nahezu beantwortet. Allein durch den Wert des Gebäudes und den daraus resultierenden Folgen einer eventuellen Zuordnung zum Betriebsvermögen ist diese Frage jedoch äußerst relevant.

Auch hier ist für steuerliche Zwecke eine Abgrenzung erforderlich. Nachdem aber bereits eine dachintegrierte Anlage dem Grundvermögen Gebäude zuzurechnen war, verändert sich die Zuordnung des Gebäudes durch die Installation einer Anlage auf dem Dach erst Recht nicht. Denn entsprechend dem oben zitierten Ländererlass fallen unter den Begriff Betriebsvorrichtung nur Vorrichtungen, mit denen ein Gewerbe unmittelbar(!) betrieben wird. Damit können allenfalls selbstständige Bauwerke ohne anderweitige Nutzung der Betriebsvorrichtung Photovoltaik zugeordnet werden. Nicht aber ein Gebäude, das im Übrigen zu Wohnzwecken oder anderweitig genutzt wird.

Das gilt ebenso für die zum Gebäude gehörende Dachkonstruktion, die zwar auch die Anlage zu tragen hat, aber primär die Dacheindeckung trägt und damit originärer Teil des Gebäudes bleibt.

4.3.6.1.3 Batteriespeicher

In letzter Zeit werden vermehrt Photovoltaikanlagen mit Batteriespeichern angeboten. Auch Speicher zum Nachrüsten sind auf dem Markt. Hierzu vertrat die Finanzverwaltung die m. E. zutreffende Auffassung, dass die Batteriespeicher oder vergleichbare Speichersysteme als unselbstständige Teile dem Wirtschaftsgut Photovoltaikanlage zuzurechnen sind; es liegt eine einheitliche „Gesamtanlage" vor.

Damit rechnen die Anschaffungskosten für den Speicher zu den abschreibungsfähigen Aufwendungen der Photovoltaikanlage, auch wenn der Speicher primär dem Selbstverbrauch des erzeugten Stroms dienen wird.

Diese eher großzügige Betrachtung kann für eine Anlage, die nach dem 31.03.2012 in Betrieb genommen worden ist, so nicht mehr generell gelten. Denn in diesem Fall wird ein Direktverbrauch nicht mehr vergütet. Deshalb ist die zutreffende steuerliche Behandlung für neuere Anlagen und erst recht für den Fall, dass ein Stromspeicher erst nachträglich angeschafft wurde, nicht mehr ganz so einfach. Der aktuelle Sachstand wird in einem gesonderten Abschn. 4.3.13 dargestellt.

4.3.6.2 Zwei Betriebe?

Ein besonderer Aspekt ist die Differenzierung bei bereits gegebenen Gewinneinkünften. Entscheidet sich ein Land- und Forstwirt, ein Gewerbetreibender oder ein Freiberufler zusätzlich zu seiner bisherigen Tätigkeit auch noch eine Photovoltaikanlage zu errichten, stellt sich die Frage, ob er dann einen oder zwei betriebliche Tätigkeiten ausübt. Dies kann durchaus relevant sein. So steht z. B. jedem Gewerbebetrieb ein eigener Freibetrag zu, bis zu welchem keine Gewerbesteuer erhoben wird.

Grundsätzlich stellt eine Photovoltaikanlage einen 2. Betrieb dar. Dies ist bei einem Land- und Forstwirt bzw. bei einem Freiberufler bereits durch die unterschiedlichen Einkunftsarten vorgegeben.

Doch auch bei einem Gewerbetreibenden ist eine Photovoltaikanlage in aller Regel als weiterer Gewerbebetrieb zu qualifizieren. Denn ein einheitlicher Betrieb ist nur anzunehmen, wenn die Photovoltaikanlage nicht nur in einem räumlichen Zusammenhang steht, z. B. indem die Anlage auf dem Dach des Betriebsgebäudes installiert wird. Zusätzlich wird ein sachlicher Zusammenhang mit der anderen gewerblichen Betätigung gefordert.

Sind die beiden Tätigkeiten ungleichartig, fehlt es in der Regel an einer organisatorischen und wirtschaftlichen Verflechtung. Dabei ist eine Gesamtwürdigung aller Umstände vorzunehmen. Jeder Betrieb muss für sich selbstständig und eigenständig sein und es darf nur in der Person des Gewerbetreibenden eine Verbindung bestehen. So auch die Entscheidung des Schleswig-Holsteinischen Finanzgerichts (Urteil vom 22.09.2010, 2 K 282/073, bestätigt durch BFH, Urteil vom 24.10.2012, X R 36/10, BFH/NV 2013 S. 252).

Hingegen kann eine enge Verflechtung anzunehmen sein, wenn eine gewisse Förderung und Ergänzung des Gewerbes durch die Photovoltaikanlage eintritt. Vorstellbar ist dies z. B. bei einem Elektriker oder einem Dachdeckerbetrieb. So hat auch der BFH im Fall eines Elektroinstallationsunternehmens geurteilt, dass das Betreiben einer Photovoltaikanlage als einheitlicher Gewerbebetrieb gilt (BFH, Urteil vom 15.09.2010, X R 21/08, BFH/NV 2011, S. 238). Die beiden Tätigkeiten des Steuerzahlers haben sich wechselseitig ergänzt. Bei der Installation konnte das eigene Fachwissen genutzt werden und zugleich zeigt die Photovoltaikanlage die Fachkundigkeit des Betriebs auf und kann dazu beitragen, Kunden zu gewinnen.

4.3.7 Wann sind Erträge oder Aufwendungen zu erfassen?

An dieser Stelle werfen wir einen Blick auf die zeitliche Zuordnung der Betriebseinnahmen bzw. Betriebsausgaben, also der Frage, in welchem Jahr ein Ertrag zu erfassen ist bzw. in welchem Jahr ein Aufwand den Gewinn mindert.

4.3.7.1 Gewinnermittlungsart ist maßgebend

Diese Frage ist primär von der (unter dem obigen Abschn. 4.3.5) erörterten Gewinnermittlungsart abhängig. Erfolgt die Gewinnermittlung durch Bilanzierung, ist eine periodengerechte Abgrenzung erforderlich. Wird der Gewinn dagegen durch Einnahmen-Überschuss-Rechnung ermittelt, wird auf den Zeitpunkt des Zu- bzw. Abflusses abgestellt.

Beispiel
Im Dezember 2018 wird Strom für 250 € produziert und ins Netz eingespeist. Der Netzbetreiber rechnet den Betrag mit Gutschrift Ende Januar 2019 ab.

Bei einer Gewinnermittlung durch Bilanzierung ist in der Buchführung für 2018 noch eine Forderung zu aktivieren. Damit sind die 250 € als Betriebseinnahmen 2018 erfasst.

Bei einer Gewinnermittlung durch Einnahmen-Überschuss-Rechnung ist hingegen der Zufluss der 250 € maßgebend. Dieser war erst in 2019, sodass Betriebseinnahmen des Jahres 2019 vorliegen.

4.3.7.2 Grundsatz

Nachdem der weit überwiegende Anteil aller Betreiber einer Photovoltaikanlage den Gewinn durch Einnahmen-Überschuss-Rechnung ermittelt, wird diese Gewinnermittlungsart hier als Grundfall angenommen.

Entscheidend für die zeitliche Zuordnung ist das sog. Zu- und Abflussprinzip des § 11 EStG. Betriebseinnahmen sind in dem Wirtschaftsjahr anzusetzen, in welchem sie zufließen. Betriebsausgaben sind in dem Wirtschaftsjahr abzusetzen, in welchem sie geleistet worden (abgeflossen) sind. Diese beiden Grundsätze gelten auch für eventuelle Vorauszahlungen, Vorschüsse oder Abschlagszahlungen.

Damit können Sie sich für die Gewinnermittlung an Ihren Kontoauszügen orientieren. Ist dort die Einnahme gebucht, ist diese auch als Betriebseinnahme zu erfassen. Konkret ist dabei nicht auf den Tag der Gutschrift, sondern auf den ausgewiesenen Wertstellungstag abzustellen. Lediglich bei Scheckzahlung ist bereits im Zeitpunkt der Übergabe des Schecks auch der Zu- bzw. Abfluss erfolgt.

4.3.7.3 Ausnahme: regelmäßig wiederkehrende Beträge

Eine Durchbrechung des Zu- und Abflussprinzips gibt es aber. Betroffen davon sind regelmäßig wiederkehrende Einnahmen bzw. Ausgaben. Dies sind z. B.

- die monatliche oder vierteljährliche Stromabrechnung,
- Versicherungsbeiträge, und auch
- die Umsatzsteuer-Voranmeldung.

Sofern solche regelmäßig wiederkehrenden Einnahmen bzw. Ausgaben kurze Zeit vor Beginn oder kurze Zeit nach Ende Kalenderjahrs erfolgen, werden diese dem Jahr zugerechnet, zu dem sie wirtschaftlich gehören. Als kurze Zeit gilt ein **Zeitraum von 10 Tagen**.

Beispiel

Die Umsatzsteuervoranmeldung für den Dezember 2018 wird am 09.01.2019 an das Finanzamt übermittelt und am selben Tag auch die errechnete Umsatzsteuerzahllast überwiesen.

Da es sich entsprechend der Rechtsprechung des BFH (Urteil vom 01.08.2007, XI R 48/05, BFH/NV 2008 S. 2187) auch bei den Umsatzsteuervorauszahlungen um regelmäßig wiederkehrende Beträge handelt, ist die Umsatzsteuer für den Monat Dezember trotz der Zahlung in 2019 noch in 2018 als Betriebsausgabe zu erfassen (so auch BMF, Schreiben vom 10.11.2008, BStBl 2008 I S. 958).

Das Zu- und Abflussprinzip in Kombination mit dieser Ausnahmeregelung bietet in gewissem Umfang die Möglichkeit, insbesondere Betriebsausgaben durch eine entsprechend vorgezogene oder hinausgezögerte Zahlung völlig legal um ein Wirtschaftsjahr zu verlagern. Dadurch lassen sich im gewünschten Jahr ein steuerlich niedrigerer Gewinn und damit ggf. ein Progressionsvorteil, sowie ein gewisser Zinsvorteil erzielen.

4.3.8 Betriebseinnahmen

Zu den Betriebseinnahmen zählen alle Erlöse oder Wertzugänge in Geld oder Geldeswert, die durch den Betrieb veranlasst sind, also mit diesem sachlich zusammenhängen. Dazu gehören in erster Linie die Einnahmen aus dem Grundgeschäft – die vom Netzbetreiber gezahlte gesetzlich garantierte Einspeisungsvergütung.

Doch daneben können auch noch Einnahmen aus sog. Neben- oder Hilfsgeschäften zu berücksichtigen sein. Dazu rechnet nicht zuletzt eine Umsatzsteuererstattung des Finanzamts. Denkbar ist auch eine Einnahme aus der Veräußerung von nicht mehr benötigten Wirtschaftsgütern, wie z. B. der Verkauf von überzähligem Material.

Soweit der kurz gefasste Einstieg in die Betriebseinnahmen. Zu einigen Punkten lohnt jedoch eine etwas ausführlichere Betrachtung.

4.3.8.1 Einspeisevergütung
Unproblematisch ist die Vergütung für den **eingespeisten Strom** nach dem normalen Tarif, also z. B. in Höhe von 12,40 Cent je kWh für eine im Juni 2015 installierte Photovoltaikanlage.

Etwas diffiziler wird es für den **selbst verbrauchten Strom:**

Für Anlagen, die **zwischen dem 01.01.2009 und dem 31.03.2012** in Betrieb gegangen sind, gibt es auch für den selbst verbrauchten Strom eine – allerdings reduzierte – Einspeisevergütung. Denn durch gesetzliche Fiktion gilt für diese Anlagen auch der selbst verbrauchte Strom zunächst als in das Netz eingespeist und sodann in einem zweiten Schritt vom Netzbetreiber als zurückgeliefert. Die Einspeisevergütung war bzw. ist etwas geringer und beträgt z. B. 16,74 Ct/kWh für eine in 2011 in Betrieb genommene Photovoltaikanlage. Auch diese Einspeisevergütung stellt eine Betriebseinnahme dar.

Zusätzlich ist aber als (fiktive) weitere Betriebseinnahme der im eigenen Haushalt verbrauchte selbst produzierte Strom zu erfassen. Dieser Eigenverbrauch stellt steuerrechtlich eine Sachentnahme für private Zwecke dar.

Als Wert für Sachentnahmen ist nach § 6 Abs. 1 Nr. 4 EStG der Teilwert anzusetzen. Der Teilwert entspricht den Wiederbeschaffungskosten, also den gesamten anteiligen Kosten für den produzierten Strom. Hierin fließen über die jährlichen Abschreibungen vor allem die Herstellungskosten der Photovoltaikanlage ein, aber auch alle Nebenkosten wie Wartung, Versicherung und Zinsaufwand.

Wem diese Ermittlung zu aufwändig ist, kann auf eine Vereinfachungsregelung der Finanzämter zurückgreifen. Es wird nicht beanstandet, wenn als Teilwert auf den Marktpreis für Haushaltsstrom zurückgegriffen wird. Dieser kann aus der Stromabrechnung für den übrigen vom Energieversorger bezogenen Strom abgelesen werden; je nach Anbieter wird dies ein Betrag zwischen 28 und 34 Cent je kWh sein.

Achtung! Damit ergibt sich ein Unterschied zwischen Umsatzsteuer und Einkommensteuer! Denn bei der Umsatzsteuer ist generell die Einspeisevergütung der steuerpflichtige Umsatz. Dies ist durch die umsatzsteuerliche Fiktion der Hin- und Rücklieferung bedingt.

Anders verhält es sich beim Selbstverbrauch hingegen bei Photovoltaikanlagen, die **vor dem 01.01.2009 bzw. nach dem 31.03.2012** in Betrieb gegangen sind. Für diese Anlagen wurde bzw. wird für den selbst verbrauchten Strom keine Einspeisevergütung gezahlt.

Der im privaten Haushalt verbrauchte Strom führt aber zu einer Entnahme. Diese ist mit dem Teilwert (§ 6 Abs. 1 Nr. 4 EStG), welcher wiederum den Selbstkosten bzw. den Wiederbeschaffungskosten entsprechen wird (siehe oben), anzusetzen.

Praxisproblem: Die übliche Hausdachanlage mit einer Leistung bis zu 10 kWp verfügt oftmals über keinen Zähler für den gesamten erzeugten Strom. Gemessen wird nur die eingespeiste Strommenge. Damit liegen zunächst keine Werte vor, in welchem Umfang Strom selbst verbraucht worden ist.

Die Finanzverwaltung lässt aus Vereinfachungsgründen zu, dass der insgesamt erzeugte Strom mit 1000 kWh je kWp installierter Leistung geschätzt wird. Von diesem Wert kann die eingespeiste Strommenge abgezogen werden; es verbleibt die entnommene, selbst verbrauchte Strommenge.

Für diese kann wiederum aus Vereinfachungsgründen von einem Strompreis in Höhe von 20 Ct/kWh, anstelle der ggf. nur mühevoll zu ermittelnden Selbstkosten, ausgegangen werden.

Es ist aber selbstverständlich möglich, die gesamte erzeugte Strommenge nachzuweisen, z. B. anhand von Daten des Wechselrichters oder eines gesonderten Stromzählers. Ebenso können auch die Selbstkosten konkret ermittelt werden; das ist vor allem dann sinnvoll, wenn diese unter den o. g. pauschalen 20 Ct je kWh liegen!

Schließlich ist neben der Einspeisevergütung und dem Wertansatz für den Selbstverbrauch noch eine dritte Einnahmequelle denkbar: Der produzierte Strom wird teilweise an einen **Mieter verkauft**. Auch hierfür wird – wie beim Selbstverbrauch – ggf. eine Einspeisevergütung gezahlt, wenn auch mit einem reduzierten Satz. Diese ist wiederum eine Betriebseinnahme. Zusätzlich ist der dem Mieter in Rechnung gestellte und von ihm gezahlte Preis für den gelieferten Strom als Betriebseinnahme zu erfassen.

4.3.8.2 Umsatzsteuer

Generell gilt, dass zu den Betriebseinnahmen bei der üblichen Gewinnermittlung durch Einnahmen-Überschuss-Rechnung auch die vereinnahmte Umsatzsteuer für die Stromlieferung gehört. Damit sind die neben den Nettoeinnahmen, mit z. B. 12,40 Cent Einspeisevergütung, auch die darauf erhaltene Umsatzsteuer mit 19 % = 0,024 Cent je kWh als Betriebseinnahme bei der Ermittlung des Gewinns zu berücksichtigen.

Bitte beachten!

In der Anlage EÜR zur Gewinnermittlung dürfen Sie die Stromeinnahmen in Zeile 14 nur netto eintragen. Denn die vereinnahmte Umsatzsteuer bzw. die Umsatzsteuer auf den Stromeigenverbrauch wird davon getrennt in Zeile 16 erfasst.

Doch nicht nur die Umsatzsteuer aus der Gutschrift der Einspeisevergütung durch den Netzbetreiber ist eine Betriebseinnahme. Auch eine Erstattung von Umsatzsteuer durch das Finanzamt ist im Jahr des Zuflusses als Betriebseinnahme auszuweisen. Dies wird vor allem im ersten Jahr der Inbetriebnahme der Fall sein. Denn durch die hohen Vorsteuern aus den Herstellungskosten der Photovoltaikanlage wird sich in aller Regel ein sog. Vorsteuerüberhang ergeben, den das Finanzamt nach erfolgter Überprüfung der Voranmeldung erstattet hat.

Schließlich gehört auch die Umsatzsteuer auf den selbst verbrauchten Strom zu den Betriebseinnahmen. Diese ist mit 19 % auf den maßgebenden Wert der Entnahme Gewinn erhöhend zu berücksichtigen.

Doch **Achtung**! Dies trifft nicht für Photovoltaikanlagen mit einer Inbetriebnahme zwischen 01.01.2009 und 31.03.2012 zu. Denn für diese Anlagen gilt die umsatzsteuerliche Rücklieferungsfiktion; dies wirkt sich auch ertragsteuerlich aus. Da der Selbstverbrauch von Strom umsatzsteuerlich keine unentgeltliche Wertabgabe darstellt, liegt mangels Entnahme auch keine Umsatzsteuer als Betriebseinnahme vor.

4.3.8.3 Zuschüsse

Kann für die errichtete Photovoltaikanlage ein Zuschuss erlangt werden, z. B. von der Gemeinde, dem Bundesland oder einem EVU, ist auch der Zuschuss als weitere Betriebseinnahme auszuweisen.

Jedoch besteht hierzu ein **Wahlrecht**: Denn alternativ zu einer sofortigen Versteuerung als Betriebseinnahme kann der Zuschuss auch von den Herstellungskosten der Photovoltaikanlage gekürzt werden. Dieses Wahlrecht ergibt sich aus den Einkommensteuerrichtlinien der Finanzverwaltung (R 6.5 Abs. 2 EStR). Wird diese Variante gewählt, mindert der Zuschuss die jährliche Abschreibung. Daraus ergibt sich ein Liquiditätsvorteil, denn die steuerliche Berücksichtigung des Zuschusses verteilt sich damit über die 20-jährige Nutzungsdauer der Anlage.

4.3.8.4 Veräußerung von Wirtschaftsgütern

Wird ein Wirtschaftsgut des Anlagevermögens verkauft, stellt auch der daraus zufließende Verkaufserlös eine Betriebseinnahme dar. Zugleich können Sie davon aber den im Zeitpunkt der Veräußerung bestehenden Restbuchwert abziehen. Restbuchwert sind die Anschaffungs- oder Herstellungskosten abzüglich der bisher in Anspruch genommenen Abschreibungen. Dieser Wert ergibt sich aus dem oben bereits erwähnten Anlageverzeichnis (siehe dazu auch nachfolgend, sowie unter Abschn. 4.3.9.5).

4.3.9 Betriebsausgaben

Als Betriebsausgaben können alle Aufwendungen abgezogen werden, die durch den Betrieb und somit durch die betrieblichen Wirtschaftsgüter veranlasst sind. Dies ist in § 4 Abs. 4 EStG geregelt. Doch nicht jeder Aufwand kann sofort als Betriebsausgabe geltend gemacht werden. Für manche Aufwendungen ist der Abzug der Höhe nach begrenzt oder auch völlig ausgeschlossen. Deshalb muss auch hierzu eine genauere Betrachtung erfolgen.

4.3.9.1 Sofort abziehbarer Aufwand

Sofort, das heißt im Jahr der Bezahlung, sind vor allem die laufenden Betriebskosten abziehbar. Diese stellen in aller Regel sofort abziehbare Betriebsausgaben dar. Dazu zählen insbesondere die Aufwendungen für Wartung, Versicherung, Zählermiete und Instandhaltungsarbeiten.

Auch Schuldzinsen für eine darlehensfinanzierte Photovoltaikanlage können als sofort abzugsfähige Betriebsausgaben geltend gemacht werden. Zwar gilt dies nicht in allen Fällen ohne Einschränkung. Doch die einengende Regelung des § 4 Abs. 4a EStG greift bei einer Photovoltaikanlage in aller Regel nicht, auch wenn es durchaus zu einer sog. Überentnahme kommen kann. Doch die Fremdfinanzierung erfolgt im Normalfall nur in Höhe der Herstellungskosten für die Photovoltaikanlage (Investitionsdarlehen); der daraus resultierende Zinsaufwand ist generell nicht im Abzug beschränkt (§ 4 Abs. 4a Satz 5 EStG).

4.3.9.2 Nicht sofort abziehbarer Aufwand

Zu den nicht sofort abziehbaren Betriebsausgaben gehören grundsätzlich die Aufwendungen für ein bewertbares Wirtschaftsgut. Dies ist insbesondere die erstellte Photovoltaikanlage. Denn bei wirtschaftlicher Betrachtung erstreckt sich deren Nutzen über eine längere Zeit als das Jahr, in dem die Kosten für den Erwerb und die Installation gezahlt worden sind. Deshalb wird der Aufwand für die Photovoltaikanlage, aber auch für andere Wirtschaftsgüter des Betriebsvermögens, nur durch einen jährlichen Abschreibungsbetrag gewinnmindernd als Betriebsausgaben berücksichtigt.

Näheres zu den Abschreibungen folgt im Abschn. 4.3.9.5.

4.3.9.3 Nicht oder nur beschränkt abziehbarer Aufwand

Eine Besonderheit stellen die nicht oder nur eingeschränkt abziehbaren Betriebsausgaben dar. Dabei handelt es sich vor allem um Aufwendungen im Sinne des § 4 Abs. 5 EStG. Dies sind:

- Geschenke, die nur bis zu 35 € je Empfänger abgezogen werden können,
- Bewirtungskosten, für welche der steuerliche Abzug auf 70 % der angemessenen Kosten beschränkt ist, oder
- Reisekosten, die nur mit bestimmten Pauschbeträgen zum Abzug gelangen, z. B. der Mehraufwand für Verpflegung mit 12 € bei einer Abwesenheit von mindestens 8 Stunden.

Derartige Aufwendungen sind bei einem Betrieb einer Photovoltaikanlage sicher nicht alltäglich. Allenfalls im Jahr der Inbetriebnahme kann ein entsprechender Aufwand gelegentlich anfallen, z. B. bei der Besichtigung einer anderen Anlage.

4.3.9.4 Umsatzsteuer

Wie bei den Betriebseinnahmen gilt auch bei den Betriebsausgaben die Regel, dass die gezahlte Umsatzsteuer ebenfalls mit zu berücksichtigen ist. Sie sollten die Umsatzsteuer immer in einer gesonderten Position ausweisen. Denn diese kann grundsätzlich im Jahr der Zahlung abgezogen werden, selbst wenn die Nettoaufwendungen z. B. nur über die Abschreibung verteilt zum Abzug gelangen.

Dabei ist aber nicht nur die Umsatzsteuer aus eingegangenen und bezahlten Rechnungen als Betriebsausgabe zu berücksichtigen, sondern auch eine an das Finanzamt gezahlte Umsatzsteuer entsprechend den errechneten Beträgen in den monatlichen Voranmeldungen bzw. in der Jahreserklärung.

Bitte beachten! Sofern die offizielle Anlage EÜR zur Gewinnermittlung verwendet wird, sind alle Betriebsausgaben mit dem Nettowert einzutragen. Die Vorsteuern zu den Betriebsausgaben, also die von Ihnen dazu bezahlte Umsatzsteuer, wie auch die ans Finanzamt gezahlte Umsatzsteuer, werden separat in Zeile 48 bzw. 49 erfasst.

4.3.9.5 Abschreibung

Wie bereits oben angesprochen, können die Anschaffungs- bzw. Herstellungskosten (AK/HK) für eine Photovoltaikanlage nicht sofort als Betriebsausgaben abgezogen werden; der Abzug erfolgt verteilt auf die Nutzungsdauer im Rahmen der Abschreibung. Die Abschreibung wird auch als Absetzung für Abnutzung – kurz AfA – bezeichnet.

Doch bevor wir uns die Regeln zur Abschreibung ansehen, soll vorab ein Hinweis auf ein formelles Erfordernis gegeben werden.

4.3.9.5.1 Anlageverzeichnis

Alle abnutzbaren Wirtschaftsgüter des Anlagevermögens sind in ein sog. Anlageverzeichnis aufzunehmen. Dies kann eine einfache Anlage zur Gewinnermittlung sein. Darin sind anzugeben

- die Bezeichnung des Wirtschaftsguts (z. B. Photovoltaikanlage, PC, etc.),
- die Anschaffungs- oder Herstellungskosten (AK/HK),
- der Buchwert zu Beginn des Jahres,
- eventuelle Zugänge oder Abgänge zu den AK/HK,
- die im Jahr in Anspruch genommene AfA,
- ggf. getrennte Angabe zu einer Sonderabschreibung,
- der Buchwert am Ende des Jahres.

Ein Anlageverzeichnis kann damit wie folgt aussehen:

Wirtschaftsgut	Photovoltaikanlage
AK/HK	20.000
Buchwert 1.1.	0
Zugang am 5.4.	20.000
AfA	750 (9/12)
Abgang	0
Buchwert 31.12.	19.250

Wird die Anlage EÜR verwendet dient die zusätzliche Anlage AVEÜR als Anlageverzeichnis. Diese kann auch ohne die Anlage EÜR verwendet oder als Muster für ein eigenes Verzeichnis herangezogen werden.

4.3.9.5.2 Anschaffungs-/Herstellungskosten

Zunächst ist die Ausgangsgröße, die Bemessungsgrundlage für die AfA, zu ermitteln. Dazu gehören alle Kosten für die Anschaffung bzw. Herstellung; dies sind neben den Material- und Lohnkosten auch alle damit zusammenhängenden Kosten für Planung, Transport, Installation, Änderung der Dacheindeckung, etc., bis hin zur Abnahme der fertigen Photovoltaikanlage. Die Aufwendungen ergeben mit ihrem **Nettobetrag** (ohne die sofort abziehbare Vorsteuer) in der Summe die Anschaffungs- bzw. Herstellungskosten (AK/HK) des betrieblichen Wirtschaftsguts Photovoltaikanlage. Sind (und bleiben) Sie hingegen Kleinunternehmer und ist deshalb die Vorsteuer nicht abziehbar, ist der Bruttobetrag aller AK/HK die Bemessungsgrundlage für die AfA.

Diese Summe aller AK/HK stellt die Bemessungsgrundlage für die jährliche Abschreibung dar. Durch die Abschreibung erfolgt eine Verteilung des Aufwands über die voraussichtliche Nutzungsdauer der Photovoltaikanlage. Die betriebsgewöhnliche **Nutzungsdauer** beträgt **20 Jahre** (amtliche AfA-Tabelle vom 15.12.2000, BStBl 2000 I S. 1532, unter Nr. 3.1.6).

Für die **Abgrenzung** in den Fällen einer teilweisen oder kompletten Dacherneuerung bzw. einer Verstärkung der Dachkonstruktion im Zusammenhang mit der Installation einer Photovoltaikanlage gelten die Grundsätze analog, die für die Zuordnung zum Unternehmensvermögen im Abschn. 4.2 dargestellt worden sind („Gebäude bzw. Dach"). Weitere Ausführungen dazu finden sich im Abschn. 4.3.12.

Eine Zuordnung zum Betriebsvermögen für ein Gebäude, auf dessen Dach oder an dessen Fassade eine Photovoltaikanlage installiert wurde, scheidet aus. Nur die vom Gebäude gesondert zu wertende Betriebsvorrichtung „Photovoltaikanlage" ist Betriebsvermögen. Auch kommt (anders als bei Umsatzsteuer) keine Aufteilung im Verhältnis von fiktiven Mieterträgen in Betracht (BFH, Urteil vom 17.10.2013, III R 27/12, BStBl 2014 II S. 372). Dies überträgt sich auch auf die laufenden Gebäudekosten, die damit keine Betriebsausgaben sind.

4.3.9.5.3 Lineare AfA

Bei einer 20-jährigen Nutzungsdauer ergibt sich eine lineare Abschreibung nach § 7 Abs. 1 EStG mit 5 % (AfA-Satz) je Jahr aus den AK/HK. Dieser Betrag fließt als Betriebsausgabe in die steuerliche Gewinnermittlung ein.

Zu berücksichtigen ist noch, dass im Jahr der Inbetriebnahme der Photovoltaikanlage die AfA nur zeitanteilig in Anspruch genommen werden kann (§ 7 Abs. 1 Satz 4 EStG). Dabei können angefangene Monate zu Gunsten gerundet werden.

Beispiel

Eine Photovoltaikanlage mit 16.000 € Herstellungskosten wird am 14.04.2019 fertig gestellt und ging an diesem Tag ans Netz. Es ermittelt sich eine jährliche Abschreibung mit

5 % aus 16.000 € = 800 €. In 2019 kann die Abschreibung jedoch nur für aufgerundet 9 Monate mit 9/12 = 600 € zum Abzug gebracht werden.

4.3.9.5.4 Degressive AfA

Aktuell ist die oben dargestellte lineare Abschreibung die einzig zulässige AfA. Für Photovoltaikanlagen, die bis Ende 2007 installiert worden sind und auch für Anlagen der Jahre 2009 und 2010 gab es alternativ die Möglichkeit die AK/HK durch eine degressive AfA nach § 7 Abs. 2 EStG zum Abzug zu bringen. Dabei handelt es sich um eine Abschreibung mit fallenden, jedoch in den ersten Jahren höheren AfA-Beträgen. In den Jahren 2009 und 2010 betrug die degressive AfA das 2,5-fache der linearen AfA, maximal aber 25 %. Bei einer Photovoltaikanlage betrug die jährliche Abschreibung damit 12,5 % aus der jeweils verbleibenden Bemessungsgrundlage.

Eine weitere Voraussetzung für die degressive AfA war aber, dass es sich um ein bewegliches Wirtschaftsgut handelt. Nun werden Sie denken, dass eine auf dem Dach montierte Photovoltaikanlage wohl nicht beweglich ist. Dem ist aber (steuerlich) nicht so, denn grundsätzlich könnte eine solche Anlage vom Dach wieder demontiert und an anderer Stelle erneut installiert werden, ohne dass die Photovoltaikanlage dabei zerstört würde. Dies genügt bereits, um den Status „beweglich" im Sinne des Steuerrechts zu erlangen.

4.3.9.5.5 Sonderfall: Dachintegrierte Anlage

Für eine dachintegrierte Photovoltaikanlage (Solardachsteine, Indachanlagen) gelten die obigen Ausführungen nicht uneingeschränkt. So war eine degressive AfA für eine Dachziegel-Photovoltaikanlage nicht möglich, da diese kein bewegliches Wirtschaftsgut ist. Denn bei einer Demontage würde sowohl die Anlage als auch das Dach in Einzelteile zerlegt und damit zerstört werden. Zudem hat die Finanzverwaltung bis 2009 die Auffassung vertreten, dass für eine dachintegrierte Photovoltaikanlage die AfA nur nach den für Gebäude geltenden Regeln abgezogen werden kann; dies bedeutete in der Regel einen AfA-Satz mit nur 2 %.

Doch diese Auffassung ist mittlerweile überholt (LfSt Bayern, Verfügung vom 05.08.2010, S 2190.1.1 – 1/3 St 32). Nach einer bundeseinheitlich abgestimmten Auffassung werden nun auch dachintegrierte Anlagen „wie" Betriebsvorrichtungen eingestuft, sodass es für eine Abschreibung keine Sonderregelung mehr gibt.

Tipp
Sollte Ihre Photovoltaikanlage bisher noch nach der früheren Auffassung der Finanzverwaltung eingestuft worden sein, gilt es wie folgt vorzugehen:

Sind die Einkommensteuerbescheide noch „offen", z. B. durch einen Vorbehalt der Nachprüfung oder einen erhobenen Einspruch, können Sie eine Änderung auch noch diesbezüglich beantragen.

Ist der Einkommensteuerbescheid aber bereits bestandskräftig, bleiben die Vorjahre so unzutreffend bestehen. Im Einzelfall kann es sich aber anbieten eine Änderung im Wege einer Billigkeitsentscheidung zu beantragen. Vielleicht ist Ihr Finanzamt milde gestimmt, denn einen Rechtsanspruch darauf können Sie nicht durchsetzen. Im Übrigen sollten Sie aber darauf achten, dass die unzutreffende Handhabung in den Vorjahren nicht für die Zukunft fortgesetzt wird.

Konkret heißt dies, dass auch für eine dachintegrierte Anlage die AfA über die Nutzungsdauer von 20 Jahren in Betracht kommt. Machen Sie deshalb die Einstufung „wie" eine Betriebsvorrichtung geltend und beantragen Sie eine Verteilung des verbleibenden Buchwerts auf die restliche Nutzungsdauer von 20 Jahren − x Jahre. Und auch für die Inanspruchnahme einer Sonderabschreibung (siehe Abschn. 4.3.9.7) sowie eines Investitionsabzugsbetrags (siehe Abschn. 4.3.9.8) hat dies grundlegende Bedeutung.

Es bleibt damit nur noch das „Problem", dass eine **Abgrenzung** der sowohl auf das Gebäude als auch auf den Gewerbebetrieb entfallenden Aufwendungen bei einer dachintegrierten Anlage zu erfolgen hat. Welche Kosten entfallen auf das eigentliche Gebäudedach und welche auf die Technik der Photovoltaik in der Dacheindeckung? Hierzu akzeptieren die Finanzämter aus Vereinfachungsgründen folgende Aufteilung:

Für den auf das Gebäude entfallenden Anteil können die (ggf. geschätzten) Kosten für eine normale Dacheindeckung herangezogen werden. Die tatsächlich angefallenen Mehrkosten sind folglich der dachintegrierten Photovoltaikanlage und damit dem Gewerbebetrieb zuzuordnen. Dieser Teilbetrag wird mit 5 % jährlich abgeschrieben.

An dieser Stelle noch zu erwähnen ist der Fall, dass eine dachintegrierte Photovoltaikanlage bei einer Dachrenovierung erneut mit eingebaut wird. Dies führt zu keinen AK/HK, sondern die entstehenden Kosten sind als Erhaltungsaufwendungen zu werten. Der anteilige auf die Photovoltaik entfallende Mehrbetrag ist damit sofort im Jahr der Zahlung als Betriebsausgabe abzugsfähig.

4.3.9.5.6 Keine AfA

Eine Abschreibung kommt jedoch nur für Wirtschaftsgüter in Betracht, die auch abnutzbar sind. Kommt es wirtschaftlich zu keinem Wertverzehr, ist auch keine Nutzungsdauer gegeben. Zu diesen **nicht abnutzbaren** Wirtschaftsgütern des Anlagevermögens gehört insbesondere der Grund und Boden. Wurde eine Photovoltaikanlage z. B. nicht auf einem Gebäudedach, sondern auf einer Freifläche errichtet, kann zwar die Anlage selbst abgeschrieben werden, nicht aber der Grund und Boden auf dem die Anlage errichtet wurde.

Damit ist der bei Erwerb eines unbebauten Grundstücks gezahlte Kaufpreis nicht als Betriebsausgabe abziehbar. Eine steuerliche Auswirkung für diese Anschaffungskosten ergibt sich erst wenn der Grund und Boden wieder veräußert wird. Dann ist der Verkaufserlös als Betriebseinnahme und der frühere Kaufpreis als Betriebsausgabe anzusetzen.

4.3.9.6 Ausnahme: Geringwertige Wirtschaftsgüter

Wie oben erläutert, sind grundsätzlich alle dem Betrieb länger dienenden abnutzbaren Wirtschaftsgüter – das sog. Anlagevermögen – nur verteilt über deren Nutzungsdauer als Betriebsausgabe abziehbar.

Doch davon gibt es eine Ausnahme, die sog. geringwertigen Wirtschaftsgüter (kurz: GWG). Dabei handelt es sich nach § 6 Abs. 2 EStG um betrieblich genutzte, bewegliche

Wirtschaftsgüter mit einem nur geringen Wert. Derartige Wirtschaftsgüter können ausnahmsweise sofort im Jahr der Anschaffung oder Herstellung in vollem Umfang als Betriebsausgabe abgezogen werden.

Bei AK/HK im Bereich über 250 € (bis 2017: 150 €) bis 1000 € ist eine Sammelbewertung für alle derartigen Wirtschaftsgüter vorgesehen; dieser „Pool" oder Sammelposten wird sodann zwingend einheitlich über 5 Jahre gleichmäßig mit 20 % abgeschrieben.

Für alle nach dem 31.12.2009 angeschafften geringwertigen Wirtschaftsgüter hat der Gesetzgeber eine weitere Möglichkeit geregelt (§ 6 Abs. 2a EStG): Ein sofortiger Betriebsausgabenabzug ist für alle Wirtschaftsgüter mit AK/HK bis zu netto 800 € (bis 31.12.2017 waren dies nur 410 €) einheitlich möglich. Wird diese Variante gewählt, entfällt jedoch die Regelung zum Sammelposten, sodass alle Wirtschaftsgüter mit AK/HK über 800 € verteilt auf die Nutzungsdauer regulär abzuschreiben sind.

Sicherlich hat diese Sonderregelung bei einer Photovoltaikanlage nicht die ganz große Bedeutung. Denn bei den GWG darf es sich nicht um Teilkomponenten der Anlage handeln, sondern die Wirtschaftsgüter müssen selbstständig nutzbar sein. Sollten Sie für den Betrieb Ihrer Anlage aber z. B. extra ein Büro eingerichtet haben, können die dafür angeschafften Büromöbel oder ein PC unter die GWG-Regelung fallen.

4.3.9.7 Sonderabschreibungen

In den Steuergesetzen finden sich immer wieder spezielle Regelungen für die Abschreibung, die nicht betriebswirtschaftlich bedingt sind. Vielmehr schafft der Gesetzgeber damit einen gezielten steuerlichen Anreiz für Investitionen. Eine dieser Regelungen ist auch für Photovoltaikanlagen einschlägig; es sind die Sonderabschreibungen nach § 7g Abs. 5 EStG.

Unter bestimmten Voraussetzungen können danach bis zu 20 % der AK/HK in den ersten 5 Jahren zusätzlich neben der regulären AfA als Betriebsausgaben abgezogen werden. Damit wird ein geringerer steuerlicher Gewinn bzw. ein höherer Verlust in den Anfangsjahren ermöglicht. Dies reduziert wiederum die Steuerlast und schafft damit ggf. erst den erforderlichen finanziellen Spielraum für die Investition.

Doch auch wenn diese zusätzliche steuerliche Förderung aus finanziellen Gründen nicht erforderlich sein sollte, besteht kein Anlass, den Vorteil nicht „mitzunehmen". Deshalb werden nachfolgend die Voraussetzungen erläutert, unter denen eine Sonderabschreibung in Anspruch genommen werden kann.

4.3.9.7.1 Gewinngrenze

Mit der Sonderabschreibung sollen gezielt kleinere und mittlere Betriebe angesprochen werden. Deshalb ist eine Sonderabschreibung nach § 7g EStG auch bei der Gewinnermittlungsart Einnahmen-Überschuss-Rechnung möglich. Die vorgegebene Größenordnung – kleiner oder mittlerer Betrieb – liegt seit dem Jahr 2011 bei einer Gewinngrenze in Höhe von 100.000 €. Dieser Betrag ist selbst bei einer überdurchschnittlich großen Photovoltaikanlage kein Problem um eine Sonderabschreibung zu erhalten.

Gehört die Anlage zu einem land- und forstwirtschaftlichen Betrieb ist anstelle des Gewinns auf den Wirtschaftswert des Betriebs abzustellen. Dieser darf 125.000 € nicht übersteigen. Wird für den Gewerbebetrieb Photovoltaikanlage ausnahmsweise der Gewinn durch Bilanzierung ermittelt, ist ebenfalls nicht der Gewinn maßgebend. Vielmehr darf dann das Betriebsvermögen, sprich das Eigenkapital laut der Bilanz, nicht über 235.000 € liegen.

Neben diesen Betragsgrenzen gibt es noch ein paar weitere Voraussetzungen; diese sind:

4.3.9.7.2 Bewegliche Wirtschaftsgüter

Eine Sonderabschreibung kommt nur für bewegliche abnutzbare Wirtschaftsgüter in Betracht. Dieser Punkt wurde bereits zur degressiven Abschreibung unter Abschn. 4.3.9.5 erörtert. Daher ist Ihnen bereits geläufig, dass eine Photovoltaikanlage in steuerlicher Hinsicht durchaus ein bewegliches Wirtschaftsgut ist; dies gilt auch für eine dachintegrierte Anlage. Seit 2008 wird zudem auch der Erwerb von gebrauchten Wirtschaftsgütern durch eine Sonderabschreibung gefördert, weshalb die installierte Photovoltaikanlage nicht neu sein muss.

4.3.9.7.3 Betriebliche Nutzung

Das Wirtschaftsgut muss im Jahr der Anschaffung oder Herstellung und auch im nachfolgenden Jahr in einem inländischen Betrieb ausschließlich oder fast ausschließlich betrieblich genutzt werden. Für „fast ausschließlich" ist ein Umfang von mindestens 90 % betrieblicher Nutzung erforderlich (§ 7g Abs. 6 Nr. 2 EStG, sowie BMF, Schreiben vom 20.11.2013, BStBl 2013 I S. 1493, Rn. 58). Dieses Kriterium ist bei einer Photovoltaikanlage grundsätzlich gegeben.

Ist Selbstverbrauch schädlich?

Es könnte sich die Frage aufdrängen, ob ein Selbstverbrauch des erzeugten Stroms, z. B. im eigenen Haushalt, nicht schädlich ist!? Hierzu ist eine differenzierte Betrachtung erforderlich:

- Soweit für ältere Anlagen auch für den selbst verbrauchten Strom eine Einspeisevergütung bezahlt wird, ist zweifellos eine 100 %-ige betriebliche Nutzung gegeben. Denn diese Vergütung ist als Betriebseinnahme zu versteuern, womit auch 100 % des erzeugten Stroms als steuerliche Einnahmen erfasst werden (BMF, Schreiben vom 08.05.2009, BStBl 2009 I S. 633 in Rz. 28 ff.).
- Problematischer ist dies, für Anlagen, bei denen nach dem jeweiligen Stand des EEG bei deren Inbetriebnahme keine Vergütung für den eigenen Stromverbrauch gezahlt wird und die Quote des Selbstverbrauchs die 10 %-Marke überschreitet. Doch auch für diese Photovoltaikanlagen ist eine ausschließliche betriebliche Nutzung zu bejahen. Die Entnahme des privat verbrauchten Stroms ist eine der Produktion nachfolgende Sachentnahme (BMF, Schreiben vom 20.11.2013, BStBl 2013 I S. 1493, Rn. 41). Es liegt damit keine private Verwendung der Anlage, sondern eine Sachentnahme des produzierten Stroms vor (R 4.3 Abs. 4 Satz 2 EStR 2012).

Damit ist in allen Fällen ein privater Stromverbrauch unbeachtlich und trotz Eigenverbrauchs kann für eine Photovoltaikanlage die Sonderabschreibung (oder auch ein Investitionsabzugsbetrag – siehe nachfolgend) nach § 7g EStG in Anspruch genommen werden.

Schädlich wäre hingegen, wenn das begünstigte Wirtschaftsgut nicht mindestens 2 Jahre betrieblich genutzt wird, sondern vor dem Ende des 2. Wirtschaftsjahrs aus dem Betrieb ausscheidet oder wieder entnommen wird – die sog. **Verbleibensfrist**. Ebenso muss die Photovoltaikanlage im Inland betrieben werden, weshalb z. B. eine Anlage auf dem Ferienhaus in Italien nicht gefördert wird.

4.3.9.7.4 Höhe der Sonder-AfA

Die Sonderabschreibung nach § 7g Abs. 5 EStG beträgt 20 % aus den AK/HK. Diese wird zusätzlich zu der regulären AfA gewährt. Der Betriebsausgabenabzug mit 20 % kann dabei gleich im Jahr der Anschaffung bzw. Herstellung erfolgen. Damit würde die Abschreibung im 1. Jahr bereits 5 % lineare AfA + 20 % Sonder-AfA = 25 % umfassen. Es ist aber auch möglich, die 20 % ganz nach Belieben auf die ersten 5 Jahre zu verteilen.

Die Sonder-AfA kann in Anspruch genommen werden, ohne dass in einem früheren Jahr ein Abzugsbetrag beantragt worden ist. Dies war bei der bis 2007 geltenden Fassung des § 7g EStG noch anders.

Folge einer Sonderabschreibung in den ersten 5 Jahren ist, dass ab dem 6. Jahr neu gerechnet werden muss. Die Abschreibung der Photovoltaikanlage für die Jahre 6–20 ist damit wieder mit einem gleichen Betrag vorzunehmen; dieser ermittelt sich aus dem Restbuchwert am Ende des 5-jährigen Begünstigungszeitraums geteilt durch die verbliebene Restnutzungsdauer (§ 7a Abs. 9 EStG).

4.3.9.8 Investitionsabzugsbetrag

Offenbar war dieser Anreiz zur Investition für den Gesetzgeber noch nicht genug. Denn es gibt eine weitere Möglichkeit den steuerlichen Gewinn zu mindern, der sog. Investitionsabzugsbetrag (kurz: IAB). Diese noch exotischere Regelung in § 7g Abs. 1 EStG ermöglicht es, bereits vor einer erfolgten Investition einen fiktiven Betrag als Betriebsausgabe abzuziehen. Dieser Abzugsbetrag kann bis zu 40 % der voraussichtlichen AK/HK betragen.

4.3.9.8.1 Voraussetzungen

Es gelten grundsätzlich dieselben Voraussetzungen wie für die oben genannte Sonderabschreibung, da der IAB ebenfalls kleinere und mittlere Betriebe zur Zielgruppe hat. Damit sind insbesondere

- die Gewinngrenze (oder Betriebsvermögen bzw. Wirtschaftswert),
- eine zumindest 90 %-ige betriebliche Nutzung und
- die beabsichtigte Investition in ein bewegliches Wirtschaftsgut

auch hierbei erforderlich.

Zusätzlich muss

- beabsichtigt sein, das Wirtschaftsgut innerhalb von 3 Jahren (Investitionszeitraum) nach Abzug des IAB anzuschaffen oder herzustellen,
- das Wirtschaftsgut dem Finanzamt gegenüber nach seiner Funktion benannt sowie die voraussichtliche Höhe der AK/HK angegeben werden und
- die Summe aller IAB eines Betriebes darf 200.000 € nicht übersteigen.

Liegen diese Voraussetzungen vor, kann eine Art fiktive Abschreibung bereits deutlich vor der tatsächlichen Investition den Gewinn mindern. Dies führt zu einer fühlbaren Vorverlagerung des Aufwands, welche einen entsprechenden Zinsvorteil durch eine frühzeitigere Steuerentlastung nach sich zieht.

Auch muss ein IAB nicht zwingend in einem Jahr in voller Höhe geltend gemacht werden. Vielmehr ist es zulässig, diesen beliebig in Teilschritten in den 3 Jahren vor der Investition in Anspruch zu nehmen – sog. Aufstockung. Dies widerspricht der bisherigen Auffassung der Finanzverwaltung, wurde aber vom BFH so entschieden (BFH, Urteil vom 12.11.2014, X R 4/13, BFH/NV 2015 S. 403).

4.3.9.8.2 IAB vor Betriebseröffnung

Speziell auf eine Photovoltaikanlage bezogen ist noch Folgendes zu erwähnen:

In aller Regel wird mit der Installation einer Photovoltaikanlage erstmals ein Betrieb errichtet (Neugründung). Um einen Missbrauch zu unterbinden, forderte die Finanzverwaltung für den Abzug eines IAB in einem Jahr vor der Betriebseröffnung einen erhöhten **Nachweis** – das Wirtschaftsgut musste verbindlich bestellt sein.

Da eine verbindliche Bestellung nirgends im Gesetzestext erwähnt wird, hatten mehrere Finanzgerichte dieses Verlangen der Finanzämter als rechtswidrig eingestuft. Vielmehr sei (anders als bei der früheren Ansparabschreibung vor 2007) ein Investitionsabzugsbetrag auch ohne eine nachgewiesene Bestellung abziehbar. Dies wurde vom BFH in mehreren Entscheidungen so bestätigt (zuletzt: BFH, Beschluss vom 24.04.2013, X B 179/12, BFH/NV 2013 S. 1229). Ein Nachweis kann anhand von Kostenvoranschlägen, Informationsmaterialen, konkreten Verhandlungen oder einer verbindlichen Bestellung erfolgen. Dem folgt die Finanzverwaltung mittlerweile (BMF, Schreiben vom 20.11.2013, BStBl 2013 I S. 1493, Rz. 29).

Einen solchen erhöhten Nachweis der Absicht der Investition fordert die Finanzverwaltung auch für den Fall einer **wesentlichen Betriebserweiterung** oder bei Aufnahme eines neuen Geschäftszweigs. Auch dazu gelten die obigen Grundsätze analog (BMF, Schreiben vom 20.11.2013, BStBl 2013 I S. 1493, Rz. 32).

4.3.9.8.3 Hinzurechnung des IAB

In technischer Hinsicht ist der IAB nur eine Vorwegnahme späterer Abschreibungen. Doch anders als bei der Sonderabschreibung hat sich der Gesetzgeber beim IAB eine andere technische „Bereinigung" ausgedacht. Im Jahr der Investition muss nach § 7g Abs. 2 EStG der Betrag mit 40 % der AH/HK wieder dem Gewinn hinzugerechnet werden. Dadurch wird die in einem früheren Jahr bereits erfolgte Gewinnminderung wieder kompensiert. Dieser Mechanismus lässt sich am besten an einem kleinen Fallbeispiel aufzeigen:

Beispiel
Herr S hat angesichts der großen Nachfrage seine Photovoltaikanlage bereits im Herbst 2017 bestellt. Die Lieferung und Montage erfolgt dann im Mai 2019 zum vorbestellten Nettopreis von 10.000 €. Herr S will bereits in 2017 seine Steuerlast mindern.

- 2017

Da die geplante Investition in eine Photovoltaikanlage angesichts der verbindlichen Bestellung hinreichend nachgewiesen ist, kann Herr S noch vor der Betriebseröffnung in 2019 bereits in 2017 einen Investitionsabzugsbetrag steuerlich zum Abzug bringen. Er hat damit Betriebsausgaben mit 40 % aus 10.000 € und damit einen steuerlichen Verlust in Höhe von 4000 €.

- 2019

Neben der Einspeisungsvergütung für den ersten in 2019 produzierten Strom muss Herr S auch den Investitionsabzugsbetrag wieder gewinnerhöhend hinzurechnen. Durch diese weiteren (fiktiven) steuerlichen Betriebseinnahmen erhöht sich der Gewinn um 4000 €.

Anhand dieses einfachen Beispiels wird der Effekt der Vorverlagerung von Aufwendungen besonders deutlich. Hätte es der Gesetzgeber dabei belassen, wäre dies zwar einfach nachvollziehbar, aber es würde sich nur ein geringer steuerlicher Vorteil ergeben.

Deshalb wurde die Hinzurechnung nach § 7g Abs. 2 Satz 1 EStG um einen weiteren Vorteil in Satz 2 ergänzt. Die Gewinnerhöhung aus der Hinzurechnung kann (= Wahlrecht) sogleich durch eine gewinnmindernde Kürzung der AK/HK in selber Höhe wieder ausgeglichen werden. Jedoch führt dies zu einer analogen Minderung der Bemessungsgrundlage für die jährliche AfA.

Im obigen Beispielsfall vermindern sich die Herstellungskosten mit 10.000 € um den IAB mit 4000 € auf dann nur noch 6000 €. Aus diesem Betrag ermittelt sich dann die AfA und auch die Sonder-AfA. Herr S kann damit in 2019 als Betriebsausgaben geltend machen:

Minderung der AK/HK	4000 €
Lineare AfA mit 5 % aus 6000 € × 8/12 =	200 €
Sonder-AfA mit 20 % aus 6000 € =	1200 €

Damit haben sich von der Investition mit 10.000 € nach dem ersten Betriebsjahr bereits 5400 € steuermindernd ausgewirkt; dies sind immerhin 54 % der Investitionssumme!! Eine nicht zu verachtende Investitionshilfe. Allerdings hat dies zur Folge, dass die Betriebsausgaben der nachfolgenden Jahre entsprechend geringer ausfallen. Dennoch sollten Sie sich den positiven Effekt aus Steuerstundung und Zinsvorteil nicht entgehen lassen.

4.3.9.8.4 IAB ist rückgängig zu machen

Stellt sich später heraus, dass die Planungen nicht verwirklicht werden, wird der zunächst gewährte Investitionsabzugsbetrag wieder rückgängig gemacht. Dies kann der Fall sein, wenn

- die zunächst geplante Investition in ein Wirtschaftsgut – egal aus welchen Gründen – nicht oder nicht innerhalb von 3 Jahren erfolgt,
- die Nutzung wider Erwarten doch nicht fast ausschließlich betrieblich erfolgt oder
- das Investitionsvolumen geringer als geplant ausfällt.

In diesen Fällen muss der zunächst vorgenommene Abzug des IAB wieder rückgängig gemacht werden. Bleiben die AK/HK unter dem Plansatz erfolgt eine teilweise Korrektur des ursprünglichen IAB. Dazu wird der Steuerbescheid des Abzugsjahrs geändert und der dortige Betriebsausgabenabzug ganz oder teilweise gestrichen. Dadurch wird der Steuervorteil wieder zurückgefordert und auf die sich ergebende Steuernachzahlung zusätzlich Zinsen nach § 233a AO in Höhe von 6 % je Jahr erhoben.

4.3.10 Arbeitszimmer

Die Aufwendungen für ein häusliches Arbeitszimmer können grundsätzlich Betriebsausgaben sein. Voraussetzung hierfür ist unter anderem, dass dem Steuerpflichtigen für die darin ausgeübte Tätigkeit kein anderer Arbeitsplatz zur Verfügung steht.

Damit könnte der Abzug der Kosten eines Arbeitszimmers bzw. Büros auch bei einem Betreiber einer Photovoltaikanlage in Betracht kommen, wenn er in diesem Raum die im Zusammenhang mit der Verwaltung der Anlage anfallenden Tätigkeiten vornimmt. Es muss aber eine nahezu ausschließliche Nutzung für Zwecke der Photovoltaikanlage gegeben sein, insbesondere darf eine private Nutzung allenfalls eine ganz untergeordnete Rolle spielen (< 10 %).

Zusätzlich wird gefordert, dass das Arbeitszimmer nach Art und Umfang der Tätigkeit auch erforderlich ist. Zwar ist eine Erforderlichkeit gesetzlich nicht als Voraussetzung aufgeführt (§ 4 Abs. 5 Satz 1 Nr. 6b EStG), die Finanzverwaltung leitet das aber aus dem Sinnzusammenhang der Regelung ab. Das sieht auch das FG Nürnberg so (FG Nürnberg, Urteil vom 19.03.2012, 3 K 308/11, rechtskräftig). Danach reichen die darin vorgenommene Überwachung der Abrechnungen des Netzbetreibers und die Erstellung der einfachen Umsatzsteuervoranmeldungen und Gewinnermittlungen nicht für einen Betriebsausgabenabzug aus.

Dies wird jedoch vom FG München (FG München, Urteil vom 28.04.2011, 15 K 2575/10, EFG 2013 S. 496) anders gesehen. Es hat einen im Schätzungswege ermittelten anteiligen Abzug mit 50 % der Aufwendungen für ein Arbeitszimmer zur Verwaltung einer Photovoltaikanlage zugelassen. Jedoch wurde diese Entscheidung nicht rechtskräftig.

Der BFH hat das (im Anschluss an einen Beschluss des Großen Senats des BFH vom 27.07.2015, GrS 1/14 BFHE 251, 408) anders gewertet. Demnach sind Aufwendungen für einen in die häusliche Sphäre eingebundenen Raum, der in zeitlich nicht unerheblichem Umfang auch privat genutzt wird, nicht als Betriebsausgaben bzw. Werbungskosten zu berücksichtigen.

4.3.11 Abschließendes Beispiel

Die bisherigen Ausführungen werden durch das nachfolgende Praxisbeispiel nochmals erläutert. Dabei finden Sie neben der einkommensteuerlichen Gewinnermittlung auch die umsatzsteuerlichen Folgen mit dargestellt.

Beispiel
Frau Sommer erwirbt eine Photovoltaikanlage mit 40 qm Fläche (= 4 kWp) zum Preis von 5593,00 € (= netto 4700,00 €) für ihr privates selbst bewohntes Einfamilienhaus. Die Inbetriebnahme und Zahlung erfolgen am 24.06.2015. Frau Sommer erhält darüber eine ordnungsgemäße Rechnung des Lieferanten, in welcher Umsatzsteuer mit 893,00 € gesondert ausgewiesen ist.

Frau Sommer hat ihrem Finanzamt mitgeteilt, dass sie auf die Kleinunternehmerregelung des § 19 UStG verzichtet und dass sie ab Beginn die Photovoltaikanlage in vollem Umfang ihrem Unternehmen zuordnet.

Über die erfolgte Stromeinspeisung erhält Frau Sommer in 2015 eine Gutschrift. Danach hat sie 1800 kWh an Strom eingespeist, wofür ihr jeweils 12,40 Cent vergütet wurden. Die Gutschrift lautet damit über 1800 kWh × 0,1240 € = 223,20 € + 19 % USt = 265,61 €. Dieser Betrag ist noch in 2015 auf dem Bankkonto eingegangen.

Zusätzlich zu dem in das öffentliche Stromnetz eingespeisten Strom hat Frau Sommer 430 kWh Strom selbst verbraucht. Sie will ihre Gestehungskosten nicht aufwändig ermitteln, sondern die Pauschalregelung in Anspruch nehmen. Nach dieser ist der Stromverbrauch mit 0,20 Ct/kWh = 86,00 € als fiktive Einnahme anzusetzen.

Frau Sommer zahlte im Jahr 2015 zu ihrem Betrieb der Photovoltaikanlage noch Schuldzinsen mit 180,00 €, Büromaterial mit 47,60 € brutto, Versicherung mit 45,20 € sowie Zählermiete in Höhe von 59,50 € brutto.

Vom Finanzamt wurden in 2015 die Vorsteuer aus den Herstellungskosten der Photovoltaikanlage erstattet. Die Vorsteuer aus dem Büromaterial und der Zählermiete hatte Frau Sommer noch nicht in die Voranmeldungen mit aufgenommen. Für den gelieferten Strom hat sie Umsatzsteuer in Höhe von 42,41 € an das Finanzamt gezahlt.

Frau Sommer schreibt die Photovoltaikanlage linear ab und nimmt auch die Sonderabschreibung nach § 7g EStG in Anspruch; dies sind:

- Lineare AfA: 5 % von 4700 € = 235 € × 7/12 = 137,08 €,
- Sonderabschreibung: 20 % von 4700 € = 940,00 €.

4.3 Einkommensteuer

Die **Gewinnermittlung** für den Gewerbebetrieb ist Tab. 4.3 zu entnehmen.
Die **Umsatzsteuer**-Jahreserklärung 2015 enthält folgende Daten:

Steuerpflichtige Umsätze	
Eingespeister Strom 223,20 × 19 % =	42,41 €
Selbstverbrauchter Strom 86,00 × 19 % =	16,34 €
Vorsteuern (893,00 + 17,10) =	910,10 €
Verbleibender Überschuss =	−851,35 €
Davon ab Voranmeldungssoll für Juni – Dez. 2015 =	−850,59 €
verbleibender Erstattungsanspruch für 2015	**−0,76 €**

4.3.12 Rechtsprechung

Nach all diesen Informationen zur Einkommensteuer und insbesondere zu der steuerlichen Gewinnermittlung folgen nun noch einige grundlegende bzw. aktuelle Urteile der Finanzgerichte (FG) bzw. des Bundesfinanzhofs (BFH), sowie einige beim BFH derzeit noch anhängige Verfahren im Zusammenhang mit einer Photovoltaikanlage.

Tab. 4.3 Gewinnermittlung für den Gewerbebetrieb im Beispiel Frau Sommer

Betriebseinnahmen	
Zahlungen des Netzbetreibers =	223,20 €
Dazu vereinnahmte Umsatzsteuer =	42,41 €
Entnahme Selbstverbrauch (430 kWh × 0,20 €) =	86,00 €
Darauf entfallende Umsatzsteuer =	16,34 €
USt-Erstattung vom Finanzamt =	893,00 €
Summe Betriebseinnahmen	**1260,95 €**
Betriebsausgaben	
Absetzungen für Abnutzung =	137,08 €
Sonderabschreibung =	940,00 €
Umsatzsteuer aus Rechnungen (893,00 + 17,10) =	910,10 €
An das Finanzamt gezahlte Umsatzsteuer =	42,41 €
Schuldzinsen =	180,00 €
Büromaterial =	40,00 €
Versicherung =	45,20 €
Zählermiete =	50,00 €
Summe Betriebsausgaben	**2344,79 €**
Steuerliches Ergebnis	
Summe Betriebseinnahmen	1260,95 €
Summe Betriebsausgaben	2344,79 €
Einkünfte aus Gewerbebetrieb 2015	**−1083,84 €**

4.3.12.1 Dachsanierung

Auf ein Gebäudedach war eine Photovoltaikanlage installiert worden. Das bisherige Dach war jedoch schon 45 Jahre alt und zudem asbesthaltig. Es wurde deshalb vorher komplett ersetzt, eine Dachdämmung und auch zwei Dachfenster eingebaut. Erst danach ist die Anlage errichtet worden. Von den Kosten der Dacharbeiten wurden 50 % als Betriebsausgaben geltend gemacht.

Das FG Hessen hat dies abgelehnt (Urteil vom 20.01.2011, 11 K 2735/08, EFG 2011 S. 1158). Die Richter stuften die Dachkonstruktion als zum Gebäude gehörend ein. Das Dach diene für die Photovoltaikanlage lediglich als Halterung und sei damit für diese untergeordnet. Es bestehe kein tatsächlicher oder wirtschaftlicher Zusammenhang mit dem Betrieb. Auch das zutreffende Argument, dass die Photovoltaikanlage auf einem Asbestdach hätte nicht errichtet werden dürfen, führte zu keiner anderen Wertung. Das Urteil wurde rechtskräftig.

4.3.12.2 Gebäudekosten

Vom BFH wurde geklärt, ob und ggf. inwieweit ein Abzug der Aufwendungen für das Gebäude möglich ist, auf dem sich eine Photovoltaikanlage befindet (BFH, Urteil vom 17.10.2013, III R 27/12, BStBl 2014 II S. 372). Darin lehnt der BFH eine Aufteilung der Aufwendungen und deren anteiligen Betriebsausgabenabzug ab. Maßgebend sei, dass die Photovoltaikanlage und das Gebäude jeweils eigenständige Wirtschaftsgüter sind. Gebäude, die eine Photovoltaikanlage „tragen" können auch nicht teilweise zum Betriebsvermögen des Betriebs „Stromerzeugung" gehören. Eine entsprechende Aufwandseinlage wurde abgelehnt, da sich die Aufwendungen nicht nachvollziehbar zwischen der Gebäudenutzung und der gewerblichen Dachnutzung aufteilen lassen.

Damit sind die Kosten eines privaten nicht zur Einkünfteerzielung genutzten Gebäudes auch nicht anteilig im Betrieb Photovoltaik steuerlich abziehbar. Immerhin hat dies den Vorteil, dass das Gebäude somit nicht dem Betriebsvermögen zuzurechnen ist und eine Wertsteigerung bei deren Realisierung den Gewinn des Gewerbebetriebs nicht erhöht.

Diese Grundsätze sind auch in eine weitere Entscheidung des BFH eingeflossen (BFH, Urteil vom 16.09.2014, X R 32/12, BFH/NV 2015 S. 324). Obwohl es sich bei dem „Gebäude" nur um einen Schuppen mit nur nachrangiger Lagerfläche für private Zwecke gehandelt hat, wurde eine Aufteilung und damit ein teilweiser Betriebsausgabenabzug für die Aufwendungen abgelehnt. Die gesamten Kosten der Dachsanierung waren der privaten Sphäre zuzuordnen. Lediglich Aufwendungen für die Verstärkung der Dachsparren wurden konkret der Photovoltaikanlage zugerechnet.

4.3.12.3 Investitionsabsicht

Das Finanzamt verneinte die Voraussetzungen des § 7g EStG für einen Investitionsabzugsbetrag, da es am Nachweis in Form einer verbindlichen Bestellung für die Photovoltaikanlage fehle.

Das FG München hat diese Forderung als unzutreffend beurteilt (Urteil vom 26.10.2010, 2 K 655/10, EFG 2011 S. 521); es sei kein besonderer Nachweis erforderlich. Die Entscheidung ging weiter zum BFH, welcher die Rechtsauffassung des FG bestätigte. An das

Tatbestandsmerkmal „beabsichtigt" sei keine übermäßig strenge Anforderung zu stellen, eine Nachweisführung zur Investitionsabsicht nicht nur von einer verbindlichen Bestellung abhängig (BFH, Urteile vom 20.06.2012, X R 20/11, BFH/NV 2012 S. 1778 und X R 42/11, BStBl 2013 II S. 719). Dem folgt mittlerweile auch die Finanzverwaltung (BMF, Schreiben vom 20.11.2013, BStBl 2013 I S. 1493, Rz. 29).

Mittlerweile hat der BFH dies in zwei weiteren Entscheidungen bestätigt: BFH, Urteil vom 04.03.2015, IV R 30/12, BFH/NV 2015 S. 971 und BFH, Urteil vom 04.03.2015, IV R 38/12, BFH/NV 2015 S. 984. Danach setzt der Nachweis der Investitionsabsicht auch bei noch in Gründung befindlichen Betrieben nicht zwingend eine verbindliche Bestellung voraus.

4.3.12.4 Selbstständiger Gewerbebetrieb

Die beiden Entscheidungen des BFH (Urteile vom 15.09.2010, X R 21/08 und X R 22/08, BFH/NV 2011 S. 238) enthalten zudem noch bedeutende Ausführungen zur Auslegung des Punkts „selbstständiger Gewerbebetrieb". Dieses Kriterium erfordert bei mehreren gewerblichen Tätigkeiten, dass die Tätigkeiten jeweils vollkommen eigenständig sind. Eine Verbindung kann nur in der Person des Steuerpflichtigen bestehen, der durch die Betriebe nebeneinander am Wirtschaftsleben teilnimmt.

Hierzu greift der BFH mal wieder auf die Würdigung der Gesamtumstände des Einzelfalls zurück. Als relevante Merkmale für einen einheitlichen Gewerbebetrieb werden die Gleichartigkeit der Betätigung, die Möglichkeit einer gegenseitigen Ergänzung der Tätigkeiten, sowie die räumliche Nähe der Betriebe angeführt. Zudem kann eine gesonderte Verwaltung, eine selbstständige Organisation, eigenes Rechnungswesen, eigenes Personal bzw. eigenes Anlagevermögen entscheidungsrelevant sein.

Damit ergibt sich als Ergebnis, dass das Betreiben einer Photovoltaikanlage und eines Elektroinstallationsunternehmens ein einheitlicher Gewerbebetrieb sein kann. Dafür sprach im Urteilsfall vor allem die räumliche Nähe der auf dem Nachbargebäude des Elektroinstallationsbetriebs installierten Photovoltaikanlage. Zwar gehörte dies nicht dem Steuerpflichtigen, er war aber vertraglich berechtigt, die Anlage auf diesem Dach zu installieren und den Strom daraus einzuspeisen.

Auch diese Grundsätze wurden vom BFH in einer weiteren Entscheidung nochmals bestätigt (BFH, Urteil vom 24.10.2012, X R 36/10, BFH/NV 2013, S. 252): Der BFH urteilte, dass der Betrieb eines Einzelhandels (mit Zeitungen, Tabak, etc.) und der einer Photovoltaikanlage in der Regel nicht als einheitlicher Gewerbebetrieb angesehen werden können. Dies seien zu ungleichartige Betätigungen, die einander in der Regel nicht fördern oder ergänzen würden.

4.3.12.5 Wesentliche Betriebserweiterung

Ebenfalls vom BFH geklärt wurde die Rechtsfrage, ob die Installation einer Photovoltaikanlage eine wesentliche Betriebserweiterung darstellt (Urteile vom 15.09.2010, Az. X R 21/08 und X R 22/08, BFH/NV 2011 S. 238).

Ein Elektroinstallationsunternehmen hatte für eine Photovoltaikanlage eine Rücklage nach § 7g EStG a. F. gebildet. Das Finanzamt sah darin eine wesentliche Betriebserweiterung i. S. des § 269 HGB und bestand auf einer hinreichenden Konkretisierung der geplanten Investition durch eine verbindliche Bestellung.

Der BFH kam zum Ergebnis, dass für eine wesentliche Betriebserweiterung – abgesehen von einer außerordentlichen Kapazitätserweiterung – die Aufnahme eines neuen Geschäftszweigs erforderlich sei. Wird ein neuer Geschäftszweig aufgenommen, ist dies nur eine wesentliche Betriebserweiterung, wenn sich dadurch erhebliche quantitative Auswirkungen auf das bisherige Unternehmen ergeben.

In einem weiteren Verfahren hat dies der BFH nochmals bestätigt (BFH, Urteil v. 31.01.2013, III R 15/10, BFH/NV 2013 S. 1071): Danach liegt eine wesentliche Betriebserweiterung infolge einer Kapazitätserweiterung nur dann vor, wenn eine „wesentliche" und „außerordentliche" Kapazitätserweiterung eintreten soll. Dies erfordert eine sprunghafte Erweiterung außerordentlicher Art, die zu einer Diskontinuität in der Entwicklung des Unternehmens führt. Hierzu ist auf die absolute Höhe der geplanten Investition und ihrem Anteil an dem Anlagevermögen des Gesamtunternehmens, die mögliche Veränderung der Eigenkapitalstruktur und die Umsatzentwicklung sowie die Gewinnerwartung abzustellen. Konkret hat der BFH eine wesentliche Betriebserweiterung auch dann noch verneint, wenn sich durch eine geplante Investition die Gesamtleistung einer Photovoltaik-Anlage auf das 3–4-fache erhöhen soll. Auch die Gründung einer neuen Betriebsstätte führt nicht zwangsläufig zu einer wesentlichen Betriebserweiterung.

4.3.12.6 Anhängige Verfahren beim BFH

Neben diesen bereits entschiedenen Fällen, sind beim BFH derzeit (August 2019) noch folgende Verfahren im Zusammenhang mit dem Betrieb einer Photovoltaikanlage anhängig, deren Ausgang von allgemeinem Interesse sein wird.

4.3.12.6.1 Az. XI R 3/14

Die Umsatzsteuer im Zusammenhang mit einer Photovoltaikanlage steht beim BFH auf der Liste der anhängigen Verfahren. Es geht dabei um das sog. Reverse-Charge-Verfahren. Konkret die Frage, ob die Lieferung und Montage von Photovoltaikanlagen zu den Bauleistungen i. S. des § 13b Abs. 2 Nr. 4 UStG gehört. Ist dabei entscheidungserheblich, dass dem Leistenden eine Freistellungsbescheinigung nach § 48b EStG erteilt worden ist? Das Hessisches FG (Urteil vom 26.09.2013, 1 K 2198/11) hatte sich für die umgekehrte Steuerschuldnerschaft ausgesprochen.

4.3.12.6.2 Az. I R 46/17, I R 47/17 und I R 67/17

In diesen anhängigen Verfahren geht es um den Steuerabzug bei Bauleistungen (siehe dazu auch den nachfolgenden Abschn. 4.5.1). Es wird zu entscheiden sein, ob Photovoltaikanlagen Bauwerke in diesem Sinne darstellen. Dabei geht es sowohl um die Errichtung einer Freiland-Photovoltaikanlagen als auch um eine Aufdach-Photovoltaikanlage.

4.3.13 Batteriespeicher

Die im Laufe der vergangenen Jahre ständig gesunkenen Einspeisevergütungen haben dazu geführt, dass es heute vorteilhaft ist, das Einspeisen des eigenen Solarstroms möglichst zu vermeiden. Statt dem Einspeisen ist es lukrativer, möglichst viel des selbst erzeugten Stroms auch selbst zu verbrauchen, anstatt relativ teuren Strom vom Versorger zu beziehen.

Damit dies in einem möglichst großen Umfang gelingt, ist ein Speicher unumgänglich. Da ist es vorteilhaft, dass die zumeist zum Einsatz kommende Lithium-Ionen-Speichertechnologie mittlerweile ein gutes Preis-Leistungsverhältnis aufweist, sodass sich die Batteriespeicher auch wirtschaftlich einsetzen lassen.

Schätzungen gehen davon aus, dass bereits ca. 50 % der privaten Photovoltaikanlagen über einen Speicher verfügen. Dank zahlreicher Angebote zum Nachrüsten könnten mittlerweile deutschlandweit mehr als 100.000 Speicher installiert sein.

Damit ist solch ein Speicher auch steuerlich zu einem Thema geworden. Konkret stellt sich die Frage, welche steuerrechtlichen Auswirkungen sich bei der Installation einer Photovoltaikanlage mit Speicher ergeben. Und ebenso stellt sich die Frage, welche steuerrechtlichen Folgen eine Nachrüstung einer bereits vorhandenen PV-Anlage mit einem Batteriespeicher hat.

Dabei ist vor allem zu klären, ob trotz der zusätzlichen Kosten für den Stromspeicher ein wirtschaftlicher Betrieb der Anlage möglich ist? Oder präziser und steuerrechtlicher gefragt: Kann ein **Totalgewinn** erzielt werden oder liegt ein steuerlicher **Liebhabereibetrieb** vor? Sie haben hierzu die Grundlagen bereits im Abschn. 3.2 bzw. Abschn. 4.3.4.1 kennen gelernt.

Hinzu kommt, dass je nach den technischen Gegebenheiten ein Stromspeicher ein eigenständiges Wirtschaftsgut oder zusammen mit der Photovoltaikanlage ein einheitliches Wirtschaftsgut darstellen kann. Für die Beantwortung dieser steuerlichen Fragen, ist deshalb zunächst ein Blick auf die **technische Funktionsweise** erforderlich.

Die Solarmodule einer Photovoltaikanlage erzeugen Gleichstrom. Vor der Einspeisung – egal ob in das öffentliche Stromnetz oder in das Haushaltsnetz – muss der erzeugte Gleichstrom in Wechselstrom umgewandelt werden. Diese Aufgabe übernimmt der Wechselrichter (s. Abschn. 1.4.1.1).

Die Speicherbatterie kann auf zwei Wegen in dieses System eingebunden sein:

- Die Batterie ist vor dem Wechselrichter angeschlossen, die sog. Gleichstromkopplung oder DC-Kopplung.
- Die Batterie ist nach dem Wechselrichter angeschlossen, die sog. Wechselstromkopplung oder AC-Kopplung.

Wie Sie nachfolgend sehen werden, kommt diesem technischen Detail für die steuerliche Beurteilung eine grundlegende Bedeutung zu.

4.3.13.1 PV-Anlage mit Speicher
Bei Neuanlagen (PV-Anlage mit Stromspeicher) ist im Regelfall eine Gleichstromkopplung (DC-Kopplung) anzutreffen. Technisch fließt der erzeugte Gleichstrom zuerst in den Speicher und wird erst bei Bedarf über den einzigen Wechselrichter in Wechselstrom umgewandelt.

Das hat steuerrechtlich zur Folge, dass die Gesamtanlage ein einheitliches Wirtschaftsgut (R 6.13 Abs. 1 Satz 3 EStR) darstellt. Der Stromspeicher ist ein unselbstständiger Bestandteil der Gesamtanlage. Damit sind auch die gesamten Anschaffungskosten (PV-Anlage + Speicher) einheitlich über die Nutzungsdauer der PV-Anlage abzuschreiben.

Da die AK/HK für eine PV-Anlage mit Speicher deutlich höher sind, als für eine Anlage ohne Speicher, ist es fraglich, ob damit ein sog. Totalgewinn erzielt werden kann. Oftmals wird hierbei von einer einkommensteuerlichen unbeachtlichen Liebhaberei auszugehen sein.

4.3.13.2 Nachrüstung eines Speichers
Wird ein Stromspeicher bei einer bestehenden PV-Anlage nachgerüstet, erfolgt dies im Regelfall durch eine **AC-Kopplung** mit einem zweiten Wechselrichter.

Das hat steuerlich zur Folge, dass der Stromspeicher ein selbstständiges Wirtschaftsgut ist und bleibt. Denn der Batteriespeicher hat primär die Aufgabe den Strom für den Privatverbrauch zu speichern. Denn es ist technisch nur möglich den Strom aus dem Speicher in das Hausnetz zum Selbstverbrauch und nicht in das öffentliche Netz einzuspeisen.

Da der zunächst gespeicherte Strom ausschließlich für den Privathaushalt verwendet werden kann, gehört der Batteriespeicher und der zweite Wechselrichter nicht zum Betrieb, sondern stellt sog. notwendiges Privatvermögen dar. Deshalb stellen die Kosten für den Stromspeicher und die damit verbundenen Zusatzkomponenten auch keine Betriebsausgaben dar. Folglich ergeben sich auch keine Auswirkungen auf die bisherige Wertung der PV-Anlage; es ist keine (erneute) Liebhabereiprüfung erforderlich.

Tipp: Die Finanzverwaltungen mancher Bundesländer haben dies früher anders gesehen und gewähren deshalb nun aus Vertrauensschutzgründen ein Wahlrecht: Für Stromspeicher, die vor dem 01.01.2019 angeschafft, hergestellt oder verbindlich bestellt worden sind, kann weiterhin nach der bisherigen Verwaltungsauffassung verfahren werden.

In seltenen Einzelfällen erfolgt die Nachrüstung eines Stromspeichers bei einer bestehenden PV-Anlage mittels einer **DC-Kopplung** durch einen Umbau des bestehenden Wechselrichters.

In diesem Fällen ist die Speicherbatterie als eine Erweiterung der PV-Anlage zu werten. Die Aufwendungen hierfür stellen nachträgliche Anschaffungskosten dar. Durch diese Veränderung der Aufwendungen im betrieblichen Bereich ist eine neue Totalgewinnprognose zu erstellen. Oftmals wird diese zum Ergebnis führen, dass fortan von einem einkommensteuerlich unbeachtlichen Liebhabereibetrieb auszugehen ist.

4.3.13.3 Cloud-Speicher
Einige Energieunternehmen bieten eine sog. PV-Cloud an. Dies ist ein virtuelles Konto, auf dem der produzierte Strom gutgeschrieben und nicht sofort eingespeist wird. Der auf

diesem Konto virtuell zwischengespeicherte Strom kann später auch zur privaten Verwendung im Haushalt aus der Cloud abgerufen werden. Ebenso kann der zwischengespeicherte Strom nachträglich eingespeist werden.

Da eine betriebliche Nutzung und damit Einnahmen aus der Einspeisung oder Entnahme des Stroms möglich bleiben, wird das für die Cloudnutzung erhobene monatliche Entgelt als Betriebsausgabe anerkannt.

4.4 Gewerbesteuer

Unter einem Gewerbe ist jede Tätigkeit zu verstehen, die selbstständig, auf eigene Rechnung, in eigenem Namen und dauerhaft ausgeübt wird. Es kommt nicht darauf an, ob Sie tatsächlich einen Gewinn erzielen, die Absicht muss jedoch vorhanden sein.

Sie sehen damit schon, die gewerbesteuerliche Wertung zu einem Gewerbe geht in weiten Teilen parallel mit der einkommensteuerlichen Wertung zu den Einkünften aus Gewerbebetrieb. Aus § 2 Abs. 1 Gewerbesteuergesetz (GewStG) ergibt sich, dass das Betreiben einer Photovoltaikanlage als sog. stehender Gewerbebetrieb der Gewerbesteuer unterliegt.

Doch an dieser Stelle gleich eine **Entwarnung**:

Der typische private Anlagenbetreiber wird von der Gewerbesteuer faktisch nicht betroffen sein. Denn vom Gewerbeertrag (Gewinn angepasst um Hinzurechnungen und Kürzungen) kann ein **Freibetrag** in Höhe von 24.500 € gekürzt werden (§ 11 Abs. 1 Satz 3 Nr. 1 GewStG). Erst bei einem höheren Gewerbeertrag fällt damit Gewerbesteuer an.

Dennoch soll die Gewerbesteuer an dieser Stelle angesprochen werden. Dies wird nicht nur für die Betreiber einer größeren Photovoltaikanlage von Interesse sein, sondern kann auch all diejenigen betreffen, welche neben der Photovoltaikanlage bereits einen anderen Gewerbebetrieb unterhalten. Denn hier kann es ggf. zu einer steuerlichen Zusammenfassung zu einem Betrieb kommen. Ist dies der Fall, beeinflusst ein Gewinn oder Verlust aus einer Photovoltaikanlage die Höhe der insgesamt zu zahlenden Gewerbesteuer.

Und dazu gleich die zweite Entwarnung:

Eine Belastung mit Gewerbesteuer mindert die Höhe der Einkommensteuer. Durch die Steuerermäßigung des § 35 EStG kommt es zu einer weitgehenden Anrechnung der Gewerbesteuer auf die Einkommensteuer. Per Saldo bleibt die steuerliche Gesamtbelastung damit nahezu unverändert.

4.4.1 Grundlagen

Die Gewerbesteuer wird aus den Einkünften aus Gewerbebetrieb erhoben und fällt zusätzlich zur Einkommen- bzw. Körperschaftsteuer an. Die Gewerbesteuer ist eine Objektsteuer, denn besteuert wird das Objekt „Gewerbe". Dies erfolgt unabhängig von der Rechtsform des Gewerbetreibenden, sodass ein Einzelunternehmen, eine Personengesellschaft oder auch eine Körperschaft gleichermaßen für den Gewinn aus deren Gewerbebetrieb diese Steuer zu entrichten haben. Andererseits sind Freiberufler oder Land- und Forstwirte von der Gewerbesteuer nicht betroffen.

4.4.2 Bemessungsgrundlage

Zwar wird gemeinhin davon gesprochen, dass der Gewinn aus Gewerbebetrieb besteuert wird. Doch zusätzlich zu dem Gewinn sind noch zahlreiche Korrekturtatbestände zu berücksichtigen bis sich die eigentliche Bemessungsgrundlage – der Gewerbeertrag – ergibt.

Vereinfacht dargestellt gilt das folgende Schema:

	Gewinn aus Gewerbebetrieb (laut Gewinnermittlung)
+	Hinzurechnungen nach § 8 GewStG
./.	Kürzungen nach § 9 GewStG
=	Vorläufiger Gewerbeertrag
./.	Freibetrag mit 24.500 € (§ 11 Abs. 1 GewStG, nicht für Körperschaften)
=	Maßgebender Gewerbeertrag (abgerundet auf volle 100 €)
×	Steuermesszahl mit 3,5 %
=	Gewerbesteuermessbetrag (dieser wird vom Finanzamt festgestellt)
×	Gewerbesteuerhebesatz der Kommune
=	Gewerbesteuer

Der Hebesatz ist von Gemeinde zu Gemeinde bzw. von Stadt zu Stadt unterschiedlich. Er liegt bei mindestens 200 % (§ 16 Abs. 4 GewStG); in Städten sind Hebesätze mit 400–500 % durchaus üblich.

Die Gewerbesteuer selbst ist seit 2008 nicht mehr als Betriebsausgabe abzugsfähig (§ 4 Abs. 5b EStG). Im Gegenzug wurde die Steuermesszahl von 5 % auf 3,5 % gesenkt.

4.4.3 Hinzurechnungen

Für den Betrieb einer Photovoltaikanlage sind von den Hinzurechnungsregelungen in § 8 GewStG vor allem folgende von Interesse:

4.4.3.1 Hinzurechnung der Entgelte für Schulden

Es werden sämtliche Finanzierungskosten dem gewerbesteuerlichen Gewinn hinzugerechnet (§ 8 Nr. 1a GewStG). Dadurch wird eine Gleichstellung zwischen fremdfinanzierten und nicht fremdfinanzierten Betrieben erreicht. Bei einer Photovoltaikanlage sind hier z. B. die Zinsaufwendungen aus einen KfW-Darlehen oder einer anderen Refinanzierung zu berücksichtigen.

4.4.3.2 Hinzurechnungen für Mieten und Pachten

Diese Hinzurechnung ist zweigeteilt: Nach § 8 Nr. 1d GewStG werden 20 % der Miet- und Pachtzinsen (auch Leasingraten) für bewegliche Wirtschaftsgüter des Anlagevermögens hinzugerechnet. Nach § 8 Nr. 1e GewStG werden 65 % der Miet- und Pachtzinsen (auch Leasingraten) für unbewegliche Wirtschaftsgüter des Anlagevermögens dem Gewinn wieder hinzugerechnet. Bei einer Photovoltaikanlage wird hierunter vor allem die Pacht für ein nicht im Eigentum des Anlagenbetreibers stehendes fremdes Hausdach oder Grundstück fallen. Das Leasing einer Photovoltaikanlage selbst ist in der Praxis derzeit (noch) nicht so weit verbreitet, nimmt aber an Bedeutung zu.

Von allen Hinzurechnungsbeträgen wird nur ¼ berücksichtigt und davon wiederum ein Freibetrag mit 100.000 € gekürzt. Damit dürfte das Thema Hinzurechnungen faktisch auch bei größeren Photovoltaikanlagen letztlich keine Rolle spielen, da die übrigen Hinzurechnungen in § 8 Nr. 2 ff. GewStG bei diesem Gewerbebetrieb meist nicht relevant sein werden.

4.4.4 Kürzungen

Auch die Kürzungen bei der Ermittlung des Gewerbeertrags sind bei einer Photovoltaikanlage in aller Regel kein Thema. Zwar gibt es in § 9 Nr. 1 GewStG eine Kürzung um 1,2 % des Einheitswerts eines Grundstücks. Bei einer Photovoltaikanlage wird das Grundstück bzw. ein Gebäude aber nur im Ausnahmefall zum Betriebsvermögen des Unternehmens gehören. Nur in solchen Fällen findet eine Kürzung statt, die letztlich eine doppelte Belastung mit Grundsteuer einerseits und Gewerbesteuer andererseits vermeiden soll.

Vielleicht haben Sie aber eine Spende aus den betrieblichen Erträgen der Photovoltaikanlage getätigt. Dann können Sie diese Zuwendung für einen steuerbegünstigten Zweck auch von der gewerbesteuerlichen Bemessungsgrundlage kürzen. Der Höhe nach ist der Abzug auf 20 % des Gewinns aus Gewerbebetrieb bzw. auf 0,4 % aus der Summe der Umsätze und Löhne/Gehälter begrenzt.

Nicht gewährt wird hingegen die sog. erweiterte Kürzung nach § 9 Nr. 1 Satz 2 GewStG für Grundstücksunternehmen, die zugleich auch eine Photovoltaikanlage betreiben. Es fehlt an der „ausschließlichen" Verwaltung bzw. Nutzung von eigenem Grundbesitz. Die Erzeugung von Solarstrom ist eine dieser Kürzung entgegenstehende schädliche gewerbliche Tätigkeit. Zudem hat das FG Berlin-Brandenburg (Urteil vom 13.12.2011, 6 K 6181/08, EFG 2012, S. 959) die Wertung als unschädliches Nebengeschäft abgelehnt.

4.4.5 Steuerermäßigung

Um eine doppelte Belastung der gewerblichen Betriebe durch Gewerbesteuer und Einkommensteuer weitgehend zu vermeiden, hat der Gesetzgeber ab 2001 eine pauschale Anrechnung der Gewerbesteuer auf die Einkommensteuerschuld eingeführt (§ 35 EStG).

Seit 2008 erfolgt die Anrechnung der Gewerbesteuer mit dem 3,8-fachen des Gewerbesteuermessbetrags, sodass bis zu einem örtlichen Hebesatz von 380 % eine völlige Neutralisierung durch die gegenläufige Reduzierung der Einkommensteuer eintritt.

4.4.6 Ein oder zwei Betriebe?

Im Zusammenhang mit dem Betrieb „Photovoltaikanlage" kann ein Sonderproblem auftreten. Besteht bisher bereits ein anderer Gewerbebetrieb und wird noch eine Photovoltaikanlage installiert, stellt sich die Frage, ob zwei getrennte Gewerbebetriebe vorliegen oder ob die Photovoltaikanlage steuerlich dem bisherigen Betrieb zugerechnet wird. Die Frage ist insbesondere dadurch relevant, dass jeder Gewerbebetrieb den Freibetrag mit 24.500 € beanspruchen kann. Dieser Themenbereich wurde bereits bei der Einkommensteuer (Abschn. 4.3.6.2) kurz angesprochen.

Zusätzlich hat diese Frage aber auch Relevanz für die Inanspruchnahme einer Sonderabschreibung bzw. eines Investitionsabzugsbetrags (IAB). So kann bei einer Zusammenrechnung der beiden Tätigkeiten das Größenmerkmal des Gewinns oder des Betriebsvermögens überschritten sein. Stellt die Photovoltaikanlage hingegen einen eigenen Betrieb dar, wird die zusätzliche steuerliche Förderung durch § 7g EStG regelmäßig unproblematisch in Anspruch genommen werden können.

Vorteilhaft kann eine Zusammenrechnung für die Inanspruchnahme eines IAB sein, da dann weder eine Neugründung eines Betriebs und im Regelfall auch keine wesentliche Betriebserweiterung gegeben sein wird. Eine wesentliche Erweiterung des Betriebs liegt regelmäßig nicht vor, wenn sich der Gesamtumsatz um nicht mehr als 10 % erhöht.

Das Finanzamt wird für den einheitlichen Betrieb auf eine verbindliche Bestellung der Photovoltaikanlage verzichten. Diese zusätzliche Nachweisvoraussetzung wird bei einer Neugründung oder wesentlichen Betriebserweiterung oftmals noch gefordert, um dadurch die Investitionsabsicht hinreichend nachzuweisen; der BFH anerkennt aber auch jeden anderweitigen Nachweis.

4.4.6.1 Grundsatz: eigener Betrieb

Eine Photovoltaikanlage stellt grundsätzlich einen eigenen Gewerbebetrieb dar. Dies entspricht auch durchaus der Handhabung im allgemeinen Wirtschaftsleben. So ist es in steuerlicher Hinsicht durchaus nicht ungewöhnlich, dass ein Steuerzahler mehrere (getrennte) Betriebe unterhält. Eine generelle Zusammenfassung wäre schon im Hinblick auf die bei Land- und Forstwirten oder Selbstständigen zwingend vorgesehene Zuordnung zu unterschiedlichen Einkunftsarten nicht zu rechtfertigen.

Allerdings muss jeder Betrieb nach dem Gesamtbild der Verhältnisse – und damit auch nach der Betrachtung eines Außenstehenden – selbstständig und eigenständig sein. Die Gemeinsamkeit der Betriebe beschränkt sich dann auf die Person des Gewerbetreibenden. Allein dies reicht für eine Zusammenrechnung der Betriebe nicht aus. Dies wird von der

Rechtsprechung des BFH bestätigt (Urteil vom 24.10.2012, X R 36/10, BFH/NV 2013 S. 252). Dieses Urteil betraf ein Einzelhandelsgeschäft mit Zeitschriften, Spielwaren, Gartenbedarf und Haushaltsartikeln. Die auf dem Dach des Geschäfts installierte PV-Anlage, deren erzeugter Strom vollständig in das Netz eingespeist wurde, hat mit dem Einzelhandelsgewerbe nach dem Gesamtbild der Verhältnisse sehr wenig gemein. Der BFH beurteilte daher die PV-Anlage als eigenständigen (zweiten) Gewerbebetrieb.

4.4.6.2 Ausnahme: ein Betrieb

Ein einheitlicher Betrieb kann aber anzunehmen sein, wenn die Photovoltaikanlage in einem räumlichen Zusammenhang mit dem anderen Betrieb steht. Dies ist z. B. der Fall, wenn die Installation der Anlage auf dem Dach des Betriebsgebäudes erfolgt.

Allerdings ist neben diesem räumlichen auch noch ein weiterer sachlicher Zusammenhang mit der anderen gewerblichen Betätigung zu fordern. Dieser liegt vor, wenn die beiden Tätigkeiten gleichartig sind und sich dadurch eine gewisse organisatorische und wirtschaftliche Verflechtung ergibt. Durch eine enge Verflechtung tritt zwischen den Betrieben eine gegenseitige Förderung und Ergänzung ein.

Ein wohl typisches Beispiel hat die Rechtsprechung entschieden: Ein Elektroinstallateur hat sich eine Photovoltaikanlage auf das Dach montiert. Diese Anlage war nach Auffassung des BFH für eine wechselseitige Ergänzung der Tätigkeiten geeignet. Denn es konnte das eigene Fachwissen für die Installation und Verkabelung genutzt werden. Auch wurde durch die Anlage die Fachkunde des Betriebs für potenzielle Kunden aufgezeigt und damit ein wesentlicher Beitrag zur Kundengewinnung geleistet (BFH, Urteil vom 15.09.2010, X R 21/08, BFH/NV 2011 S. 25).

Eine vergleichbare Argumentation kann auch einem Dachdeckerbetrieb drohen, bei welchem durch die Montage einer Photovoltaikanlage im Einzelfall ebenfalls eine Förderung des Betriebs gesehen werden kann. Aus der Praxis ist eine vergleichbare Argumentation der Finanzverwaltung für ein Bauunternehmen bekannt.

Nicht ganz unkritisch sind auch Photovoltaikanlagen, bei denen ein nicht unerheblicher Teil des erzeugten Stroms selbst im Betrieb verbraucht wird. Hier lässt sich ggf. eine enge Verbindung zwischen dem bestehenden Betrieb und der PV-Anlage herstellen. Ob dies aber schon bei einem Eigenverbrauch von 10 % der Fall ist, wie aus der Finanzverwaltung zu hören ist, darf bezweifelt werden.

4.5 Weitere Steuerarten

Für den Betrieb einer Photovoltaikanlage sind die Umsatzsteuer, die Einkommensteuer und eingeschränkt auch noch die Gewerbesteuer diejenigen Steuerarten, welche grundlegende und auch regelmäßig wiederkehrende Bedeutung haben.

Daneben gibt es aber weitere Steuerarten bzw. Besteuerungsformen, die zumindest zeitweise oder einmalig von Relevanz sein können. Deshalb werden diese ebenfalls noch erläutert, auch wenn Sie als Betreiber einer Photovoltaikanlage damit (zum Glück) nicht täglich konfrontiert sein werden.

4.5.1 Bauabzugssteuer

Werden Bauleistungen für ein Unternehmen erbracht, sind die Auftraggeber nach §§ 48–48d EStG grundsätzlich verpflichtet, von dem zu zahlenden Entgelt für die Bauleistungen einen Steuerabzug einzubehalten – die sog. Bauabzugssteuer. Die Höhe des Steuerabzugs beträgt 15 %. Dieser Teil ist nicht an den Bauleistenden zu zahlen, sondern an das Finanzamt abzuführen, das für das Bauunternehmen zuständig ist.

Beispiel
Unternehmer A lässt eine Photovoltaikanlage auf dem Dach seines Einfamilienhauses installieren. Der ausführende Installateur B stellt ihm dafür eine Rechnung über 10.000 € aus.
   Herr A muss davon 1500 € an das Finanzamt abführen und überweist an den B damit nur 8500 €. Soweit jedenfalls die grundsätzliche Lösung.

4.5.1.1 Abzugspflicht
Die Bauabzugsteuer ist unter folgenden Voraussetzungen abzuziehen:

4.5.1.1.1 Unternehmen
Spätestens seit dem Abschn. 4.2 ist Ihnen geläufig, dass der Betreiber einer Photovoltaikanlage ein Unternehmer ist. Diese Eigenschaft gilt auch für die Bauabzugsteuer als erfüllt. Dies gilt auch für Kleinunternehmer, Unternehmer mit ausschließlich steuerfreien Umsätzen oder pauschal besteuernde Land- und Forstwirte.

4.5.1.1.2 Bauleistungen
Bauleistungen sind Leistungen, die der Herstellung, einer Instandsetzung bzw. -haltung, der Änderung oder Beseitigung eines inländischen Bauwerks dienen. Ausgenommen sind Leistungen planerischer Art, z. B. Leistung eines Architekten, Statikers, etc., und auch die reine Bauüberwachung oder die Prüfung von Bauabrechnungen sind keine Bauleistungen. Ausgenommen sind zudem Reinigungsarbeiten und Wartungsarbeiten. Die Finanzverwaltung hat die einzelnen relevanten Tätigkeiten im Zusammenhang mit einem Grundstück im BMF-Schreiben vom 27.12.2002, BStBl 2002 I S. 1399 aufgeführt.

4.5.1.2 Steuerabzug
Besteht danach die Pflicht die Bauabzugsteuer einzubehalten, muss ein Steuerabzug in Höhe von 15 % der Gegenleistung erfolgen. Gegenleistung ist das Entgelt zuzüglich der Umsatzsteuer – also der Bruttobetrag. Ein Steuerabzug muss auch bereits von Anzahlungen bzw. Teilzahlungen vorgenommen werden.

Zudem ist der Empfänger der Bauleistung verpflichtet, die einbehaltene Steuer dem Finanzamt bis zum 10. Tag des auf die Zahlung folgenden Monats anzumelden. Für die Anmeldung gibt es einen amtlich vorgeschriebenen Vordruck, welcher an das für den Bauleistenden zuständige Finanzamt zu senden ist.

Zeitgleich ist der einbehaltene Steuerabzug auch an dieses Finanzamt zu überweisen. Die Steuerabzugsteuerbeträge werden vom Finanzamt des Bauleistenden auf dessen Steuerschulden angerechnet oder gutgeschrieben.

4.5.1.3 Ausnahme: Freistellungsbescheinigung

Auch wenn damit die Voraussetzungen der Bauabzugsteuer im Alltag grundsätzlich häufig gegeben sind, wird diese dennoch nur selten einzubehalten und an das Finanzamt abzuführen sein. Denn Sinn und Zweck der seit 2002 bestehenden Verpflichtung ist die Eindämmung der illegalen Betätigung im Baugewerbe (EIBE), insbesondere die Schwarzarbeit sowie unseriöse Praktiken durch Scheinfirmen oder Subunternehmer.

Besteht aber keinerlei Hinweis auf eine Illegalität des Bauausführenden, sieht die gesetzliche Regelung eine ganz wesentliche Ausnahme vor – die Freistellungsbescheinigung. Diese Ausnahme führt in der Praxis dazu, dass die Bauabzugsteuer eher ein Randdasein fristet und nur sehr selten zum Zuge kommt.

Der Steuerabzug ist nicht vorzunehmen, wenn der Installationsbetrieb eine Freistellungsbescheinigung vorlegt. Dies ist eine Bescheinigung des Finanzamts, auf welcher bestätigt wird, dass für diesen Betrieb keine Abzugspflicht besteht. Konkret bedeutet das, dass Ihr Vertragspartner beim Finanzamt steuerlich erfasst ist und auch keine (bedeutenden) Steuerrückstände aufweist. Sie als Leistungsempfänger müssen damit die Bauabzugsteuer nicht einbehalten.

Achten Sie darauf, dass Ihnen der leistende Betrieb eine Kopie der Freistellungsbescheinigung aushändigt und der darauf ausgewiesene Zeitraum auch noch aktuell ist. Daneben ist auf der Bescheinigung das für den Auftragnehmer zuständige Finanzamt, dessen Steuernummer, eine sog. Sicherungsnummer sowie ein Abdruck des Dienstsiegels enthalten. Haben Sie Bedenken, ob die Freistellungsbescheinigung „echt" ist, können Sie deren Gültigkeit im Internet nach einer Registrierung überprüfen; der Link dazu lautet: https://eibe.bff-online.de/eibe/.

Zwar genügt es, wenn die Freistellungsbescheinigung spätestens bei Zahlung der Rechnung vorliegt. Es ist aber durchaus üblich, die Bescheinigung bereits bei Auftragserteilung zu erhalten. Nur wenn Sie eine entsprechende Bescheinigung in den Händen halten, entfällt die Verpflichtung, die Bauabzugsteuer einzubehalten. Am besten heften Sie die Freistellungsbescheinigung mit der Rechnung zusammen. Beide Unterlagen müssen 6 Jahre lang aufbewahrt werden.

4.5.1.4 Ausnahme: Kleinbeträge

Damit die Bauabzugsteuer und die Freistellungsbescheinigung in der Praxis nicht bei jedem Kleinauftrag zu prüfen ist, hat der Gesetzgeber Bagatellgrenzen geschaffen. Danach muss keine Steuer einbehalten werden, wenn die Zahlungen an einen Bauleistenden je Jahr 5000 € nicht überschreiten.

Erzielt der zum Steuereinbehalt verpflichtete Unternehmer nur Umsätze aus einer steuerfreien Vermietung von Wohnungen (§ 4 Nr. 12 UStG), erhöht sich der Bagatellbetrag sogar auf 15.000 €. Zudem ist jeder Vermieter, der nicht mehr als 2 Wohnungen vermietet von der Abzugspflicht ausgenommen.

Da der Betreiber einer Photovoltaikanlage nicht nur steuerfreie Vermietungsumsätze hat, ist für ihn allenfalls die Bagatellgrenze mit 5000 € relevant. Bei der erstmaligen Installation einer Anlage wird dieser Betrag aber meist überschritten sein.

4.5.1.5 Haftung

Können Sie keine Freistellungsbescheinigung vorweisen und greift auch die Bagatellgrenze nicht, haben Sie aber dennoch keine Bauabzugsteuer einbehalten, kann es übel werden. Da Sie eine Pflichtverletzung begangen haben, haften Sie dem Finanzamt gegenüber persönlich für den einzubehaltenden Betrag. Es droht damit eine doppelte Belastung. Denn es wurden bereits 100 % der Rechnungssumme an den Bauleistenden überwiesen und per Haftungsbescheid fordert das Finanzamt nun nochmals 15 % ein.

Ein unterbliebener Abzug kann auch nicht durch eine später noch nachgereichte Freistellungsbescheinigung „geheilt" werden. Sie sehen, ein durchaus wichtiger Punkt, der sonst richtig ins Geld gehen kann. Denn auch hier gilt: Unwissenheit schützt vor Strafe (= Haftung) nicht.

4.5.1.6 Bauabzugsteuer bei Photovoltaikanlagen?

Die wichtigste Frage zum Schluss: Sind die Vorschriften zur Bauabzugsteuer auf die Montage einer Photovoltaikanlage anzuwenden?

Dies ist derzeit noch nicht ganz eindeutig geklärt!

Zunächst wurde einhellig davon ausgegangen, dass die Werklieferung einer Photovoltaikanlage, die auf oder an einem Gebäude oder Bauwerk installiert wird, stets den Bauleistungen zuzuordnen ist.

Lediglich die Bundesländer Baden-Württemberg und Bayern haben die Auffassung vertreten, dass eine solche Installation keine Bauleistung im Sinne des BMF-Schreibens vom 27.12.2002, BStBl 2002 I S. 1399, Tz. 5 darstellt. Dabei käme es zu keiner Herstellung, Instandsetzung, Änderung oder Beseitigung eines Bauwerks. Damit müsste keine Bauabzugsteuer einbehalten werden.

Nur bei der Installation einer Indach-Anlage (dachintegrierte Solarzellen) wird in diesen beiden Bundesländern auch die Bauabzugsteuer zu einem Thema. Dabei müssten die Investitionskosten aufgeteilt werden in einen Teilbetrag für eine normale Dacheindeckung und die Mehrkosten für die Solarstromproduktion. Nur für den Teilbetrag der normalen Dacheindeckung wäre dann, insbesondere bei nicht vorliegender Freistellungsbescheinigung, Bauabzugsteuer einzubehalten.

Die anderen Bundesländer – und neuerdings auch Baden-Württemberg – gehen davon aus, dass für die gesamten Installationsarbeiten grundsätzlich Bauabzugsteuer anfallen kann. Dies ist – soweit ersichtlich – auch die wohl herrschende Auffassung in der Literatur.

Klarheit wird erst der BFH bringen können. Dort sind derzeit drei Verfahren anhängig, in denen die Frage zu klären ist, ob Photovoltaikanlagen als Bauwerke gelten und damit ein Steuerabzug auf die Bauleistungen einzubehalten ist. Konkret geht es um die Errichtung von Freiland-Photovoltaikanlagen (BFH, Az. I R 46/17 und I R 47/17) sowie um eine Aufdach-Photovoltaikanlagen (BFH, Az. I R 67/17).

Eine ungute Situation! Bleibt angesichts der latent drohenden Haftung nur zu hoffen, dass der Installationsbetrieb über eine Freistellungsbescheinigung verfügt; dies ist zum Glück die Regel.

Hingegen fallen Wartungsarbeiten an einer Photovoltaikanlage ebenso wie eine Reinigung der Solarzellen und ähnliche Arbeiten nicht unter die Bauabzugsteuer.

4.5.2 Grunderwerbsteuer

Dies ist eine Steuer, die im Zusammenhang mit einem Grunderwerb, sprich beim Kauf eines Grundstücks anfällt. Die Grunderwerbsteuer ist eine Verkehrsteuer, deren Einnahmen ausschließlich den Ländern zustehen. Das ist auch der Grund, weshalb die Höhe der Grunderwerbsteuer je nach Bundesland unterschiedlich sein kann. Aktuell liegen die Steuersätze nach der letzten Erhöhungsrunde bei 3,5 % bis 6,5 %.

Da eine Photovoltaikanlage regelmäßig mit einem Grundstück mehr oder weniger verbunden ist, kann diese für die Höhe der Grunderwerbsteuer von Relevanz sein. Deshalb ist es erforderlich, einen kurzen Überblick über die Voraussetzungen der Grunderwerbsteuer zu erlangen.

4.5.2.1 Erwerbsvorgänge

Zu den steuerpflichtigen sog. Erwerbsvorgängen gehört vor allem der Kauf eines inländischen Grundstücks – egal, ob dieses unbebaut oder bebaut ist. Dabei ist die rechtsgeschäftliche Begründung eines Anspruchs auf Übereignung des Grundstücks der eigentliche Erwerbsvorgang (§ 1 Abs. 1 Nr. 1 GrEStG); dies ist primär der Kaufvertrag als Verpflichtungsgeschäft für den dinglichen Eigentumsübergang. Daneben gibt es jedoch noch zahlreiche weitere Erwerbstatbestände, wie z. B. ein Meistgebot bei einer Zwangsversteigerung. Zudem kommt es bei Gesellschaften als Grundstückseigentümer ab einer Änderung ab 95 % im Gesellschafterbestand zur Festsetzung von Grunderwerbsteuer (§ 1 Abs. 2a GrEStG). Derzeit ist geplant, dass diese Grenze im Rahmen der Grunderwerbsteuerreform ab 2020 auf nur noch 90 % sinken wird.

4.5.2.2 Grundstück

Ein Grundstück ist ein begrenzter, katastermäßig vermessener und bezeichneter Teil der Erdoberfläche – so die juristische Interpretation. Zum Grundstück rechnen aber auch dessen wesentliche Bestandteile im Sinne des § 94 BGB. Dies sind die fest mit dem Grund und Boden verbundenen Sachen, in erster Linie ein Gebäude oder sonstiges Bauwerk.

Doch auch alle weiteren Teile, die nicht mehr vom Grundstück oder einem wesentlichen Bestandteil getrennt werden können, ohne dass dieses oder ein Bestandteil dabei zerstört würde, rechnen zum Grundstück hinzu.

Nicht zum Grundstück gehört jedoch das Zubehör, das entsprechend § 97 BGB eine bewegliche Sache darstellt.

4.5.2.3 Steuervergünstigungen

Bei der Grunderwerbsteuer gibt es zahlreiche Steuervergünstigungen, sprich Steuerbefreiungen (§§ 3–7 GrEStG). Dazu gehören vor allem die personenbezogenen Steuerbefreiungen, wie z. B. der Grundstückserwerb durch Erbschaft oder Schenkung. Diese Erwerbe unterliegen dem Grunde nach bereits der Erbschaft- bzw. Schenkungsteuer. Ebenfalls befreit von der Grunderwerbsteuer ist die Grundstücksübertragung unter Ehegatten oder Lebenspartnern (§ 3 Nr. 4 GrEStG), auch wenn dies im Rahmen einer Scheidung erfolgt (§ 3 Nr. 5, 5a GrEStG). Und praxisrelevant ist zudem der Erwerb eines Grundstücks durch mit dem Veräußerer in gerader Linie verwandte Personen, also insbesondere durch Kinder oder Enkel (§ 3 Nr. 6 GrEStG).

4.5.2.4 Bemessungsgrundlage

Die Grunderwerbsteuer ermittelt sich aus der Gegenleistung (§ 8 Abs. 1 GrEStG), im Regelfall dem Kaufpreis für das Grundstück. Auf diese sog. Bemessungsgrundlage wird der von Bundesland zu Bundesland unterschiedliche Steuersatz (3,5–6,5 %) angewandt.

4.5.2.5 Steuerschuldner

Geschuldet wird die Grunderwerbsteuer vom Veräußerer und Erwerber gemeinsam als Gesamtschuldner (§ 13 Nr. 1 GrEStG). Regelmäßig wird aber vereinbart, dass der Erwerber des Grundstücks die Grunderwerbsteuer übernimmt. Erst wenn die Steuer bezahlt ist, stellt das Finanzamt eine sog. Unbedenklichkeitsbescheinigung aus. Diese ist Voraussetzung für die Eintragung des neuen Eigentümers in das Grundbuch (§ 22 Abs. 1 Satz 1 GrEStG).

4.5.2.6 Auswirkungen bei einer Photovoltaikanlage

Wird ein Grundstück veräußert, auf dem eine Photovoltaikanlage installiert ist, entfällt ein Teil des Kaufpreises auch auf diese Anlage. Daraus kann aber nicht geschlossen werden, dass damit für eine auf dem Grundstück bzw. dem Gebäude vorhandene Photovoltaikanlage immer Grunderwerbsteuer anfällt. Vielmehr ist wie folgt zu unterscheiden (z. B. FinMin Hamburg, Erlass vom 08.07.2008, 53 – S 4521 – 009/06):

Eigenversorgung
Wird der erzeugte Strom nur zur Eigenversorgung verwendet, gehört der auf die Photovoltaikanlage entfallende Anteil am Kaufpreis zur grunderwerbsteuerrechtlichen Bemes-

sungsgrundlage. Denn Einrichtungen, die ausschließlich der Energieversorgung des Grundstücks dienen, stellen wesentliche Bestandteile dar und gehören zum Grundvermögen (§ 2 Abs. 1 Satz 1 Nr. 1 GrEStG). Diese Fallgruppe ist aber eher die Ausnahme.

Einspeisung

In den meisten Fällen wird der mittels einer Photovoltaikanlage erzeugte Strom ganz oder teilweise in das Netz eingespeist. Die Anlage ist dann als Betriebsvorrichtung des Gewerbebetriebs zu werten und gehört nicht zum Grundstück (§ 2 Abs. 1 Nr. 1 GrEStG). Ein anteiliger Kaufpreis wird nicht mit Grunderwerbsteuer belastet.

Integrierte Anlage

Einen Sonderfall stellt eine dachintegrierte Anlage, z. B. eine Dachziegel-Photovoltaikanlage dar. Diese dient nicht nur der Stromproduktion, sondern zugleich auch als für das Gebäude erforderliche Dacheindeckung. Das gilt selbst für eine Photovoltaikanlage, welche eine Gebäudefassade oder eine Glasfläche ersetzt. Derartige Anlagen sind folglich dem Gebäude als wesentlicher Bestandteil zuzurechnen. Deshalb fällt auch insoweit Grunderwerbsteuer auf den anteiligen Kaufpreis an.

Bitte beachten! Die Grunderwerbsteuer weicht insoweit von der einkommensteuerlichen bzw. der umsatzsteuerlichen Behandlung einer dachintegrierten Anlage ab. Dort wird mehr auf die wirtschaftliche Betrachtungsweise abgestellt; dies ist der Grunderwerbsteuer aber fremd. Bei dieser Steuer ist nach einem bundeseinheitlichen Beschluss weiterhin an der Wertung als wesentlicher Gebäudebestandteil i. S. des § 68 Abs. 2 Satz 2 BewG i. V. mit § 94 BGB festzuhalten (OFD Koblenz, Verfügung vom 02.03.2011, Az. S 2190A/S 2240A – St 31 3/St 31 2).

4.5.3 Lohnsteuer

In aller Regel wird der Betreiber einer Photovoltaikanlage keine Arbeitnehmer beschäftigen, sodass auch keine Pflichten als Arbeitgeber zu beachten sind. Soweit es sich jedoch um größere Anlagen oder eine Photovoltaikgemeinschaft handelt, kommt es in der Praxis durchaus vor, dass auch Arbeitnehmer beschäftigt werden.

Oft wird dies „nur" im Rahmen eines geringfügigen Beschäftigungsverhältnisses, dem sog. Minijob erfolgen. Doch auch in diesem Fall und erst Recht bei einem regulären Beschäftigungsverhältnis sind vielfältige Arbeitgeberpflichten zu beachten. Nicht zuletzt gehört dazu der Einbehalt, die Anmeldung und die Abführung der Lohnsteuer bzw. der Pauschalabgaben.

Da aber nur die wenigsten Betreiber einer Photovoltaikanlage den Status eines Arbeitgebers erreichen, wird nachfolgend lediglich ein kurzer Überblick über die steuerlichen Folgen bzw. Pflichten gegeben.

4.5.3.1 Arbeitgeberpflichten

Werden Arbeitnehmer beschäftigt, muss vom steuerpflichtigen Arbeitslohn ein Steuerabzug erfolgen und diese einbehaltene Lohnsteuer, der Solidaritätszuschlag sowie gegebenenfalls die Kirchenlohnsteuer an das Finanzamt abgeführt werden (§§ 38 ff. EStG).

Tipp
Als Arbeitgeber haften Sie für die richtige Einbehaltung und Abführung dieser Steuerabzugsbeträge. Deshalb ist es wichtig, bei Zweifeln über das ob oder die Höhe eines Steuerabzugs auf die Hilfestellung des Finanzamts zurückgreifen zu können. Als Arbeitgeber haben Sie das Recht, dass Ihnen das Betriebsstättenfinanzamt auf Anfrage eine kostenlose **Anrufungsauskunft** (§ 42e EStG) erteilt.

4.5.3.2 Steuerabzug

Die Steuerabzugsbeträge werden nach den Besteuerungsmerkmalen des Arbeitnehmers einbehalten. Früher wurde dazu auf die Lohnsteuerkarte zurückgegriffen, die es letztmals in 2010 gab. Darauf waren die Steuerklasse, Zahl der Kinderfreibeträge, die Konfession und ggf. Freibeträge eingetragen. Für 2011 und 2012 wurde keine Lohnsteuerkarte ausgestellt; die Karte für 2010 galt übergangsweise weiter. Ab 2013 ergeben sich die relevanten Merkmale für den Steuerabzug beim jeweiligen Arbeitnehmer aus einem elektronischen Datenspeicher der Finanzverwaltung – kurz: ELStAM.

Zu diesen Daten gehören insbesondere die Steuerklasse, ggf. ein Faktor bei Steuerklasse IV, das Kirchensteuermerkmal, die Zahl der Kinderfreibeträge und der Lohnsteuerfreibetrag bzw. ein Hinzurechnungsbetrag. Diese Daten sind in einer Datenbank beim BZSt gespeichert und sind vom Arbeitgeber abzurufen, wozu er die steuerliche Identifikationsnummer des Arbeitnehmers benötigt. Technisch erfolgt dies über das Elsteronline-Portal. Dort finden sich auch alle benötigten weiteren Informationen.

Die sodann für den steuerpflichtigen Arbeitslohn ermittelten Steuerabzugsbeträge sind vom Lohn einzubehalten und an das Betriebsstättenfinanzamt abzuführen. Die Berechnung erfolgt im Regelfall mit maschinellen Lohnabrechnungsprogrammen. Kleinere Betriebe, die dies manuell bewerkstelligen, können auf Online-Steuerberechnungsprogramme der Finanzverwaltung unter https://www.bmf-steuerrechner.de/ oder aber auf entsprechende Lohnsteuertabellen aus dem Buchhandel zugreifen.

4.5.3.3 Pauschalierung

Neben diesem regulären Einbehalt des Lohnsteuerabzugs kommt für Teilzeitbeschäftigte oder geringfügig Beschäftigte unter bestimmten Voraussetzungen eine pauschale Besteuerung in Betracht (§ 40a EStG). Dazu muss keine Lohnsteuerkarte vorgelegt werden, denn Schuldner der pauschalen Lohnsteuer ist nicht der Arbeitnehmer, sondern der Arbeitgeber. Dieser trifft auch die Entscheidung, ob der Arbeitslohn pauschal besteuert wird oder nicht. Allerdings kann die pauschale Lohnsteuer vertraglich auf den Arbeitnehmer abgewälzt werden.

4.5 Weitere Steuerarten

Vorteil für den Arbeitnehmer ist, dass ein pauschal besteuerter Arbeitslohn nicht mehr in eine Einkommensteuerveranlagung einbezogen wird, sondern die gesamte Besteuerung mit dem pauschalen Abzug erledigt ist.

Eine Pauschalierung des Lohnsteuerabzugs ist möglich bei:

Kurzfristiger Beschäftigung

Eine kurzfristige Beschäftigung liegt nach § 40a Abs. 1 EStG vor, wenn die Dauer der Beschäftigung 18 zusammenhängende Arbeitstage nicht übersteigt und dabei

- der Arbeitslohn durchschnittlich nicht mehr als 72 € (Stand: 2019, davor 68 € – jeweils entsprechend dem Mindestlohn) pro Arbeitstag beträgt oder
- der Zeitpunkt der sofort erforderlichen Beschäftigung nicht vorhersehbar ist.

Die pauschale Lohnsteuer beträgt 25 % des steuerpflichtigen Arbeitslohns aus der kurzfristigen Beschäftigung. Zusätzlich fällt noch Solidaritätszuschlag sowie gegebenenfalls Kirchenlohnsteuer an. Auch diese Steuerabzugsbeträge sind beim Finanzamt anzumelden und abzuführen.

Wichtig! Für die Kriterien einer kurzfristigen Beschäftigung ist nur auf die steuerlichen Vorschriften abzustellen. Die abweichenden sozialversicherungsrechtlichen Regelungen sind unbeachtlich. Diese sind „nur" für die Frage zu beachten, ob Sozialversicherungsbeiträge zu entrichten sind.

Geringfügiger Beschäftigung

Der Arbeitslohn kann bei einer geringfügig entlohnten Beschäftigung nach § 40a Abs. 2 und 2a EStG ebenfalls ohne Lohnsteuerkarte pauschal besteuert werden. Der Pauschsteuersatz beträgt 2 % bzw. 20 %.

Erfreulich ist, dass hierbei das Steuerrecht und die sozialversicherungsrechtlichen Vorschriften übereinstimmen. Der steuerrechtliche Begriff „geringfügige Beschäftigung" wird im Sozialversicherungsrecht als Überbegriff für eine „kurzfristige Beschäftigung" und auch für eine „geringfügig entlohnte Beschäftigung" verwendet. Umgangssprachlich wird diese Art der Beschäftigung als Minijob oder 450 Euro-Job bezeichnet.

Eine geringfügig entlohnte Beschäftigung setzt voraus, dass

- das regelmäßige Arbeitsentgelt 450 € im Monat nicht übersteigt – die so genannte Geringfügigkeitsgrenze;
- unbeachtlich ist hingegen die zeitliche Dauer der Beschäftigung.

Bei der Höhe des Pauschalierungssteuersatzes ist danach zu differenzieren, ob für das Beschäftigungsverhältnis pauschale Beiträge zur gesetzlichen Rentenversicherung zu entrichten sind:

- Die Steuerabzugsbeträge (Lohnsteuer + Solidaritätszuschlags + Kirchenlohnsteuer) betragen pauschal nur 2 % des Arbeitsentgelts, wenn ein Beitrag zur gesetzlichen Rentenversicherung geleistet wird. Alle Beiträge werden in einer Summe an die Minijob-Zentrale angemeldet und abgeführt, die als Einzugsstelle Teil der Deutschen Rentenversicherung (DRV) ist.
- Eine Pauschalierung mit 20 % erfolgt dagegen, wenn aus dem Beschäftigungsverhältnis kein pauschaler Beitrag zur gesetzlichen Rentenversicherung zu entrichten ist. Diese 20 % zuzüglich Solidaritätszuschlag sowie ggf. Kirchenlohnsteuer sind an das Finanzamt anzumelden und abzuführen.

Sofern sich in der Praxis Fragen ergeben, kann neben dem Finanzamt auch die Minijob-Zentrale der DRV Ihr Ansprechpartner sein (https://www.minijob-zentrale.de/DE/00_home/node.html). Zudem enthält auch die Broschüre „Geringfügige Beschäftigung und Beschäftigung im Übergangsbereich" weitere wertvolle Informationen – zu beziehen unter https://www.bmas.de/DE/Service/Medien/Publikationen/.

4.5.3.4 Anmeldung und Abführung

Die einbehaltenen Steuerabzugsbeträge sind dem Finanzamt anzumelden (§ 41a EStG). Diese Lohnsteuer-Anmeldung erfolgt durch elektronische Übermittlung via „Elster". Nur im Ausnahmefall lässt das Finanzamt eine Papier-Anmeldung zu.

Die Anmeldung muss monatlich bis zum 10. des Folgemonats beim Finanzamt sein, wenn die Lohnsteuer im Vorjahr mehr als 5000 € betrug. Eine vierteljährliche Anmeldung bis zum 10. des auf das Vierteljahr folgenden Monats genügt, wenn die Lohnsteuer im Vorjahr zwischen 1080 € und 5000 € lag. Betrug die Lohnsteuer bisher nicht mehr als 1080 €, ist eine jährliche Anmeldung bis zum 10. Januar des Folgejahrs ausreichend. Bei einem neu begründeten Betrieb wird für die Grenzen auf einen Jahresbetrag hochgerechnet.

4.5.3.5 Lohnkonto

Für jeden Arbeitnehmer muss ein Lohnkonto geführt werden (§ 41 EStG i. V. mit § 4 LStDV). Darin erfolgen Aufzeichnungen zur Art des Arbeitslohns (Bar- oder Sachbezug) und der Höhe des Arbeitslohns. Aufgezeichnet werden auch alle abgerufenen elektronischen Lohnsteuerabzugsmerkmale (ELStAM) und die steuerliche Identifikationsnummer des Arbeitnehmers. Verzeichnet werden im Lohnkonto natürlich auch die einbehaltenen Steuerabzugsbeträge. Das Lohnkonto wird als jährliche Aufzeichnung geführt und muss noch 6 Jahre lang ab der letzten Eintragung aufbewahrt werden.

4.5.3.6 Lohnsteuerbescheinigung

Die Aufzeichnungen des Lohnkontos fließen zudem in eine elektronische Lohnsteuerbescheinigung ein, die bis zum 28.02. des Folgejahrs elektronisch an die Finanzverwaltung übermittelt werden muss. Davon erhält der Arbeitnehmer für seine Zwecke einen

Ausdruck. Die Lohnsteuerbescheinigung ersetzt die früher gemachten Eintragungen auf der Lohnsteuerkarte.

Weitere, vor allem technische Informationen dazu können Sie unter https://www.elster.de/eportal/start erhalten.

4.5.3.7 Haftung

Der Arbeitgeber haftet für die von ihm einzubehaltende und abzuführende Lohnsteuer (§ 42d EStG). Zwar besteht die Haftung gemeinsam mit dem Arbeitnehmer (Gesamtschuldnerschaft), jedoch wird das Finanzamt regelmäßig auf den Arbeitgeber zugreifen. Bereits deshalb gilt es, die Regeln und Pflichten als Arbeitgeber sorgfältig zu beachten.

Eventuelle Fehler deckt das Finanzamt durch eine Überprüfung der Arbeitgeber auf. Dazu findet meist eine Lohnsteuer-Außenprüfung (§ 42f EStG) oder eine Lohnsteuer-Nachschau (§ 42g EStG) statt.

Strategien 5

5.1 Mögliche ergänzende Strategien

5.1.1 Investitionszulage

Die Investitionszulage ist eine staatliche Fördermaßnahme, die in engen Grenzen die Investition in eine Photovoltaikanlage noch lukrativer machen kann. Diese besondere staatliche Subvention kann nicht jeder Betreiber einer Anlage erhalten. Vielmehr ist die Zulage sowohl regional als auch auf bestimmte betriebliche Bereiche beschränkt.

5.1.1.1 Gesetzliche Grundlagen

Dazu gab es bisher das Investitionszulagengesetz 2007 (InvZulG 2007), das betriebliche Investitionen im verarbeitenden Gewerbe und auch im Bereich der produktionsnahen Dienstleistungen bis Ende 2009 gefördert hat. Zulageberechtigt sind auch Betriebe des Beherbergungsgewerbes.

Seit 2010 gilt das Investitionszulagengesetz 2010 (InvZulG 2010). Diese Folgeregelung führt die Förderung für das verarbeitende Gewerbe, produktionsnahe Dienstleistungen bzw. das Beherbergungsgewerbe bis Ende 2013 fort. Allerdings werden die bisherige Grundförderung mit 12,5 % und auch die erhöhte Förderung mit 25 % für kleine und mittlere Betriebe ab 2010 jährlich um 2,5 % bzw. 5 %-Punkte reduziert.

5.1.1.2 Eingeschränkte Förderung

Die Investitionszulage kann und soll nicht flächendeckend gewährt werden. Zielobjekte für eine Förderung sind

- in regionaler Hinsicht, die Betriebe in den neuen Bundesländern – dem sog. Fördergebiet,

- in sachlicher Hinsicht, nur Betriebe des verarbeitenden Gewerbes, Betriebe mit produktionsnahen Dienstleistungen oder Betriebe des Beherbergungsgewerbes.

Die regionale Beschränkung ist noch relativ einfach. Dies sind die Bundesländer Berlin, Brandenburg, Mecklenburg-Vorpommern, Sachsen, Sachsen-Anhalt und Thüringen. Dieses Gebiet ist auf einer Fördergebietskarte dargestellt (http://www.bmwi.de). Insbesondere ist darin auch die detaillierte Untergliederung des Fördergebiets in sog. C-Fördergebiet bzw. D-Fördergebiet ersichtlich. Während im C-Fördergebiet jede Betriebsgröße gefördert wird, ist dies im D-Fördergebiet auf kleine und mittlere Betriebe beschränkt.

Schwieriger ist da schon die Abgrenzung in sachlicher Hinsicht. Zunächst ist die Förderung unabhängig von der Rechtsform. Lediglich von der Körperschaftsteuer befreite Kapitalgesellschaften und steuerfreie Vermietungsgenossenschaften erhalten keine Investitionszulage.

Diffiziler ist die Frage, ob ein Betrieb der Photovoltaikanlage unter eine der drei Sachgruppen fällt. Dazu führt das Gesetz genau auf, welche produktionsnahen Dienstleister bzw. welche Beherberger begünstigt sein können. Ob ein verarbeitender Gewerbebetrieb begünstigt ist, ergibt sich aus einer Anlage zum Investitionszulagengesetz. Dort sind Gewerbe verzeichnet, die den so genannten sensiblen Sektoren zugeordnet werden und deshalb von der Förderung ausgeschlossen sind oder nur beschränkt profitieren können.

5.1.1.3 Begünstigte Investition
Begünstigte Investitionen sind

- die Anschaffung oder Herstellung neuer abnutzbarer beweglicher Wirtschaftsgüter als Erstinvestitionsvorhaben,
- die mindestens 5 Jahre lang (Bindungszeitraum),
- dem Anlagevermögen eines Betriebs oder einer Betriebsstätte der förderungsfähigen Gewerbe bzw. Dienstleistungen zuzurechnen sind und
- welche jeweils nicht mehr als 10 % privat genutzt werden.

Generell von einer Investitionszulage ausgeschlossen sind jedoch die Anschaffung oder Herstellung eines Pkws, eines Luftfahrzeugs oder von geringwertigen Wirtschaftsgütern.

Die näheren Voraussetzungen bzw. Umschreibungen, z. B. „was ist ein Erstinvestitionsvorhaben", werden zunächst zurückgestellt. Stattdessen wollen wir der drängenden Frage nachgehen, ob eine Photovoltaikanlage überhaupt begünstigt ist.

5.1.1.4 Photovoltaik
Zuerst die schlechte Nachricht: Eine Photovoltaikanlage selbst ist weder ein verarbeitender Betrieb noch eine produktionsnahe Dienstleistung, von einer Beherbergung ganz zu Schweigen. Vielmehr ist der Betrieb einer Photovoltaikanlage dem nicht begünstigten Wirtschaftszweig Elektrizitätserzeugung zuzuordnen. Damit ist die Aussage einfach: Der Betrieb einer Photovoltaikanlage kann für sich betrachtet keine Investitionszulage erhalten.

5.1 Mögliche ergänzende Strategien

Die gute Nachricht folgt zugleich: Ist die Photovoltaikanlage Teil eines Betriebs aus dem verarbeitenden Gewerbe oder einer produktionsnahen Dienstleistung bzw. befindet sich die Anlage auf einem Betrieb der Beherbergung, kann doch eine Förderung durch die Investitionszulage erfolgen.

Das heißt konkret, dass eine Investition in eine Photovoltaikanlage auf dem Gelände oder Gebäude eines begünstigten Betriebs ein Erstinvestitionsvorhaben darstellen kann. Diese Maßnahme fällt unter den Begriff „Diversifizierung der Produktion" im Sinne des § 2 Abs. 3 Nr. 3 InvZulG. Es wird ein zusätzliches neues Produkt Strom produziert, womit die Zulage gewährt werden kann (BMF-Schreiben vom 08.05.2008, IV C 3 – InvZ 1015/07/0001, BStBl 2008 I S. 590, aktualisiert durch BMF-Schreiben vom 23.07.2009, BStBl 2009 I S. 810).

Dies wird auch in einem Erlass der LFD Thüringen deutlich zum Ausdruck gebracht. Es ist nicht erforderlich, dass ein Erstinvestitionsvorhaben eine begünstigte Tätigkeit betrifft. Vielmehr genügt es, dass der Betrieb insgesamt nach der Klassifikation der Wirtschaftszweige zum verarbeitenden Gewerbe oder einem anderen begünstigten Wirtschaftszweig gehört (LFD Thüringen, Erlass vom 08.11.2007, InvZ 1280A – 06 – A 2.15).

Zu beachten ist dabei aber, dass die Photovoltaikanlage ihre Eigenschaft als selbstständig bewertbares Wirtschaftsgut nicht verlieren darf (so BFH, Urteil vom 25.05.2000, III R 65/96, BStBl 2000 II S. 628). Hierzu ist meines Erachtens von den allgemeinen ertragsteuerlichen Kriterien auszugehen, womit selbst eine dachintegrierte Anlage ein selbstständiges Wirtschaftsgut bleibt. Nur wenn auf die grunderwerbsteuerliche Sicht abgestellt würde, käme eine Zulage nicht in Betracht (siehe dazu Abschn. 4.3.9.5 und in Abschn. 4.5.2.6. Bei einer typischen Aufdachanlage ist dieses Kriterium ohnehin unproblematisch.

Einer Investitionszulage steht ebenfalls nicht entgegen, dass mit der Photovoltaikanlage nur ein geringer Anteil am Gesamtumsatz erzielt wird bzw. der Stromerzeugung nur eine untergeordnete Wertschöpfungsquote zukommt (so FG Thüringen, Urteil vom 30.04.2009, 2 K 625/07).

Kritisch kann damit nur noch die Frage sein, ob eine Photovoltaikanlage zu einem Betrieb hinzugehört oder ob diese einen gesonderten Betrieb darstellt. Die Finanzämter tendieren allgemein (oftmals unzutreffend) eher dazu, nur von einem Betrieb auszugehen und somit auch den Freibetrag bei der Gewerbesteuer nur einmal zu gewähren. Diese Einstufung ist für die Investitionszulage von Vorteil und sollte dann auch konsequent hierauf übertragen werden. Rechtlich steht das aber auf wackeligen Beinen.

Das zeigt auch eine Entscheidung des Sächsischen FG (Urteil vom 21.12.2011, 2 K 1721/11), zu einer beantragten Investitionszulage bei einer Betriebsaufspaltung. Das FG hat die Zulage versagt, obwohl die Betriebsgesellschaft für sich betrachtet einen begünstigten Betrieb darstellte und dieses Merkmal damit auf die Besitzgesellschaft zu übertragen wäre. Entscheidend ist aber, dass der Betrieb einer Photovoltaikanlage ohne Zusammenhang mit dem bisherigen Betrieb ist und somit einen eigenständigen Betrieb darstellt.

Klar ist hingegen die rechtliche Seite bei Personengesellschaften oder Kapitalgesellschaften, bei denen ohnehin nur ein Betrieb vorliegt (R 2.4 Abs. 3 Satz 1 und Abs. 4 Satz 1 GewStR). Diese Wertung wurde mit dem BMF-Schreiben vom 08.07.2010, BStBl 2010 I S. 600 auch auf die Investitionszulage übertragen. Damit akzeptiert die Finanzverwaltung das entsprechende Urteil des FG Thüringen vom 30.04.2009, 2 K 625/07.

5.1.1.5 Weitere Voraussetzungen

Nachdem nun klar ist, dass zumindest ein Teil der Photovoltaikanlagenbetreiber die Investitionszulage erhalten kann, werden für diese nun auch die übrigen Voraussetzungen für eine Zulagengewährung kurz angesprochen:

Erstinvestitionsvorhaben

Zu den begünstigten sog. Erstinvestitionsvorhaben zählen die Anschaffung oder die Herstellung von Wirtschaftsgütern bei der Errichtung einer neuen Betriebsstätte, der Erweiterung einer bestehenden Betriebsstätte oder auch der Diversifizierung der Produktion einer Betriebsstätte in neue zusätzliche Produkte (wie z. B. in die Solarstromerzeugung). Daneben kann auch eine grundlegende Änderung des Gesamtproduktionsverfahrens oder eine Übernahme eines geschlossenen oder vor der Schließung stehenden Betriebs begünstigt sein.

Begünstigte Wirtschaftszweige

Das verarbeitende Gewerbe ist generell begünstigt. In Zweifelsfällen ist auf die vom Statistischen Bundesamt erstellte Klassifikation der Wirtschaftszweige abzustellen.

Den produktionsnahen Dienstleistungen werden folgende Betriebs- bzw. Wirtschaftszweige zugerechnet: Datenverarbeitung und Datenbanken, Forschung und Entwicklung, Markt- und Meinungsforschung, Ingenieurbüros für bautechnische Gesamtplanung oder technische Fachplanung, Büros für Industrie-Design, Betriebe der technischen, physikalischen und chemischen Untersuchung, sowie Werbung oder fotografisches Gewerbe. Ab 2010 werden zudem die Rückgewinnung, Zerlegung von Schiffs- und Fahrzeugwracks bzw. anderer Altwaren und die Rückgewinnung sortierter Werkstoffe gefördert. Das gilt auch für Bautischlerei und Bauschlosserei, Buch-, Zeitschriften- oder sonstige Verlage und die Reparatur von Telekommunikationsgeräten.

Unter das Beherbergungsgewerbe fallen die Betriebe der Hotellerie, Jugendherbergen und Hütten, Campingplätze sowie Erholungs- und Ferienheime.

Bindungszeitraum

Die Investitionszulage wird nur für Wirtschaftsgüter gewährt, die mindestens 5 Jahre zum Anlagevermögen des Betriebs gehören. Die Frist beginnt mit der Beendigung der Investition/Gesamtmaßnahme, also wenn das Wirtschaftsgut in betriebsbereitem Zustand ist.

Für kleine und mittlere Betriebe verringert sich der Zeitraum auf 3 Jahre. Beträgt die betriebsgewöhnliche Nutzungsdauer eines Wirtschaftsguts weniger als 3 bzw. 5 Jahre, ist diese kürzere Nutzungsdauer der Bindungszeitraum. Die Bindung muss jeweils zu dem Betrieb des Anspruchsberechtigten bestehen bleiben. Nur bei Gebäuden führt eine Veräußerung oder Vermietung nicht zum Verlust der Investitionszulage.

Antrag

Die Investitionszulage kann nach dem Ablauf des Investitionsjahres beim für die Besteuerung des Einkommens zuständigen Finanzamt beantragt werden. Dafür hält die Finanzverwaltung amtliche Vordrucke bereit, in denen die angeschafften bzw. hergestellten Wirtschaftsgüter mit den damit verbundenen Kosten im Detail aufzulisten sind.

Tipp
Aus steuerlicher Sicht ist erfreulich, dass eine gewährte Investitionszulage nicht zu den Einkünften aus Gewerbebetrieb gehört. Es liegen weder Betriebseinnahmen vor, noch sind die AK/HK zu vermindern.

5.1.2 Haushaltsnahe Steuerermäßigung

Das Einkommensteuergesetz sieht in § 35a EStG eine Steuerermäßigung vor für in Anspruch genommene haushaltsnahe Dienstleistungen bzw. Handwerkerleistungen. Die Steuerermäßigung erfolgt in der Weise, dass 20 % des Aufwands, maximal 4000 € bzw. max. 1200 € von der zu zahlenden Einkommensteuer abgezogen werden können.

Da im Zusammenhang mit einer Photovoltaikanlage auch Handwerkerleistungen oder andere Dienstleistungen (z. B. Wartung der Anlage) in Anspruch genommen werden, könnte dies eine weitere Möglichkeit der Optimierung sein. Doch – leider nein!!

Eine Steuerermäßigung ist **ausgeschlossen**:

- Für Aufwendungen, die zu Betriebsausgaben führen, wird keine Steuerermäßigung gewährt. Alle im Zusammenhang mit einer Photovoltaikanlage stehenden Kosten führen zu Betriebsausgaben. Dies gilt auch für AK/HK, die über die Nutzungsdauer verteilt den Gewinn als Betriebsausgabe mindern. Der Gesetzgeber wollte mit dieser Einschränkung in § 35a Abs. 5 EStG eine doppelte steuerliche Förderung vermeiden.
- Zusätzlich wird ab 2011 eine Steuerermäßigung auch dann versagt, wenn dafür öffentliche Fördermittel in Anspruch genommen worden sind. Auch mit diesem Kumulationsverbot soll eine doppelte Förderung, z. B. durch ein zinsgünstiges KfW-Darlehen und eine Steuerermäßigung vermieden werden.

Damit kann eine Steuerermäßigung nur für handwerkliche Arbeiten zur Renovierung, Modernisierung, Reparatur, Wartung, etc., in Anspruch genommen werden, die nicht (anteilig) auf eine Photovoltaikanlage entfallen. Doch auch hierbei ist zu beachten, dass kein anderweitiger steuerlicher Abzug möglich sein darf. Die Aufwendungen dürfen damit insbesondere keine Werbungskosten zu den Einkünften aus der Vermietung oder Verpachtung darstellen.

Tipp
Beachten Sie zudem, dass die in Betracht kommenden Aufwendungen durch eine Rechnung nachzuweisen sind, sowie nur der Anteil der Arbeitskosten und damit vor allem keine Materialaufwendungen geltend gemacht werden können. Zudem muss die Bezahlung unbar durch eine Banküberweisung erfolgt sein; eine Barzahlung direkt an den Handwerker ist schädlich.

5.1.3 Gemeinschaftsanlagen

Ist kein eigenes Hausdach vorhanden, sind die eigenen finanziellen Mittel eher bescheiden oder soll in eine größere Photovoltaikanlage investiert werden, kann z. B. über die Beteiligung an einer Gemeinschaftsanlage nachgedacht werden.

Gemeinsame Investitionen in die Photovoltaik liegen zuletzt deutlich im Trend. Insbesondere auf kommunaler Ebene sind solche Gemeinschaften nahezu überall anzutreffen, egal ob sich diese als Solardach-GbR oder als Bürgersolaranlage oder ähnlich bezeichnen.

Gemeinsam ist allen, dass ein Zusammenschluss mehrerer Personen vorliegt, die in die Photovoltaik investieren und eine Anlage gemeinsam betreiben. Häufig handelt es sich dabei um eine größere Anlage, z. B. auf dem Dach der Stadthalle oder einer Turnhalle der Gemeinde. Doch auch eine Wohnungseigentümergemeinschaft kann als solch eine Gemeinschaft auftreten.

5.1.3.1 Rechtsformen

Für eine gemeinsame Photovoltaikanlage bietet sich außer der Gesellschaft bürgerlichen Rechts – kurz: GbR, auch jede andere Rechtsform an. Daneben erfährt gerade die Rechtsform einer Genossenschaft hierbei eine gewisse Wiederbelebung.

Grundsätzlich gilt für alle Gemeinschaftsanlagen das bisher Ausgeführte analog. Hinzu kommen aber noch die rechtlichen und auch steuerrechtlichen Besonderheiten der jeweiligen Rechtsform. Das gesamte Themenfeld kann an dieser Stelle nicht annähernd dargestellt werden. Eingegangen werden soll nur kurz auf die verbreitete Rechtsform der GbR.

5.1.3.2 GbR

Wichtig ist, dass bei einer GbR grundsätzlich alle Gesellschafter auch mit ihrem Privatvermögen haften. Zwar ist das Risikoeiner Photovoltaikanlage per se nicht sehr bedeutend und kann durch Versicherungen noch weiter reduziert werden. Dennoch sollte die Haftungsfrage immer in die Überlegungen zur Rechtsform mit einbezogen werden.

Wie der Betrieb der Anlage, erfolgt auch die steuerliche Gewinnermittlung für die Gesellschaft. Die Einspeisevergütungen stellen Betriebseinnahmen der GbR dar, ebenso sind alle anfallenden Aufwendungen Betriebsausgaben der GbR. Diese ermittelt den Gewinn einheitlich für alle Gesellschafter und teilt sodann den Gewinn auf diese nach der vereinbarten Gewinnbeteiligungsabrede auf.

Gegenüber dem Finanzamt ist eine sog. Feststellungserklärung abzugeben, die den gemeinsamen Gewinn aus Gewerbebetrieb und dessen Aufteilung auf die Gesellschafter, die sog. Mitunternehmer, umfasst. Das Finanzamt erlässt dazu einen Bescheid über die gesonderte und einheitliche Feststellung der Besteuerungsgrundlagen der GbR.

5.1.3.3 Abfärbung

Auf ein Sonderproblem bei Personengesellschaften, wie z. B. einer GbR, soll noch eingegangen werden – die sog. Abfärberegelung.

Betreibt eine GbR eine Photovoltaikanlage, erzielt sie damit (wie jeder Einzelgewerbetreibende auch) gewerbliche Einkünfte. Eine Personengesellschaft, die auch gewerbliche Einkünfte hat, erzielt mit allen anderen Tätigkeiten ebenfalls gewerbliche Einkünfte (§ 15 Abs. 3 Nr. 1 EStG). Damit werden insbesondere vermögensverwaltende Einkünfte, z. B. Einkünfte aus einer Vermietung, in gewerbliche Einkünfte umqualifiziert. Oder anders gesagt: die gewerblichen Einkünfte färben auf alle anderen Einkunftsarten ab – die sog. Abfärberegelung oder auch Infektionstheorie.

In der Praxis ist es häufig anzutreffen, dass eine GbR eine Immobilie vermietet und nun auf dem Dach des Gebäudes eine Photovoltaikanlage errichtet. Die Einkünfte aus Vermietung und Verpachtung werden steuerlich durch den gewerblichen Gewinn aus der Photovoltaikanlage infiziert. Dies hat vor allem zur Folge, dass das Grundstück insgesamt zu Betriebsvermögen wird und damit alle Wertsteigerungen auch steuerpflichtig sind. Zudem werden auch die Gewinne aus der Vermietung mit Gewerbesteuer belastet.

5.1.3.3.1 Teilweise Entwarnung

Diese grundsätzlich negative steuerliche Folge betrifft nur Personengesellschaften. Keine Anwendung findet diese auf Einzelunternehmen und auch Erben- oder Gütergemeinschaften sind davon nicht tangiert. Auch eine Bruchteilsgemeinschaft (Grundstücksgemeinschaft) bleibt von der Abfärbewirkung ausgenommen.

Lösung 1

Eine derartige gewerbliche Infektion kann vermieden werden, wenn für jede Tätigkeit – die Vermietung des Grundstücks und die Stromerzeugung – eine gesonderte Personengesellschaft gegründet wird. Beide Gesellschaften können durchaus personen- und beteiligungsidentisch sein. Dies wird von der Finanzverwaltung akzeptiert, sofern zumindest getrennte Gesellschaftsverträge die unterschiedliche Tätigkeit der Gesellschaften klar regeln. Zudem sollte auf eine entsprechende Umsetzung im Geschäftsverkehr geachtet werden, z. B. im Mietvertrag oder im Vertrag mit dem Netzbetreiber.

Lösung 2

Die Abfärbung tritt zudem nicht ein, wenn die gewerbliche Tätigkeit einer Personengesellschaft nur von untergeordneter Bedeutung ist. Bis zu welchem Umfang dies der Fall ist, kann nunmehr recht sicher gesagt werden. Bereits früher hat der BFH einen gewerblichen Anteil an den Gesamtumsätzen mit 1,25 % noch als unschädlich gewertet (BFH, Urteil vom 11.08.1999, XI R 12/98, BStBl 2000 II S. 229); einen Anteil mit 6,27 % wurde aber als schädlich angesehen (BFH, Urteil vom 10.08.1994, I R 133/93, BStBl 1994 II S. 171). Nun hat der BFH in mehreren Entscheidungen ausgeführt, dass es zu keiner Umqualifizierung durch die sog. Abfärbewirkung kommt, wenn die gewerblichen Umsätze eine Bagatellgrenze in Höhe von 3 % der Gesamtnettoumsätze nicht übersteigen und diese Umsätze zusätzlich maximal 24.500 € im Jahr betragen; dies ist die Höhe des gewerbesteuerlichen Freibetrags (BFH, Urteile jeweils vom 27.08.2014, VIII R 6/12, VIII R 41/11 und VIII R 16/11).

5.1.4 Fremdes Dach

Eine weitere Alternative bei einem fehlenden bzw. nicht geeigneten eigenen Dach kann die Anmietung eines fremden Daches für den Betrieb einer Photovoltaikanlage sein – die sog. Fremddachnutzung.

5.1.4.1 Rechtliche Grundlagen

Zur Nutzung eines Fremddachs wird ein Pacht- oder Dachnutzungsvertrag abgeschlossen. Dies erfolgt im Regelfall für die Dauer der garantierten EEG-Vergütung – also für 20 Jahre. Das darin vereinbarte Nutzungsverhältnis wird zudem über einen Grundbucheintrag abgesichert und im Grundbuch in Abteilung II als persönlich beschränkte Dienstbarkeit eingetragen. Dies bietet die Gewähr, dass ein neuer Eigentümer des Grundstücks das Dach weiterhin entsprechend dem Pachtvertrag mit dem Voreigentümer überlassen muss.

5.1.4.2 Wirtschaftliche Grundlagen

Die Nachfrage nach Fremddächern war in den letzten Jahren größer als das Angebot. Dies hat zu gestiegenen Pachtpreisen geführt. Um eine noch lukrative Investition zu erreichen, sollte nicht mehr als 3–5 % des erwarteten Stromertrags als Pacht vereinbart werden. Andernfalls ist ein Gewinn über die voraussichtliche Nutzungsdauer der Anlage kaum darstellbar.

Doch wie finde ich jemanden, der bereit ist, sein Dach zu verpachten?

Hier kann das Internet weiterhelfen. Dort gibt es mittlerweile mehrere sog. Dachbörsen, welche von kommerziellen Betreibern angeboten werden. Dies sind professionelle Vermittler, für deren Dienste der Dachpächter eine Maklergebühr zu zahlen hat. Zu nennen sind z. B. http://www.dachboerse.net oder http://www.solardachportal.com. Daneben existieren aber auch durchaus gute nicht kommerzielle Angebote, wie z. B. http://www.solardachboerse.de oder http://www.solarlokal.de. Auch finden sich regionale oder städtische Betreiber. Suchen Sie diese mit den Stichworten Solardachbörse und dem Namen Ihrer Stadt oder Region.

Doch tendenziell gilt die Dachmiete bereits wieder als eher uninteressantes Auslaufmodell. Wirtschaftlich interessanter ist es, anstatt eine Dachfläche an den Betreiber einer Photovoltaikanlage zu verpachten, das Dach selber zu nutzen. Wer die Investition nicht stemmen kann oder will, der kann auf seinem Dach von einem fremden Betreiber einer PV-Anlage errichten lassen und sodann die gesamte Anlage anmieten. Dies rechnet sich vor allem aus zwei Gründen:

1. Die Erzeugungskosten und auch die Einspeisevergütung liegen unter dem Preis, der für den bezogenen Haushaltsstrom zu zahlen ist. Ziel ist ein hoher Selbstverbrauch des erzeugten Stroms.
2. Verstärkt hatte sich dieser Effekt noch durch das Marktintegrationsmodell, wonach die Einspeisevergütung nicht mehr für den gesamten, sondern nur noch für 90 % des erzeugten Stroms gewährt wird.

Da das Marktintegrationsmodell aber für ab dem 01.08.2014 installierte Photovoltaikanlagen wieder entfallen ist, gilt es genau zu rechnen, ob dieses alternative PV-Anlagen-Mietmodell auch für den Mieter noch wirtschaftlich ist.

5.1.4.3 Rechtliche Grundlagen

Für eine möglichst reibungs- und störungsfreie Nutzung eines fremden Dachs ist neben einem soliden Vertragspartner vor allem die richtige vertragliche Grundlage mit entscheidend. Darin sollten zumindest die Störfaktoren mit aufgenommen und geregelt sein, die am meisten Probleme bereiten können.

5.1.4.3.1 Beeinträchtigungen

Der Verpächter wird vertraglich verpflichtet, alle in seiner Macht stehenden Beeinträchtigungen der Funktion der Photovoltaikanlage zu vermeiden. Dazu gehört auch das Verbot höhere Gebäude zu errichten, die zu einer Verschattung der Anlage führen würden. Aus dem gleichen Grund müssen z. B. Bäume auf dem Grundstück klein gehalten werden.

5.1.4.3.2 Eigentum

Eine Photovoltaikanlage auf einem fremden Dach wird in aller Regel nur zu einem vorübergehenden Zweck installiert. Die Anlage wird deshalb mit der Montage nicht zu einem Bestandteil des Gebäudes, sondern verbleibt im Eigentum des Pächters. Der Verpächter gestattet dem Pächter neben der Nutzung des Dachs auch den Zugang zum Grundstück. Dies ist wichtig, damit die Anlage installiert, gewartet bzw. instand gehalten werden kann. Diese Rechte werden durch eine im Grundbuch des Verpächters eingetragene sog. Dienstbarkeit abgesichert.

5.1.4.3.3 Vertragslaufzeit

Der Pachtvertrag wird üblicherweise auf mindestens 20 Jahre abgeschlossen. Darüber hinaus können Regelungen getroffen werden, wie nach Ablauf der Vertragslaufzeit mit der Photovoltaikanlage verfahren wird. Das kann z. B. eine Option auf eine Vertragsverlängerung sein, welche der Pächter bei einer weiterhin funktionierenden und noch wirtschaftlich zu betreibenden Anlage dann bei Vertragsende in Anspruch nehmen wird.

Tritt das Vertragsende ein bzw. erfolgt keine Verlängerung des Pachtvertrags hat der Pächter die Photovoltaikanlage auf seine Kosten zu demontieren und ggf. den alten Zustand des Daches wieder herzustellen.

5.1.4.3.4 Versicherung

Bei einer Photovoltaikanlage auf dem eigenen Dach kann eine Versicherung sinnvoll sein. Bei einer Anlage auf einem fremden Dach ist diese quasi eine Pflicht. So wird meist auch vertraglich eine Versicherungspflicht des Pächters für Schäden vereinbart. Dazu werden eine Photovoltaiksach- und eine PV-Haftpflichtversicherung abgeschlossen. Der Verpächter wird ggf. jährlich auf einer Vorlage des entsprechenden Versicherungsnachweises bestehen.

5.1.4.4 Tatsächliche Grundlagen

Im Übrigen gilt für die Photovoltaik auf einem fremden Dach das gleiche wie für alle Anlagen auf dem eigenen Gebäude auch. So ist die Eignung des Daches nach Ausrichtung und Lage bzw. im Hinblick auf eine ggf. eintretende Verschattung zuprüfen.

Zudem sollte der Zustand des Daches vor der Installation eingehend untersucht werden. Denn nach der Montage ist eine Wartung oder Erneuerung des Daches sehr problematisch. Ist diese unvermeidbar, sollten die Arbeiten möglichst im Winterhalbjahr erfolgen, damit die Verluste des Pächters gering ausfallen. Ist es absehbar, dass derartige Arbeiten später anstehen werden, sollte dies möglichst gleich fixiert werden und dabei auch eine anteilige Kostenübernahme vertraglich geregelt werden.

5.1.4.5 Steuerliche Folgen

5.1.4.5.1 Verpächter

Durch einen Dachpachtvertrag oder Dachnutzungsvertrag gestattet der Gebäudeeigentümer dem Pächter auf dem Dach eine Photovoltaikanlage zu montieren. Dies stellt steuerlich eine Grundstücksvermietung im Rahmen der Einkunftsart Vermietung und Verpachtung (§ 21 EStG) dar. Anders wenn das Dach zu einem Gebäude im Betriebsvermögen des Verpächters gehört; dann sind Betriebseinnahmen gegeben. Umsatzsteuerlich sind die Einnahmen grundsätzlich steuerfrei (§ 4 Nr. 12a UStG). Die Sach- und Rechtslage ist vergleichbar mit der Vermietung eines Standorts für Mobilfunkmasten (dazu Abschn. 3.10 Abs. 6 Nr. 5 und Abschn. 4.12.8 Abs. 2 UStAE). Allerdings ist auch hierbei die Option zur Umsatzsteuerpflicht möglich (§ 9 UStG).

In der Praxis erfolgt die Dachüberlassung oftmals gegen eine Kostenübernahme für eine ohnehin anstehende Dachsanierung durch den Anlagenbetreiber. Darin ist ein tauschähnlicher Umsatz zu sehen (§ 3 Abs. 12 UStG). Die Dachnutzung wird gegen eine Werklieferung in Form der Dachsanierung (ggf. zuzüglich einer Baraufgabe) erlaubt. Diese ist bei erfolgter Option im Zeitpunkt der Ausführung der Werklieferung als erhaltene Anzahlung zu versteuern (Abschn. 13.5 Abs. 2 UStAE). Anders jedoch bei einer Versteuerung nach vereinnahmten Entgelten (§ 20 UStG). Hier verteilt sich die Umsatzbesteuerung auf die Laufzeit von z. B. 20 Jahren. Die Finanzverwaltung will deshalb bei dieser Konstellation die Besteuerung nach vereinnahmten Entgelten nicht zulassen (so z. B. Bayerisches Landesamt für Steuern, Verfügung vom 17.08.2011). Dies lässt sich m. E. nicht rechtfertigen, jedenfalls reicht dazu die angeführte Gefährdung des Steueraufkommens nicht aus.

5.1.4.5.2 Pächter

Die Pachtzahlungen stellen Betriebsausgaben dar. Das Recht auf einen Vorsteuerabzug richtet sich danach, ob der Verpächter Unternehmer und damit berechtigt ist, eine Rechnung mit Umsatzsteuerausweis zu stellen.

Etwas schwieriger ist die Beurteilung bei einer Kostenübernahme für eine Dachsanierung bzw. Neueindeckung. Mit erfolgter Sanierung kommt es zu einer Werklieferung des

Pächters an den Verpächter. Bei einer Einnahmen-Überschuss-Rechnung ist der Aufwand im Zeitpunkt der Zahlung Betriebsausgabe; bei Bilanzierung ist der Aufwand mittels aktiven RAP zeitlich auf die Vertragslaufzeit zu verteilen. Die Lieferung des sanierten Daches durch den Pächter an den Vermieter ist umsatzsteuerpflichtig, jedoch hat der Pächter aus den Arbeiten den Vorsteuerabzug. Dies gilt aber nur, wenn der Auftrag durch den Pächter erteilt wurde und an diesen auch die Rechnung adressiert ist. Der Wert der Dachüberlassung entspricht den Aufwendungen für die Dachsanierung (Abschn. 10.5 Abs. 1 UStAE).

5.1.4.6 Leasing

In jüngster Zeit gehen Leasinggesellschaften dazu über, dass sie Investoren komplette Photovoltaikanlagen oder auch nur einzelne Teilbereiche eines größeren Solarfeldes zur Nutzung anbieten; diese Nutzung beruht dann auf einem Leasingvertrag. Dabei wird die von der Leasinggesellschaft hergestellte oder erworbene Anlage an finanzierende Investoren für eine feste Grundmietzeit zur Nutzung überlassen. Der Investor betreibt die Anlage, erzeugt damit Strom und speist diesen ins Netz ein.

Die feste Grundmietzeit muss aus steuerlichen Gründen zwischen 40 und 90 % der Nutzungsdauer der Photovoltaikanlage liegen; dies ergibt bei 20 Jahren damit eine Grundmietzeit zwischen 8 und 18 Jahren. Nach Ablauf dieser Zeit kann die Leasinggesellschaft dem Investor im Regelfall die Anlage andienen. Dieser muss die Photovoltaikanlage erwerben, wobei der Kaufpreis oftmals schon im Vorfeld festgelegt wird.

Steuerlich ist – wie bei allen Leasingverträgen – darauf zu achten, dass das wirtschaftliche Eigentum bei der Leasinggesellschaft verbleibt. Andernfalls kann der Investor die Leasingraten nicht als Betriebsausgaben abziehen, sondern muss die Anlage wie bei einem Erwerb seinem Betriebsvermögen zurechnen und kann nur die AfA geltend machen. Maßgebend hierzu sind die Leasingerlasse der Finanzverwaltung (BMF, Schreiben vom 19.04.1971, BStBl 1971 I S. 264 zu Vollamortisationsverträgen bzw. BMF, Schreiben vom 22.12.1975, BStBl 1976 I S. 172 bei Teilamortisationsverträgen).

5.1.4.7 Verpachtung/Rückverpachtung

Ein weiteres unter Umständen interessantes Modell ist die Verpachtung bzw. Rückverpachtung von Photovoltaikanlagen. Hier kauft der Erwerber von einer Firma eine Anlage. Gleichzeitig mit dem Erwerb wird ein Pachtvertrag über die Anlage mit einer dritten Firma als Betreiber abgeschlossen. Diese Betreiberin zahlt an den Erwerber monatliche Pachtzahlungen.

Die steuerliche Einstufung richtet sich wiederum nach den (im vorherigen Abschnitt erwähnten) Leasingerlassen. Daraus folgt:

Kommt es zu einer Zuordnung der Anlage beim Erwerber, erzielt dieser daraus Einkünfte nach § 22 Nr. 3 EStG. Das hat zur Folge, dass Verluste nicht mit anderen Einkunftsarten ausgeglichen werden können. Eine gewerbliche Vermietung und damit Einkünfte aus Gewerbebetrieb werden von der Finanzverwaltung abgelehnt. Insbesondere mangelt es nach den üblichen Gestaltungen an erbrachten zusätzlichen Sonderleistungen von einigem

Gewicht; auch ist keine besondere unternehmerische Organisation beim Verpächter erforderlich (R 15.7 Abs. 3 EStR).

Ist hingegen nach den Regeln der Leasingerlasse das wirtschaftliche Eigentum auf den Betreiber der Photovoltaikanlage übergegangen, hat der Verpächter ein privates Veräußerungsgeschäft nach § 23 Abs. 1 Nr. 2 EStG bewirkt. Er hat als Eigentümer die Anlage unmittelbar nach dem Erwerb und damit innerhalb eines Jahres auf den Betreiber übertragen. Die vereinbarten Pachtzahlungen sind in einen Zins- und einen Tilgungsanteil aufzuteilen. Ein Gewinn nach § 23 EStG entsteht erstmals in dem Jahr, in welchem die Summe der jährlichen Tilgungsanteile die Anschaffungskosten und andere Aufwendungen übersteigen (dazu BMF, Schreiben vom 11.03.2010, BStBl 2010 I S. 227 unter Rz 74). Die Zinsanteile rechnen zu den Einkünften aus Kapitalvermögen.

Mit dieser steuerlichen Wertung durch die Finanzverwaltung würden die gängigsten Vertriebsmodelle steuerlich weitgehend uninteressant. Diese rechnen sich oft nur, wenn die planmäßigen Verluste als negative Einkünfte aus Gewerbebetrieb anerkannt würden. Es ist davon auszugehen, dass sich schon in Kürze die Finanzgerichte damit befassen werden.

5.1.5 Probleme aus der Praxis

Im Bereich „Strategien" sollen durchaus auch Probleme im Zusammenhang mit dem Betrieb einer Photovoltaik aus der täglichen Praxis ein Thema sein. Dabei werden einige besondere Bereiche angesprochen, die bisher noch nicht erwähnt wurden.

5.1.5.1 Rechtliche Problemfelder

5.1.5.1.1 Einspeisevertrag

Den Netzbetreibern wird durch das EEG vorgeschrieben, dass sie den produzierten Solarstrom abnehmen und ins Netz einspeisen müssen. Damit bedarf es dafür dem Grunde nach keines zusätzlichen Vertrags. Dennoch zeigt die Praxis, dass die EVU bzw. Netzbetreiber regelmäßig einen vorgefertigten Vertrag vorlegen und den Betreiber der Photovoltaikanlage drängen, diesen Einspeisevertrag abzuschließen. Dazu sind Sie zumindest ab der EEG-Novelle seit 01.01.2009 nicht verpflichtet.

Das heißt aber nicht, dass ein Einspeisevertrag nie unterzeichnet werden sollte. Denn solch ein Vertrag kann durchaus auch für den Stromproduzenten sinnvoll sein. So sind im EEG vor allem nicht alle technischen Details im Zusammenhang mit dem Betrieb einer Anlage am öffentlichen Stromnetz beschrieben. Insoweit ist ein Einspeisevertrag eine angemessene vertragliche Ergänzung. Allerdings gilt dann der allgemeine Hinweis, die Inhalte des Vertrags und auch das „Kleingedruckte" genau zu lesen. Bei Unklarheiten oder Zweifeln empfiehlt sich ggf. eine Beratung durch einen Anwalt oder eine Verbraucherzentrale.

5.1.5.1.2 Verzögerung

Immer mal wieder hört man, dass ein regionaler Netzbetreiber eine gewisse Verhinderungs- bzw. Verzögerungstaktik fährt. Ziel dürfte es sein, einen unliebsamen (?) Anschluss einer weiteren Photovoltaikanlage an das Netz hinauszuzögern. Hierbei wird gerne auf eine Arbeitsüberlastung oder technische Probleme verwiesen. Auch wenn dies sicherlich Einzelfälle sind, sollten Sie dies nicht tolerieren. Kündigen Sie dem Netzbetreiber möglichst frühzeitig an, dass die Anlage bis zu einem bestimmten Datum fertig gestellt sein wird. Im Regelfall müsste es dann innerhalb zwei Wochen möglich sein, die Anlage auch an das Netz anzuschließen.

5.1.5.1.3 Schiedsstelle

Kommt es zu größeren Differenzen oder gar Streitigkeiten ist eine Schiedsstelle vorteilhaft. So wurde auch für die Stromerzeugung aus erneuerbaren Energien eine Vermittlungsbehörde eingerichtet – die Clearingstelle EEG. Diese klärt Streitigkeiten und Anwendungsfragen im Bereich des EEG. Zudem veröffentlicht die Clearingstelle neben einschlägigen Gesetzen auch aktuelle Gerichtsurteile und weitere nützliche Informationen; siehe dazu unter http://www.clearingstelle-eeg.de.

5.1.5.2 Sachliche Problemfelder

Doch nicht nur unerwartete Rechtsprobleme können den Betrieb einer Photovoltaikanlage erschweren. Hinzu kommen ggf. auch Probleme tatsächlicher Art, die über den bereits im 1. Teil des Buches angesprochenen technischen Umfang hinausgehen.

5.1.5.2.1 Diebstahl

Ein besonders ärgerlicher Punkt ist der vermehrt festzustellende Diebstahl von Photovoltaikanlagen. Zwar bietet die Montage auf dem Dach einen gewissen Schutz vor Diebstahl. So sind auch meist Freiflächenanlagen das Opfer von Dieben. Doch immer öfters muss ein Betreiber einer Photovoltaikanlage feststellen, dass seine komplette Anlage oder auch nur einzelne Solarmodule über Nacht oder während einer Urlaubsabwesenheit abhanden gekommen sind.

Damit gelten auch für Photovoltaikanlagen die allgemeinen Ratschläge zum Diebstahlschutz: Sichern, Beobachten und Registrieren. Dies gilt vor allem für eine Anlage auf einem abseits gelegenen Objekt und womöglich noch mit guter Verkehrsanbindung an die Autobahn oder Bundesstraße.

Sichern bedeutet hier, Schutzmaßnahmen zu ergreifen, damit eine Demontage nicht mit handelsüblichem Werkzeug möglich ist (vgl. Schmitz und Volkmann 2019). Vorbeugen kann man mit speziellen mechanischen Sicherungen oder Verschraubungen, z. B. mit Innenmehrkant- oder Vielrundformen. Aber auch Stahlkugeln oder Stahlstopfen auf normalen Schrauben machen den Dieben das Leben schwer. Spezielle Alarmanlagen werden vermehrt auf den Markt gebracht, wobei mittels Reißdrähten an den Modulrahmen ein Alarmsystem aktiviert wird.

Unter **Beobachten** fällt zunächst eine aufmerksame Nachbarschaft, die verdächtige „Handwerker" nicht einfach gewähren lässt. Doch auch eine entsprechend justierte Videoüberwachungsanlage kann neben dem Schutz des Gebäudes zusätzlich die Überwachung und Sicherung der Photovoltaikanlage mit übernehmen. Ggf. kann bereits eine Attrappe die gewünschte Wirkung zeigen.

Registrieren bedeutet vor allem, dass die Seriennummern der Module notiert werden. Auch ein Wechselrichter hat meist eine individuelle Nummerierung. Fehlt eine solche, kann eine eigene Codierung angebracht werden, wie dies z. B. von den Beratungsstellen der Polizei angeboten wird. Denn nur zweifelsfrei identifizierbare Teile können Sie zurückerhalten, wenn die Täter bzw. die Ware durch die Polizei gefunden werden.

5.1.5.2.2 Gewährleistung

Spätestens wenn an einer Photovoltaikanlage ein Schaden auftritt, stellt sich die Frage der Garantie, juristisch zutreffender als Gewährleistung bezeichnet. Hierzu war insbesondere strittig, ob die Fristen für Bauwerke oder die allgemeine Verjährungsfrist zur Anwendung kommen. Dies hat der BGH geklärt (Urteil vom 09.10.2013, Az. VIII ZR 318/12). Die gelieferten und installierten Einzelteile für eine Photovoltaikanlage unterliegen einer 2-jährigen Gewährleistungsfrist. Denn die Anlage dient, losgelöst vom Gebäude auf dem sie installiert ist, eigenen Zwecken – der Stromerzeugung und Einnahmeerzielung in Form der Einspeisevergütung.

Allenfalls wenn die Anlage für Konstruktion, Bestand, Erhaltung oder Benutzbarkeit des Gebäudes von Bedeutung ist, könnte die längere 5-jährige Gewährleistung greifen. Dies wäre denkbar bei einer das Dach ersetzenden Photovoltaikanlage. Handelt es sich um eine frei stehende Anlage auf einer Freifläche, ist diese Anlage selbst das Bauwerk. Nach Auffassung des OLG Bamberg (Beschluss vom 12.01.2012, Az. 6 W 38/11) ist dann die 5-jährige Verjährungsfrist einschlägig.

5.1.6 Weitere rechtliche Tipps

Abschließend sollen auch noch ein paar Hinweise gegeben werden, damit der Betrieb einer Photovoltaikanlage nicht zu einem sozialversicherungsrechtlichen Fallstrick wird.

5.1.6.1 Krankenversicherung

Ein Familienangehöriger ohne eigene Einkünfte kann beitragsfrei in der Krankenversicherung mitversichert werden – die sog. Familienversicherung. Ist beispielsweise der Ehemann berufstätig, wird über dessen Krankenversicherung die Ehefrau kostenlos mitversichert. Dies gilt jedoch nur, solange die mitversicherte Person nur eigene Einkünfte bis zu 450 € hat. Dies sollte beachtet werden, wenn es darum geht, wer als Betreiber der Photovoltaikanlage auftritt – nur die Ehefrau, die Ehegatten gemeinsam oder aber nur der Ehemann. Die letztgenannte Alternative ist zu bevorzugen, wenn die Ehefrau sonst aus den (anteiligen) Einkünften aus dem Gewerbebetrieb „Photovoltaikanlage" zusammen mit ihren übrigen aktiven und passiven Einkünften die Grenze von 450 € überschreiten würde. Dazu zählen auch Vermietungseinkünfte und Zinserträge.

Würde der Wert überschritten, müsste die Ehefrau eine eigene Krankenversicherung abschließen, da der Schutz aus der Familienversicherung entfällt. Dies gilt es nach Möglichkeit zu vermeiden, da sonst der Ertrag aus der Photovoltaikanlage zu einem großen Teil an die Krankenversicherung weiterzuleiten ist.

5.1.6.2 Rentenzahlungen

Vielfach soll eine Photovoltaikanlage eine zweite Einkommensquelle neben der Rente erschließen und die Rente „aufbessern". Doch genau hier droht eine weitere Klippe – die Einkünfte aus der Photovoltaikanlage können auf die Rente anzurechnen sein, sodass diese nur noch gekürzt ausgezahlt wird.

Betroffen sind alle vorzeitigen Renten, z. B. eine Rente wegen verminderter Erwerbsfähigkeit oder eine vorgezogene Altersrente. Derartige Rentenbezüge sind zu kürzen, wenn der Rentenberechtigte eigene Einkünfte von über 450 € im Monat erzielt. Zwar sind die passiven Einkünfte nicht rentenschädlich, weshalb die Einkünfte aus Kapitalerträgen (Zinsen, Dividenden, etc.) oder Vermietungseinkünfte irrelevant sind. Jedoch zählen die Einkünfte aus dem Betrieb einer Photovoltaikanlage als Einkünfte aus Gewerbebetrieb zu den aktiven Einkünften. Deshalb führen Gewinne aus diesem Betrieb ab einem monatlichen Betrag von 450 € zu einer Rentenkürzung.

Nicht davon betroffen sind jedoch alle „normalen" Altersrenten – insoweit kann also Entwarnung gegeben werden. Der sog. Regelaltersrentenempfänger kann daher unbegrenzt hinzuverdienen, eine Anrechnung auf die Rente erfolgt nicht.

Allerdings gilt für jede Form des Rentenbezugs, dass sämtliche neben einer Rente bezogenen „aktiven" Einkünfte der zusätzlichen Beitragspflicht zur Krankenkasse und zur Pflegekasse unterliegen.

Literatur

Bundesministerium der Justiz. 2007. *Investitionszulagengesetz – InvZulG 2007, i. d. F. vom 23.02.2007, BGBl 2007 I S. 282.* http://www.gesetze-im-internet.de. Zugegriffen am 26.07.2019.
Bundesministerium der Justiz. 2010. *Investitionszulagengesetz – InvZulG 2010, i. d. F. vom 22.12.2009, BGBl 2009 I S. 3950.* http://www.gesetze-im-internet.de. Zugegriffen am 26.07.2019.
Schmitz, J., und B. Volkmann. 2019. *Ihr Photovoltaik-Ratgeber.* https://www.solaranlagen-portal.de. Zugegriffen am 26.07.2019.

Weiterführende Literatur

Bundesministerium der Justiz 2019. *Einkommensteuergesetz – EStG, i. d. F. vom 11.07.2019, BGBl 2019 I S. 1066.* http://www.gesetze-im-internet.de. Zugegriffen am 26.07.2019.

6 Anlagen

6.1 Anlage 1: Förderung für ältere Anlagen

Das Erneuerbare-Energien-Gesetz (EEG) garantiert die Abnahme des erzeugten Stroms und legt zudem für die Versorgungsunternehmen bzw. Netzbetreiber verbindlich die Höhe der zu zahlenden Vergütung für den aus erneuerbaren Energiequellen erzeugten Strom fest. Das EEG trat am 01.08.2004 in Kraft. Bis dahin galt das vom Deutschen Bundestag am 27.11.2003 verabschiedete Photovoltaik-Vorschaltgesetz zum EEG.

Seither kam und kommt es immer wieder zu Änderungen des EEG und damit insbesondere auch der Höhe der garantierten Einspeisevergütungen. Dabei wurden zeitweilig Fassadenanlagen besonders gefördert, der frühere sog. „1000 MW-Deckel" aufgehoben und damit auch Photovoltaikanlagen mit mehr als 1000 Megawatt in die Förderung einbezogen. Kern aller Änderungen war aber die stetige Senkung der Einspeisevergütung für neu installierte Anlagen – die sog. Degression. Diese war für die zurückliegenden Jahre in unterschiedlicher Höhe festgelegt und umfasst jährliche Minderungen zwischen 5 % und 16 %. Diese Degression erfolgt seit April 2012 in monatlichen Teilschritten.

In jüngerer Vergangenheit hat der Bundestag am 06.06.2008 den 1. Teil des Integrierten Klima- und Energieprogramms verabschiedet, wozu auch ein neu gefasstes EEG gehörte. Darin ist vor allem die Absenkung der Vergütung für Solarstrom aus Anlagen bis zu 100 kW um jährlich 8 % bzw. ab 2010 um 9 % geregelt. Für größere Anlagen wurde eine Degression um 10 % festgelegt.

Ferner wurde eine Eigenverbrauchsregelung für selbst verbrauchten Strom geschaffen und wieder abgeschafft. Deren Höhe war zunächst betragsmäßig festgelegt. Zuletzt wurde die Höhe der Eigenverbrauchsvergütung jedoch in Abhängigkeit vom jeweiligen allgemeinen Vergütungssatz geregelt (§ 33 Abs. 2 EEG). Dieser allgemeine Satz war um einen festgelegten Betrag zu kürzen. Der Kürzungsbetrag betrug bei einem Eigenverbrauch von weniger als 30 % des erzeugten Solarstroms 16,38 Cent/kWh bzw. ab 30 % Eigenverbrauch 12 Cent/kWh.

Für die Jahre 2004–2017 ergeben sich danach die jeweils in den folgenden Tabellen (Tab. 6.1–6.46) zusammengefassten Einspeise- bzw. Eigenverbrauchsvergütungen:

Einspeisevergütung für in 2004 errichtete Photovoltaikanlagen
Die Einspeisevergütungen für das Jahr 2004 müssen zweigeteilt betrachtet werden, denn zum 01.08.2004 erfolgte einerseits eine erste Absenkung der Vergütungen und andererseits wurde erstmals ein Fassadenbonus gewährt (Tab. 6.1, 6.2, 6.3 und 6.4).

Für Photovoltaikanlagen an einer Gebäudefassade wird erstmals für ab dem 01.08.2004 errichtete Anlagen zusätzlich zur Grundvergütung noch ein **Fassadenbonus** in Höhe von 5,00 Ct gewährt.

Einspeisevergütung für in 2005 errichtete Photovoltaikanlagen (Tab. 6.5 und 6.6)
Für Photovoltaikanlagen an einer Gebäudefassade wird zusätzlich zur Grundvergütung noch ein **Fassadenbonus** in Höhe von 5,00 Ct gewährt.

Tab. 6.1 Einspeisevergütungen für Gebäude ab 01.01. bis 31.07.2004

Gebäudedach, Fassade oder Lärmschutzwand	Mit erstmaliger Inbetriebnahme
Größe	Ab 01.01. bis 31.07.2004
Bis 30 kW	45,70 Ct
31–100 kW	45,70 Ct
Ab 101 kW	45,70 Ct
ab 1001 kW	45,70 Ct

Tab. 6.2 Einspeisevergütungen für Freiflächen ab 01.01. bis 31.07.2004

Freiflächenanlagen	Mit erstmaliger Inbetriebnahme
Art der Fläche	Ab 01.01. bis 31.07.2004
Vorbelastet	45,70 Ct
Acker	45,70 Ct
Sonstige	45,70 Ct

Tab. 6.3 Einspeisevergütungen für Gebäude ab 01.08. bis 31.12.2004

Gebäudedach, Fassade oder Lärmschutzwand	Mit erstmaliger Inbetriebnahme
Größe	Ab 01.08. bis 31.12.2004
Bis 30 kW	57,40 Ct
31–100 kW	54,60 Ct
Ab 101 kW	54,00 Ct
Ab 1001 kW	54,00 Ct

6.1 Anlage 1: Förderung für ältere Anlagen

Tab. 6.4 Einspeisevergütungen für Freiflächen ab 01.08. bis 31.12.2004

Freiflächenanlagen	Mit erstmaliger Inbetriebnahme
Art der Fläche	Ab 01.08. bis 31.12.2004
Vorbelastet	45,70 Ct
Acker	47,70 Ct
Sonstige	45,70 Ct

Tab. 6.5 Einspeisevergütungen für Gebäude ab 01.01. bis 31.12.2005

Gebäudedach, Fassade oder Lärmschutzwand	Mit erstmaliger Inbetriebnahme
Größe	Ab 01.01. bis 31.12.2005
Bis 30 kW	54,53 Ct
31–100 kW	51,87 Ct
Ab 101 kW	51,30 Ct
Ab 1001 kW	51,30 Ct

Tab. 6.6 Einspeisevergütungen für Freiflächen ab 01.01. bis 31.12.2005

Freiflächenanlagen	Mit erstmaliger Inbetriebnahme
Art der Fläche	Ab 01.01. bis 31.12.2005
Vorbelastet	43,40 Ct
Acker	43,40 Ct
Sonstige	43,40 Ct

Einspeisevergütung für in 2006 errichtete Photovoltaikanlagen (Tab. 6.7 und 6.8)
Für Photovoltaikanlagen an einer Gebäudefassade wird zusätzlich zur Grundvergütung noch ein **Fassadenbonus** in Höhe von 5,00 Ct gewährt.

Einspeisevergütung für in 2007 errichtete Photovoltaikanlagen (Tab. 6.9 und 6.10)
Für Photovoltaikanlagen an einer Gebäudefassade wird zusätzlich zur Grundvergütung noch ein **Fassadenbonus** in Höhe von 5,00 Ct gewährt.

Einspeisevergütung für in 2008 errichtete Photovoltaikanlagen (Tab. 6.11 und 6.12)
Für Photovoltaikanlagen an einer Gebäudefassade wird zusätzlich zur Grundvergütung noch ein **Fassadenbonus** in Höhe von 5,00 Ct gewährt.

Einspeisevergütung für in 2009 errichtete Photovoltaikanlagen (Tab. 6.13 und 6.14)
Der seit 01.08.2004 gewährte **Fassadenbonus** in Höhe von 5,00 Ct für Anlagen an einer Gebäudefassade ist ab 01.01.2009 gestrichen worden.

Neu geschaffen wurde ein Vergütung für selbst verbrauchten Strom (Eigenverbrauch) aus ab dem 01.01.2009 in Betrieb gegangenen kleineren Photovoltaikanlagen (Tab. 6.15).

Einspeisevergütung für in 2010 errichtete Photovoltaikanlagen
Die Einspeisevergütungen für das Jahr 2010 müssen dreigeteilt betrachtet werden, da zum 01.07. und zum 01.10.2010 jeweils eine Absenkung der Vergütungen eintrat. Ferner wurde

Tab. 6.7 Einspeisevergütungen für Gebäude ab 01.01. bis 31.12.2006

Gebäudedach, Fassade oder Lärmschutzwand	Mit erstmaliger Inbetriebnahme
Größe	Ab 01.01. bis 31.12.2006
Bis 30 kW	51,80 Ct
31–100 kW	49,28 Ct
Ab 101 kW	48,74 Ct
Ab 1001 kW	48,74 Ct

Tab. 6.8 Einspeisevergütungen für Freiflächen ab 01.01. bis 31.12.2006

Freiflächenanlagen	Mit erstmaliger Inbetriebnahme
Art der Fläche	Ab 01.01. bis 31.12.2006
Vorbelastet	40,60 Ct
Acker	40,60 Ct
Sonstige	40,60 Ct

Tab. 6.9 Einspeisevergütungen für Gebäude ab 01.01. bis 31.12.2007

Gebäudedach, Fassade oder Lärmschutzwand	Mit erstmaliger Inbetriebnahme
Größe	Ab 01.01. bis 31.12.2007
Bis 30 kW	49,21 Ct
31–100 kW	46,82 Ct
Ab 101 kW	46,30 Ct
Ab 1001 kW	46,30 Ct

Tab. 6.10 Einspeisevergütungen für Freiflächen ab 01.01. bis 31.12.2007

Freiflächenanlagen	Mit erstmaliger Inbetriebnahme
Art der Fläche	Ab 01.01. bis 31.12.2007
Vorbelastet	37,96 Ct
Acker	37,96 Ct
Sonstige	37,96 Ct

Tab. 6.11 Einspeisevergütungen für Gebäude ab 01.01. bis 31.12.2008

Gebäudedach, Fassade oder Lärmschutzwand	Mit erstmaliger Inbetriebnahme
Größe	Ab 01.01. bis 31.12.2008
Bis 30 kW	46,75 Ct
31–100 kW	44,48 Ct
Ab 101 kW	43,99 Ct
Ab 1001 kW	43,99 Ct

Tab. 6.12 Einspeisevergütungen für Freiflächen ab 01.01. bis 31.12.2008

Freiflächenanlagen	Mit erstmaliger Inbetriebnahme
Art der Fläche	Ab 01.01. bis 31.12.2008
Vorbelastet	35,49 Ct
Acker	35,49 Ct
Sonstige	35,49 Ct

Tab. 6.13 Einspeisevergütungen für Gebäude ab 01.01. bis 31.12.2009

Gebäudedach, Fassade oder Lärmschutzwand	Mit erstmaliger Inbetriebnahme
Größe	Ab 01.01. bis 31.12.2009
Bis 30 kW	43,01 Ct
31–100 kW	40,91 Ct
Ab 101 kW	39,58 Ct
Ab 1001 kW	33,00 Ct

Tab. 6.14 Einspeisevergütungen für Freiflächen ab 01.01. bis 31.12.2009

Freiflächenanlagen	Mit erstmaliger Inbetriebnahme
Art der Fläche	Ab 01.01. bis 31.12.2009
Vorbelastet	31,94 Ct
Acker	31,94 Ct
Sonstige	31,94 Ct

Tab. 6.15 Vergütung für selbst verbrauchten Strom

Eigenverbrauch für Anlagen auf Gebäudedach oder an Fassade		Mit erstmaliger Inbetriebnahme
Größe	Umfang des Eigenverbrauchs	Ab 01.01. bis 31.12.2009
Bis 30 kW	Bis 30 %	25,01 Ct
	Ab 30 %	25,01 Ct

die Eigenverbrauchsregelung auch auf größere Anlagen ausgedehnt und eine Vergütung für Ackerflächen komplett gestrichen (Tab. 6.16, 6.17 und 6.18).

Einspeisevergütung für im 3. Quartal 2010 errichtete Photovoltaikanlagen (Tab. 6.19, 6.20 und 6.21)

Einspeisevergütung für im 4. Quartal 2010 errichtete Photovoltaikanlagen (Tab. 6.22, 6.23 und 6.24)

Einspeisevergütung für in 2011 errichtete Photovoltaikanlagen (Tab. 6.25 und 6.26)

Eigenverbrauchsvergütung für in 2011 errichtete Photovoltaikanlagen (Tab. 6.27)

Einspeisevergütung für in 2012 errichtete Photovoltaikanlagen (Tab. 6.28 und 6.29)

Eigenverbrauchsvergütung für in 2012 errichtete Photovoltaikanlagen
Es war vorgesehen, die erst 2009 geschaffene Förderung für den **Eigenverbrauch** für alle nach dem 31.12.2011 errichteten Anlagen zu streichen. Die Förderung wurde jedoch

Tab. 6.16 Einspeisevergütungen für Gebäude ab 01.01. bis 30.06.2010

Gebäudedach, Fassade oder Lärmschutzwand	Mit erstmaliger Inbetriebnahme
Größe	Ab 01.01. bis 30.06.2010
Bis 30 kW	39,14 Ct
31–100 kW	37,23 Ct
Ab 101 kW	35,23 Ct
Ab 1001 kW	29,37 Ct

Tab. 6.17 Einspeisevergütungen für Freiflächen ab 01.01. bis 30.06.2010

Freiflächenanlagen	Mit erstmaliger Inbetriebnahme
Art der Fläche	Ab 01.01. bis 30.06.2010
Vorbelastet	28,43 Ct
Acker	28,43 Ct
Sonstige	28,43 Ct

Tab. 6.18 Vergütung für selbst verbrauchten Strom

Eigenverbrauch für Anlagen auf Gebäudedach oder an Fassade		Mit erstmaliger Inbetriebnahme
Größe	Umfang des Eigenverbrauchs	Ab 01.01. bis 30.06.2010
Bis 30 kW	Bis 30 %	22,76 Ct
	Ab 30 %	22,76 Ct

Tab. 6.19 Einspeisevergütungen für Gebäude ab 01.07. bis 30.09.2010

Gebäudedach, Fassade oder Lärmschutzwand	Mit erstmaliger Inbetriebnahme
Größe	Ab 01.07. bis 30.09.2010
Bis 30 kW	34,05 Ct
31–100 kW	32,39 Ct
Ab 101 kW	30,65 Ct
Ab 1001 kW	25,55 Ct

Tab. 6.20 Einspeisevergütungen für Freiflächen ab 01.07. bis 30.09.2010

Freiflächenanlagen	Mit erstmaliger Inbetriebnahme
Art der Fläche	Ab 01.07. bis 30.09.2010
Vorbelastet	26,16 Ct
Acker	0,00 Ct
Sonstige	25,02 Ct

6.1 Anlage 1: Förderung für ältere Anlagen

Tab. 6.21 Vergütung für selbst verbrauchten Strom

Eigenverbrauch für Anlagen auf Gebäudedach oder an Fassade		Mit erstmaliger Inbetriebnahme
Größe	Umfang des Eigenverbrauchs	Ab 01.07. bis 30.09.2010
Bis 30 kW	Bis 30 %	17,67 Ct
	Ab 30 %	22,05 Ct
Bis 100 kW	Bis 30 %	16,01 Ct
	Ab 30 %	20,39 Ct
101–500 kW	Bis 30 %	14,27 Ct
	Ab 30 %	18,65 Ct

Tab. 6.22 Einspeisevergütungen für Gebäude ab 01.10 bis 31.12.2010

Gebäudedach, Fassade oder Lärmschutzwand	Mit erstmaliger Inbetriebnahme
Größe	Ab 01.10 bis 31.12.2010
Bis 30 kW	33,03 Ct
31–100 kW	31,42 Ct
Ab 101 kW	29,73 Ct
Ab 1001 kW	24,79 Ct

Tab. 6.23 Einspeisevergütungen für Freiflächen ab 01.10. bis 31.12.2010

Freiflächenanlagen	Mit erstmaliger Inbetriebnahme
Art der Fläche	Ab 01.10. bis 31.12.2010
Vorbelastet	25,37 Ct
Acker	0,00 Ct
Sonstige	24,26 Ct

Tab. 6.24 Vergütung für selbst verbrauchten Strom

Eigenverbrauch für Anlagen auf Gebäudedach oder an Fassade		Mit erstmaliger Inbetriebnahme
Größe	Umfang des Eigenverbrauchs	Ab 01.10. bis 31.12.2010
Bis 30 kW	Bis 30 %	16,65 Ct
	Ab 30 %	21,03 Ct
Bis 100 kW	Bis 30 %	15,04 Ct
	Ab 30 %	19,42 Ct
101–500 kW	Bis 30 %	13,35 Ct
	Ab 30 %	17,73 Ct

Tab. 6.25 Einspeisevergütungen für Gebäude ab 01.01. bis 31.12.2011

Gebäudedach, Fassade oder Lärmschutzwand	Mit erstmaliger Inbetriebnahme
Größe	Ab 01.01. bis 31.12.2011
Bis 30 kW	28,74 Ct
31–100 kW	27,33 Ct
Ab 101 kW	25,86 Ct
Ab 1001 kW	18,97 Ct

Tab. 6.26 Einspeisevergütungen für Freiflächen ab 01.01. bis 31.12.2011

Freiflächenanlagen	Mit erstmaliger Inbetriebnahme
Art der Fläche	Ab 01.01. bis 31.12.2011
Vorbelastet	22,07 Ct
Acker	0,00 Ct
Sonstige	21,11 Ct

Tab. 6.27 Eigenverbrauchsvergütung für Gebäude ab 01.01. bis 31.12.2011

Eigenverbrauch für Anlagen auf Gebäudedach oder an Fassade		Mit erstmaliger Inbetriebnahme
Größe	Umfang des Eigenverbrauchs	Ab 01.01. bis 31.12.2011
Bis 30 kW	Bis 30 %	12,36 Ct
	Ab 30 %	16,74 Ct
Bis 100 kW	Bis 30 %	10,95 Ct
	Ab 30 %	15,33 Ct
101–500 kW	Bis 30 %	9,48 Ct
	Ab 30 %	13,86 Ct

Tab. 6.28 Einspeisevergütungen für Gebäude ab 01.01.2012 bis 31.03.2012

Gebäudedach, Fassade oder Lärmschutzwand	Mit erstmaliger Inbetriebnahme
Größe	Ab 01.01.2012 bis 31.03.2012
Bis 30 kW	24,43 Ct
31–100 kW	23,23 Ct
Ab 101 kW	21,98 Ct
Ab 1001 kW	18,33 Ct

Tab. 6.29 Einspeisevergütungen für Freiflächen ab 01.01.2012 bis 31.03.2012

Freiflächenanlagen	Mit erstmaliger Inbetriebnahme
Art der Fläche	Ab 01.01.2012 bis 31.03.2012
Vorbelastet	18,76 Ct
Acker	0,00 Ct
Sonstige	17,94 Ct

zunächst nur reduziert und erst für **nach dem 31.03.2012** installierte Anlagen **gestrichen** (Tab. 6.30).

Ab April 2012 werden die Einspeisevergütungen zum einen **monatlich** angepasst (Degression), zum anderen wird die Vergütung nicht mehr generell für die gesamte erzeugte Strommenge gewährt, sondern für Dachanlagen zwischen 10 und 1000 kWp nur noch für **90 %** der erzeugten Strommenge. Letzteres wird aber erst ab 2014 umgesetzt (Tab. 6.31 und 6.32).

Einspeisevergütung für in 2013 errichtete Photovoltaikanlagen (Tab. 6.33 und 6.34)

Einspeisevergütung für in 2014 errichtete Photovoltaikanlagen (Tab. 6.35, 6.36 und 6.37)

Tab. 6.30 Eigenverbrauchsvergütung für Gebäude ab 01.01.2012 bis 31.03.2012

Eigenverbrauch für Anlagen auf Gebäudedach oder an Fassade		Mit erstmaliger Inbetriebnahme
Größe	Umfang des Eigenverbrauchs	Ab 01.01.2012 bis 31.03.2012
Bis 30 kW	Bis 30 %	8,05 Ct
	Ab 30 %	12,43 Ct
Bis 100 kW	Bis 30 %	6,85 Ct
	Ab 30 %	11,23 Ct
101–500 kW	Bis 30 %	5,60 Ct
	Ab 30 %	9,98 Ct

Tab. 6.31 Einspeisevergütungen für Gebäude mit Dachanlagen zwischen 10 und 10.000 kWp

Inbetriebnahme	Anlagen in/an/auf einem Gebäude oder Lärmschutzwänden			
		Bis 40 kWp	Bis 1000 kWp	
Ab	Bis 10 kWp	Vergütung jeweils begrenzt auf 90 % der erzeugten Strommenge		Bis 10.000 kWp
01.04.2012	19,50 Ct	18,50 Ct	16,50 Ct	13,50 Ct
01.05.2012	19,30 Ct	18,31 Ct	16,34 Ct	13,37 Ct
01.06.2012	19,11 Ct	18,13 Ct	16,17 Ct	13,23 Ct
01.07.2012	18,92 Ct	17,95 Ct	16,01 Ct	13,10 Ct
01.08.2012	18,73 Ct	17,77 Ct	15,85 Ct	12,97 Ct
01.09.2012	18,54 Ct	17,59 Ct	15,69 Ct	12,84 Ct
01.10.2012	18,36 Ct	17,41 Ct	15,53 Ct	12,71 Ct
01.11.2012	17,90 Ct	16,98 Ct	15,15 Ct	12,39 Ct
01.12.2012	17,45 Ct	16,56 Ct	14,77 Ct	12,08 Ct

Tab. 6.32 Einspeisevergütungen für Freiflächenanlagen bis 10.000 kWp

Inbetriebnahme Ab	Anlagen auf Nicht-Wohngebäuden im Außenbereich und Freiflächenanlagen Bis 10.000 kWp
01.04.2012	13,50 Ct
01.05.2012	13,37 Ct
01.06.2012	13,23 Ct
01.07.2012	13,10 Ct
01.08.2012	12,97 Ct
01.09.2012	12,84 Ct
01.10.2012	12,71 Ct
01.11.2012	12,39 Ct
01.12.2012	12,08 Ct

Tab. 6.33 Einspeisevergütung für Gebäude mit Dachanlagen zwischen 10 und 10.000 kWp

Inbetriebnahme Ab	Anlagen in/an/auf einem Gebäude oder Lärmschutzwänden			
	Bis 10 kWp	Bis 40 kWp	Bis 1000 kWp	
		Vergütung jeweils begrenzt auf 90 % der erzeugten Strommenge		Bis 10.000 kWp
01.01.2013	17,02 Ct	16,14 Ct	14,40 Ct	11,78 Ct
01.02.2013	16,64 Ct	15,79 Ct	14,08 Ct	11,52 Ct
01.03.2013	16,28 Ct	15,44 Ct	13,77 Ct	11,27 Ct
01.04.2013	15,92 Ct	15,10 Ct	13,47 Ct	11,02 Ct
01.05.2013	15,63 Ct	14,83 Ct	13,23 Ct	10,82 Ct
01.06.2013	15,35 Ct	14,56 Ct	12,99 Ct	10,63 Ct
01.07.2013	15,07 Ct	14,30 Ct	12,75 Ct	10,44 Ct
01.08.2013	14,80 Ct	14,04 Ct	12,52 Ct	10,25 Ct
01.09.2013	14,54 Ct	13,79 Ct	12,30 Ct	10,06 Ct
01.10.2013	14,27 Ct	13,54 Ct	12,08 Ct	9,88 Ct
01.11.2013	14,07 Ct	13,35 Ct	11,91 Ct	9,74 Ct
01.12.2013	13,88 Ct	13,17 Ct	11,74 Ct	9,61 Ct

Tab. 6.34 Einspeisevergütung für Freiflächenanlagen bis 10.000 kWp

Inbetriebnahme Ab	Anlagen auf Nicht-Wohngebäuden im Außenbereich und Freiflächenanlagen Bis 10.000 kWp
01.01.2013	11,78 Ct
01.02.2013	11,52 Ct
01.03.2013	11,27 Ct
01.04.2013	11,02 Ct
01.05.2013	10,82 Ct
01.06.2013	10,63 Ct
01.07.2013	10,44 Ct
01.08.2013	10,25 Ct
01.09.2013	10,06 Ct
01.10.2013	9,88 Ct
01.11.2013	9,74 Ct
01.12.2013	9,61 Ct

Tab. 6.35 Einspeisevergütung für Gebäude mit Dachanlagen zwischen 10 und 10.000 kWp

Inbetriebnahme Ab	Anlagen in/an/auf einem Gebäude und auf Lärmschutzwänden			
	Bis 10 kWp	Bis 40 kWp	Bis 1000 kWp	Bis 10.000 kWp
01.01.2014	13,68 Ct	12,98 Ct	11,58 Ct	9,47 Ct
01.02.2014	13,55 Ct	12,85 Ct	11,46 Ct	9,38 Ct
01.03.2014	13,41 Ct	12,72 Ct	11,35 Ct	9,28 Ct
01.04.2014	13,28 Ct	12,60 Ct	11,23 Ct	9,19 Ct
01.05.2014	13,14 Ct	12,47 Ct	11,12 Ct	9,10 Ct
01.06.2014	13,01 Ct	12,34 Ct	11,01 Ct	9,01 Ct
01.07.2014	12,88 Ct	12,22 Ct	10,90 Ct	8,92 Ct
			Bis 500 kWp	
01.08.2014	12,75 Ct	12,40 Ct	11,09 Ct	
01.09.2014	12,69 Ct	12,34 Ct	11,03 Ct	
01.10.2014	12,65 Ct	12,31 Ct	11,01 Ct	
01.11.2014	12,62 Ct	12,28 Ct	10,98 Ct	
01.12.2014	12,59 Ct	12,25 Ct	10,95 Ct	

Tab. 6.36 Einspeisevergütung für Nicht-Wohngebäude im Außenbereich und Freiflächenanlagen bis 10.000 kWp

Inbetriebnahme	Anlagen auf Nicht-Wohngebäuden im Außenbereich und Freiflächenanlagen
Ab	Bis 10.000 kWp
01.01.2014	9,47 Ct
01.02.2014	9,38 Ct
01.03.2014	9,28 Ct
01.04.2014	9,19 Ct
01.05.2014	9,10 Ct
01.06.2014	9,01 Ct
01.07.2014	8,92 Ct
	Bis 500 kWp
01.08.2014	8,83 Ct
01.09.2014	8,79 Ct
01.10.2014	8,76 Ct
01.11.2014	8,74 Ct
01.12.2014	8,72 Ct

Tab. 6.37 Erlösobergrenze Marktprämienmodell für Gebäude mit Dachanlagen zwischen 10 und 1000 kWp

Inbetriebnahme	Anlagen in/an/auf einem Gebäude		
Ab	Bis 10 kWp	Bis 40 kWp	Bis 1000 kWp
01.08.2014	13,15 Ct	12,80 Ct	11,49 Ct
01.09.2014	13,08 Ct	12,74 Ct	11,43 Ct
01.10.2014	13,05 Ct	12,70 Ct	11,40 Ct
01.11.2014	13,02 Ct	12,67 Ct	11,31 Ct
01.12.2014	12,99 Ct	12,64 Ct	11,35 Ct

Ab August 2014 gab es das sog. **Marktprämienmodell**, das mit einer Erlösobergrenze ausgestattet ist. Für Anlagen ab 500 kWp ist das Marktprämienmodell verpflichtend.

Einspeisevergütung für in 2015 errichtete Photovoltaikanlagen (Tab. 6.38 und 6.39)

Einspeisevergütung für in 2016 errichtete Photovoltaikanlagen (Tab. 6.41, 6.42 und 6.43)

Für Anlagen mit Inbetriebnahme ab dem 01.01.2016 kam es zu einer Absenkung der bisherigen Leistungsgrenze für die maßgebenden Fördersätze von 500 kWp auf nur noch **100 kWp**. Da der Zubau im vorgegebenen Rahmen lag, kam es das ganze Jahr über zu keiner monatlichen Degression.

6.1 Anlage 1: Förderung für ältere Anlagen

Tab. 6.38 Einspeisevergütung für Gebäude mit Dachanlagen zwischen 10 und 500 kWp

Inbetriebnahme	Anlagen in/an/auf einem Gebäude und auf Lärmschutzwänden		
Ab	Bis 10 kWp	Bis 40 kWp	Bis 500 kWp
01.01.2015	12,56 Ct	12,22 Ct	10,92 Ct
01.02.2015	12,53 Ct	12,18 Ct	10,90 Ct
01.03.2015	12,50 Ct	12,15 Ct	10,87 Ct
01.04.2015	12,47 Ct	12,12 Ct	10,84 Ct
01.05.2015	12,43 Ct	12,09 Ct	10,82 Ct
01.06.2015	12,40 Ct	12,06 Ct	10,79 Ct
01.07.2015	12,37 Ct	12,03 Ct	10,76 Ct
01.08.2015	12,34 Ct	12,00 Ct	10,73 Ct
01.09.2015	12,31 Ct	11,97 Ct	10,71 Ct
01.10.2015	12,31 Ct	11,97 Ct	10,71 Ct
01.11.2015	12,31 Ct	11,97 Ct	10,71 Ct
01.12.2015	12,31 Ct	11,97 Ct	10,71 Ct

Tab. 6.39 Einspeisevergütung für Nicht-Wohngebäude im Außenbereich und Freiflächenanlagen bis 500 kWp

Inbetriebnahme	Anlagen auf Nicht-Wohngebäuden im Außenbereich und Freiflächenanlagen (Freiflächenanlagen generell nur bis 31.08.2015)
Ab	Bis 500 kWp
01.01.2015	8,70 Ct
01.02.2015	8,68 Ct
01.03.2015	8,65 Ct
01.04.2015	8,63 Ct
01.05.2015	8,61 Ct
01.06.2015	8,59 Ct
01.07.2015	8,57 Ct
01.08.2015	8,55 Ct
01.09.2015	8,53 Ct
01.10.2015	8,53 Ct
01.11.2015	8,53 Ct
01.12.2015	8,53 Ct

Tab. 6.40 Erlösobergrenze Marktprämienmodell für Gebäude mit Dachanlagen und Lärmschutzwände zwischen 10 und 1000 kWp (ab 500 kWp verpflichtend)

Inbetriebnahme	Anlagen in/an/auf einem Gebäude und auf Lärmschutzwänden		
Ab	Bis 10 kWp	Bis 40 kWp	Bis 1000 kWp
01.01.2015	12,95 Ct	12,61 Ct	11,32 Ct
01.02.2015	12,92 Ct	12,58 Ct	11,29 Ct
01.03.2015	12,89 Ct	12,55 Ct	11,26 Ct
01.04.2015	12,86 Ct	12,51 Ct	11,23 Ct
01.05.2015	12,82 Ct	12,48 Ct	11,21 Ct
01.06.2015	12,79 Ct	12,45 Ct	11,18 Ct
01.07.2015	12,76 Ct	12,42 Ct	11,15 Ct
01.08.2015	12,73 Ct	12,39 Ct	11,12 Ct
01.09.2015	12,70 Ct	12,36 Ct	11,09 Ct
01.10.2015	12,70 Ct	12,36 Ct	11,09 Ct
01.11.2015	12,70 Ct	12,36 Ct	11,09 Ct
01.12.2015	12,70 Ct	12,36 Ct	11,09 Ct

Tab. 6.41 Einspeisevergütung für Gebäude mit Dachanlagen zwischen 10 und 100 kWp

Inbetriebnahme	Anlagen in/an/auf einem Wohngebäude und auf Lärmschutzwänden		
Ab	Bis 10 kWp	Bis 40 kWp	Bis 100 kWp
01.01.2016	12,31 Ct	11,97 Ct	10,71 Ct
01.02.2016	12,31 Ct	11,97 Ct	10,71 Ct
01.03.2016	12,31 Ct	11,97 Ct	10,71 Ct
01.04.2016	12,31 Ct	11,97 Ct	10,71 Ct
01.05.2016	12,31 Ct	11,97 Ct	10,71 Ct
01.06.2016	12,31 Ct	11,97 Ct	10,71 Ct
01.07.2016	12,31 Ct	11,97 Ct	10,71 Ct
01.08.2016	12,31 Ct	11,97 Ct	10,71 Ct
01.09.2016	12,31 Ct	11,97 Ct	10,71 Ct
01.10.2016	12,31 Ct	11,97 Ct	10,71 Ct
01.11.2016	12,31 Ct	11,97 Ct	10,71 Ct
01.12.2016	12,31 Ct	11,97 Ct	10,71 Ct

6.1 Anlage 1: Förderung für ältere Anlagen

Tab. 6.42 Einspeisevergütung für Nicht-Wohngebäude im Außenbereich bis 100 kWp

Inbetriebnahme Ab	Anlagen auf Nicht-Wohngebäuden im Außenbereich Bis 100 kWp
01.01.2016	8,53 Ct
01.02.2016	8,53 Ct
01.03.2016	8,53 Ct
01.04.2016	8,53 Ct
01.05.2016	8,53 Ct
01.06.2016	8,53 Ct
01.07.2016	8,53 Ct
01.08.2016	8,53 Ct
01.09.2016	8,53 Ct
01.10.2016	8,53 Ct
01.11.2016	8,53 Ct
01.12.2016	8,53 Ct

Tab. 6.43 Erlösobergrenze Marktprämienmodell für Gebäude mit Dachanlagen und Lärmschutzwände zwischen 10 und 1000 kWp (ab 100 kWp verpflichtend)

Inbetriebnahme Ab	Anlagen in/an/auf einem Gebäude und auf Lärmschutzwänden		
	Bis 10 kWp	Bis 40 kWp	Bis 1000 kWp
01.01.2016	12,70 Ct	12,36 Ct	11,09 Ct
01.02.2016	12,70 Ct	12,36 Ct	11,09 Ct
01.03.2016	12,70 Ct	12,36 Ct	11,09 Ct
01.04.2016	12,70 Ct	12,36 Ct	11,09 Ct
01.05.2016	12,70 Ct	12,36 Ct	11,09 Ct
01.06.2016	12,70 Ct	12,36 Ct	11,09 Ct
01.07.2016	12,70 Ct	12,36 Ct	11,09 Ct
01.08.2016	12,70 Ct	12,36 Ct	11,09 Ct
01.09.2016	12,70 Ct	12,36 Ct	11,09 Ct
01.10.2016	12,70 Ct	12,36 Ct	11,09 Ct
01.11.2016	12,70 Ct	12,36 Ct	11,09 Ct
01.12.2016	12,70 Ct	12,36 Ct	11,09 Ct

Tab. 6.44 Einspeisevergütung für Gebäude mit Dachanlagen zwischen 10 und 100 kWp

Inbetriebnahme	Anlagen in/an/auf einem Wohngebäude und auf Lärmschutzwänden		
Ab	Bis 10 kWp	Bis 40 kWp	Bis 100 kWp
01.01.2017	12,30 Ct	11,96 Ct	10,69 Ct
01.02.2017	12,30 Ct	11,96 Ct	10,69 Ct
01.03.2017	12,30 Ct	11,96 Ct	10,69 Ct
01.04.2017	12,30 Ct	11,96 Ct	10,69 Ct
01.05.2017	12,27 Ct	11,93 Ct	10,66 Ct
01.06.2017	12,24 Ct	11,90 Ct	10,63 Ct
01.07.2017	12,20 Ct	11,87 Ct	10,61 Ct
01.08.2017	12,20 Ct	11,87 Ct	10,61 Ct
01.09.2017	12,20 Ct	11,87 Ct	10,61 Ct
01.10.2017	12,20 Ct	11,87 Ct	10,61 Ct
01.11.2017	12,20 Ct	11,87 Ct	10,61 Ct
01.12.2017	12,20 Ct	11,87 Ct	10,61 Ct

Tab. 6.45 Einspeisevergütung für Sonstige Anlagen bis 100 kWp

Inbetriebnahme	Sonstige Anlagen
Ab	Bis 100 kWp
01.01.2017	8,51 Ct
01.02.2017	8,51 Ct
01.03.2017	8,51 Ct
01.04.2017	8,51 Ct
01.05.2017	8,49 Ct
01.06.2017	8,47 Ct
01.07.2017	8,44 Ct
01.08.2017	8,44 Ct
01.09.2017	8,44 Ct
01.10.2017	8,44 Ct
01.11.2017	8,44 Ct
01.12.2017	8,44 Ct

Tab. 6.46 Erlösobergrenze Marktprämienmodell für Gebäude mit Dachanlagen und Lärmschutzwände zwischen 10 und 750 kWp (ab 100 kWp verpflichtend)

Inbetriebnahme	Anlagen in/an/auf einem Gebäude und auf Lärmschutzwänden		
Ab	Bis 10 kWp	Bis 40 kWp	Bis 750 kWp
01.01.2017	12,70 Ct	12,36 Ct	11,09 Ct
01.02.2017	12,70 Ct	12,36 Ct	11,09 Ct
01.03.2017	12,70 Ct	12,36 Ct	11,09 Ct
01.04.2017	12,70 Ct	12,36 Ct	11,09 Ct
01.05.2017	12,67 Ct	12,33 Ct	11,06 Ct
01.06.2017	12,64 Ct	12,30 Ct	11,03 Ct
01.07.2017	12,60 Ct	12,27 Ct	11,01 Ct
01.08.2017	12,60 Ct	12,27 Ct	11,01 Ct
01.09.2017	12,60 Ct	12,27 Ct	11,01 Ct
01.10.2017	12,60 Ct	12,27 Ct	11,01 Ct
01.11.2017	12,60 Ct	12,27 Ct	11,01 Ct
01.12.2017	12,60 Ct	12,27 Ct	11,01 Ct

Einspeisevergütung für in 2017 errichtete Photovoltaikanlagen (Tab. 6.44, 6.45 und 6.46)

6.2 Checkliste

Sie haben gesehen, im Vorfeld der Planung und auch noch vor dem Betriebsbeginn einer Photovoltaikanlage gibt es eine Menge zu beachten und zu bedenken. Damit Sie hierzu den **Überblick** behalten, nachfolgend eine Checkliste zu den wichtigsten Punkten:

1. Informieren Sie sich umfassend, damit Sie das nötige Grundlagenwissen zum Betrieb einer Photovoltaikanlage haben. Mit dem Kauf und der Lektüre dieses Buchs haben Sie diesen Schritt bereits erfolgreich umgesetzt. Zusätzlich können Erfahrungen von anderen Betreibern einer Photovoltaikanlage meist sehr informativ sein.
2. Vereinbaren Sie einen Besprechungstermin mit einem Handwerker Ihres Vertrauens. Er wird die technischen Rahmenbedingungen für Ihre Planungen festlegen bzw. überprüfen, ob und wie die geplante Photovoltaikanlage realisierbar ist. Dazu gehören auch ein verbindliches Angebot und ein Kostenvoranschlag (vgl. Schmitz und Volkmann 2019).
3. Benötigen Sie Fremdmittel zur Finanzierung, vereinbaren Sie mit Ihrer Hausbank einen Termin und beantragen Sie einen zinsgünstigen Kredit der KfW über die Bank. Dem Antrag wird das Angebot Ihres Installateurs beigefügt. Warten Sie die Antwort der KfW ab. Erfahrungsgemäß wird ein Bewilligungsbescheid innerhalb von 3–5 Wochen zugesandt.

4. Jetzt können Sie dem Installationsbetrieb den Auftrag zur Montage der Photovoltaikanlage erteilen. Vereinbaren Sie möglichst einen festen Zeitpunkt für die Lieferung und Installation Ihrer Photovoltaikanlage. Klären Sie auch die technischen und zeitlichen Rahmenbedingungen zur Stromeinspeisung mit dem Netzbetreiber, sofern dies nicht der Installateur mit übernimmt.
5. Die Montage der Anlage dauert – je nach Größe und örtlichen Gegebenheiten – 2–4 Tage. Dabei wird auch der Netzeinspeiseanschluss erstellt und die Anlage sodann vom EVU/Netzbetreiber abgenommen.
6. Es folgt die Registrierung der Anlage im sog. Marktstammdatenregister (früher: Bundesnetzagentur).
7. Jetzt ist spätestens auch der Zeitpunkt, sich um einen Versicherungsschutz für die Photovoltaikanlage zu kümmern. Zugleich können künftige Wartungsarbeiten angedacht werden. Auch hierzu sind Preisvergleiche zu empfehlen.
8. Ab sofort steht der erstmaligen und dauerhaften Inbetriebnahme der Photovoltaikanlage nichts mehr im Wege.
9. Nun kann auch ein beantragter Kredit der KfW abgerufen werden. Dies übernimmt Ihre Hausbank für Sie, welche dazu von Ihnen eine Kopie der Rechnung für die Anlage benötigt. Die Mittel stehen innerhalb weniger Tage zur Verfügung, sodass die Rechnung über die Lieferung und Montage der Anlage pünktlich bezahlt werden kann.
10. Soweit bisher noch nicht erfolgt, steht jetzt noch der Kontakt mit dem Finanzamt an. Durch den Betrieb einer Photovoltaikanlage werden Sie sich mit bisher nicht gekannten Bereichen des deutschen Steuerrechts befassen dürfen. Doch keine Sorge – die vorhergehenden Seiten dieses Buchs haben Sie mit diesen Bereichen und seinen Fallstricken hinreichend bekannt gemacht. Alle relevanten Punkte wurden erläutert und auftretende Fragen geklärt.
11. Sollte wider Erwarten doch ein Punkt unklar geblieben sein: siehe Hinweis im Nachwort.
12. Sonnentage waren bereits bisher schöne Tage. Doch mit einer wirtschaftlichen Photovoltaikanlage und der optimierten Besteuerung der Umsätze und Gewinne werden Sie sich ab sofort über jeden Sonnentag doppelt freuen.

Literatur

Schmitz, J., und B. Volkmann. 2019. *Ihr Photovoltaik-Ratgeber*. https://www.solaranlagen-portal.de. Zugegriffen am 24.07.2019.

Solarbranche.de. 2019. https://www.solarbranche.de/wirtschaft/eeg-verguetung?id=247. Zugegriffen am 24.07.2019.

Anhang

Die Ausführungen und Erläuterungen in diesem Buch wurden bewusst möglichst einfach und verständlich gehalten. Schwierige Passagen sind zusätzlich durch Beispiele unterlegt worden, damit die konkreten Folgen nachvollziehbar werden.

Trotz allem kann aber nicht ausgeschlossen werden, dass der ein oder andere Punkt für einen bisher mit der Materie nicht oder nur wenig vertrauten Leser teilweise rätselhaft geblieben ist.

Da es der Intention des Autors entspricht, alle Unklarheiten zu beseitigen, wird Ihnen noch folgender zusätzlicher **Service** angeboten:

Für verbleibende Fragen, bestehende Unklarheiten oder auch für Ihre Anregungen bzw. Ergänzungen können Sie mit dem Autor per E-Mail Kontakt aufnehmen:

pv-wittlinger@freenet.de

Der Autor wird bemüht sein, sich Ihrem Anliegen möglichst zeitnah anzunehmen.

Gerne können Sie auch ggf. auftretende Probleme mit dem Finanzamt schildern. Jedoch kann und soll hierdurch keine auf den Einzelfall bezogene oder gar umfängliche steuerberatende Leistung erbracht werden.

Wurden im vorliegenden Werk bisher Bereiche oder Themen nicht angesprochen, die sich aber im Zusammenhang mit dem Betrieb einer Photovoltaikanlage ergeben, ist der Autor für einen entsprechenden Hinweis immer dankbar.

Trotz aller Sorgfalt können auch Fehler leider nie ganz ausgeschlossen werden. Entsprechende Hinweise und Anregungen dazu sind willkommen.

Danke

Abschließend noch ein großes Dankeschön an alle, die mich während meiner Arbeit an diesem Buch bzw. dessen Aktualisierung entbehren mussten.

Mein Dank geht vor allem auch an den Verlag und all seine freundlichen Mitarbeiter, welche dieses Werk erst möglich gemacht haben.

Stichwortverzeichnis

A
Abfärberegelung 162
Abgabetermin 80
Abschlagszahlung 94
Abschreibung. *Siehe* AfA
Ackerfläche 30
AfA 124
　degressive 126
　lineare 125
Akkumulator 7
Anlage EÜR 114
Anlage G 114
Anlageverzeichnis 124
Anlaufverlust 109
Anmeldung 51
Anzahlung 94
Arbeitnehmer 151
Arbeitszimmer 133
Aufbewahrungspflicht 113
Aufdachmontage 20
Aufständerung 15
Aufteilungsmaßstab 100
Ausrichtung 7, 11

B
BAFA (Bundesamt für Wirtschaft- und
　Ausfuhrkontrolle) 35
Bagatellgrenze 147
Batteriespeicher 117, 139
Bauabzugssteuer 146
Baugenehmigung 15
Bauleistung 146
Beginn des Unternehmens 58
Bemessungsgrundlage 73
Bestellung
　verbindliche 131
Beträge
　regelmäßig wiederkehrende 119
Betriebsausgabe 122
Betriebseinnahme 120
Betriebseröffnungsbogen 52
Betriebsvermögen 115
Bewirtungskosten 123
Bezugsstrom 77
Bilanzierung 112
Brandgefahr 18
Bruchteilsgemeinschaft 56
Bürgersolaranlage 162
Bundesamt für Wirtschaft- und
　Ausfuhrkontrolle 35
Bundesnetzagentur 16

C
Carport 68
Clearingstelle EEG 169

D
Dach
　asbesthaltiges 66
Dachbörse 164
Dachneigung 15

Dachnutzungsvertrag 164
Dachsanierung 66
Dachstuhlverstärkung 66
Dachverlängerung 65
Dauerfristverlängerung 80
Degradation 40
Degression 25
Denkmalschutz 16
Diebstahl 169
Dienstleistung
    haushaltsnahe 161
Direktverbrauch 70
Diversifizierung 160
Divisor 88

E

EEG (Erneuerbare-Energien-Gesetz) 23
EEG-Umlage 25, 27
Eigenkapitalverzinsung 47
Eigenverbrauch 25
Einfuhrumsatzsteuer 95
Einkommensteuer 106
Einkünfte aus Gewerbebetrieb 107
Einkunftsarten 106
Einnahmen-Überschuss-Rechnung 113
Einspeisemanagement 24
Einspeisevergütung 25, 30
Einspeisung
    kaufmännisch-bilanzielle 71
Einspeisungsvertrag 16, 168
ELSTER 81
Entgelt
    vereinbartes 78
    vereinnahmtes 78
Entgeltsänderung 94
Erneuerbare-Energien-Gesetz 23
Erstattung von Umsatzsteuer 122
Erstinvestitionsvorhaben 160
Ertragsrechner 47
Erwerb
    innergemeinschaftlicher 95
Erwerbsvorgang 149

F

Fahrausweis 88
Faktor
    Vorsteuerermittlung 88

Feststellungserklärung 162
Flexibilitätsprämie 72
Förderdatenbank 37
Fördergebiet 157
Fördertopf 36
Freifläche 30
Freischaltstelle 18
Freistellungsbescheinigung 147
Fremddachnutzung 164

G

Genossenschaft 162
Geschäftsveräußerung im Ganzen 103
Gesellschaft bürgerlichen
    Rechts 162
Gewährleistung 170
Gewerbe 141
Gewerbeanmeldung 50
Gewerbebetrieb
    einheitlicher 118
    Einkünfte 107
Gewerbeertrag 142
Gewerbesteuer 141
Gewinnermittlungsart 112
Gewinnerzielungsabsicht 109
Grunderwerbsteuer 149
Grundgeschäft 62
Gutschrift 54, 87

H

Hagel 19
Handwerkerleistung 161
Hilfsgeschäft 62
Himmelsrichtung 15
Hinzurechnung 142
Holzschuppen 65

I

Indachanlage 20
Infektionstheorie 163
Inselsystem 10
Installation
    fachgerechte 18
Investitionsabzugsbetrag 130
Investitionszulage 157
Ist-Versteuerung 78

J
Jahreserklärung 82

K
KfW (Kreditanstalt für Wiederaufbau) 33
KfW-Darlehen 33, 34
Kilowatt 6
Kleinbetragsrechnung 87
Kleinunternehmer 59
Kohlendioxid (CO_2) 2
Konditionen 34
Konversionsfläche 30
Krankenversicherung 170
Kreditanstalt für Wiederaufbau (KfW) 33
Kürzung 143

L
Lebenserwartung 40
Liebhaberei 110
lineare AfA 125
Lohnsteuer 151
　　pauschale 152
Lohnsteuer-Anmeldung 154
Lohnsteuerbescheinigung 154

M
Marktintegrationsmodell 28, 72
Marktprämie 72
Mehrwertsteuer 52
Minijob 151
Mitunternehmer 162

N
Nachhaltigkeit 56, 108
Neigung 11
Nennleistung 2
Nettobetrag 73
Neueindeckung 67
Nutzungsdauer 125

O
Option
　　zur Regelbesteuerung 60
　　zur Steuerpflicht 98

P
Parallelschaltung 9, 12
Photovoltaik
　　Begriff 1
Photovoltaikanlage
　　dachintegrierte 115, 126, 151
Preisparität 48
PV-Anlagenpass 18

R
RAL-Gütezeichen 19
Rechnung 85
Regelbesteuerung
　　Option 60
Reihenschaltung 9, 12
Reinigung 21
Reisekosten 123
Rente 171
Reverse-Charge-Verfahren 104

S
Sachentnahme 120
Sammelposten 128
Scheunendach 66
Schiedsstelle 169
Schreibweise 1
Schuldzinsen 123
Seeling-Modell 99
Selbstbausatz 42
Selbstständigkeit 57, 108
Silizium 8
Skontoabzug 94
Solardach-GbR 162
Solarkraftwerk 5
Solarmodul 6
Solarthermie 2
Solarzellen 8
Soll-Versteuerung 78
Sonderabschreibung 128
Sondervorauszahlung 80
Sonne 2
Speicher 8, 42, 117, 139
Steuerfreiheit 73
Steuernummer 51, 54
Steuerschuldner 104
Stromgestehungskosten 14
Stromzähler 10

T

Tätigkeit
   berufliche 56
   gewerbliche 56
Tausch mit Baraufgabe 75
Totalgewinn 109
Transformator 9

U

Umsatz 69
Umsatzsteuer 52
   Erstattung 122
Umsatzsteuer-Identifikationsnummer 96
Umsatzsteuerpflicht 73
Unbedenklichkeitsbescheinigung 150
Unternehmen 62
Unternehmenseinheit 62
Unternehmensvermögen 62
Unternehmer 55

V

Veräußerung 103
Verflechtung 118
Verkaufserlös 122
Verkehr
   wirtschaftlicher 109
Vermögensverwaltung 110
Verschattung 12, 17

Versicherung 22
Verstärkung eines
            Dachstuhls 66
Verzögerungstaktik 169
Voranmeldung 79
Voranmeldungszeitraum 79
Vorbereitungshandlung 58
Vorsteuerabzug 83
Vorsteuerausschluss 97
Vorsteuerberichtigung 101
Vorsteuervergütungsverfahren 85

W

Wartung 20
Wechselrichter 9
Wertabgabe
   unentgeltliche 71
Wirkungsgrad 12
Wirtschaftsgüter
   geringwertige 127

Z

Zahllast 79
Zubau 3, 29
Zufluss 119
Zuordnungswahlrecht 63
Zuschuss 122
Zu- und Abflussprinzip 119

Druck:
Customized Business Services GmbH
im Auftrag der
KNV Zeitfracht GmbH
Ein Unternehmen der Zeitfracht - Gruppe
Ferdinand-Jühlke-Str. 7
99095 Erfurt